全国高等职业教育示范专业规划教材

外贸单证实务

主　编　李继宏

副主编　韦大宇

参　编　崔忠亮　李德萍　杜凤蕊　袁珂娜
　　　　陈秋如　周　明　陈惠莲　谢艳妮

机械工业出版社

单证贯穿于外贸工作的全过程，正确地缮制单证是外贸从业人员的基本工作技能之一。本书以完整的外贸单证工作过程为主线，以连贯的业务背景为载体展开教学，强化外贸工作环境中单证缮制能力的训练。本书设计了信用证的分析、审核与修改，缮制发票，缮制包装单据，缮制运输单据，缮制原产地证明书，缮制保险单据，缮制其他单据，缮制汇票等8个主项目和认识国际贸易中常见的单证、国际贸易中的进口审单、制单综合训练等3个支撑项目。主项目设计了学习目标、任务背景、知识介绍、任务实施、深化训练、知识拓展、技能强化训练、小结等内容，支撑项目主要用于实现教材的学习导入和综合训练功能。

本书既可以作为高职高专经济贸易类专业的教材，也可以作为应用型本科相关专业的教材或参考用书，还可作为外贸从业人员的业务参考书。

图书在版编目（CIP）数据

外贸单证实务/李继宏主编．—北京：机械工业出版社，2014.5（2020.1重印）
ISBN 978-7-111-46419-8

Ⅰ．①外…　Ⅱ．①李…　Ⅲ．①进出口贸易—原始凭证—高等学校—教材
Ⅳ．①F740.44

中国版本图书馆CIP数据核字（2014）第069191号

机械工业出版社（北京市百万庄大街22号　邮政编码100037）
策划编辑：孔文梅　　责任编辑：孔文梅　张　亮
版式设计：常天培　　责任校对：王　欣
封面设计：张　静　　责任印制：郜　敏
涿州市京南印刷厂印刷

2020年1月第1版第4次印刷
184mm×260mm・15.25印张・374千字
5901－6900册
标准书号：ISBN 978-7-111-46419-8
定价：37.00元

凡购本书，如有缺页、倒页、脱页，由本社发行部调换

电话服务
服务咨询热线：（010）88379833
读者购书热线：（010）88379649

网络服务
机 工 官 网：www. cmpbook. com
机 工 官 博：weibo. com/cmp1952
教育服务网：www. cmpedu. com
金 书 网：www. golden-book. com

前　　言

《外贸单证实务》以外贸单证工作过程为主线，以职业能力培养为本位，采用任务驱动、项目教学的思路进行编写，是一本融“教、学、做”为一体的工学结合教材。教材设计了信用证的分析、审核与修改，缮制发票，缮制包装单据，缮制运输单据，缮制原产地证明书，缮制保险单据，缮制其他单据，缮制汇票等 8 个主项目和认识国际贸易中常见的单证、国际贸易中的进口审单、制单综合训练等 3 个支撑项目。主项目都设计了学习目标、任务背景、知识介绍、任务实施、深化训练、拓展知识链接、技能强化训练、小结等内容。主项目的设计思路采取了“主辅线双线并行”的形式，使其既能反映外贸单证的工作过程，又具有教学功能。主线模拟了广西桂信公司与英国客户的一笔出口业务，辅线主要模拟广西诚鑫公司与马来西亚客户的一笔出口交易。学生完成主线的所有任务以后即连贯地完成了出口业务常见单据的学习和制作。辅线的学习主要体现在“深化训练”部分，以学生的自我训练为主，安排在主线项目的学习和实施之后。主线与辅线的训练内容是相互对应的，有助于巩固学习的效果。2 个支撑项目主要是实现教材的学习导入和综合训练功能。本书既可以作为高职高专经济贸易类专业的教材，也可以作为应用型本科相关专业的教材或参考用书，还可作为外贸从业人员的业务参考书。

教材由具有外贸企业一线工作经历的“双师型”教师李继宏副教授担任主编，负责全书的总撰工作，并编写了项目二、项目九和项目十一；韦大宇副教授担任副主编，负责编写项目一和项目十，并协助主编统稿；崔忠亮副教授和广西金桥国际物流有限公司周明总经理负责编写项目五；袁珂娜老师、外贸企业的谢艳妮经理负责编写项目三和项目四；杜凤蕊老师和广西金桥贸易有限公司陈惠莲副经理负责编写项目六；李德萍老师负责编写项目七；陈秋如老师负责编写项目八。本教材是校企合作的成果，广西金桥实业集团有限公司等单位对本教材的编写提供了大力的支持。本书在编写过程中除了参考《UCP600》和 ISBP 等相关资料外，还参考了许多同行和学者的文献资料，在此谨向相关文献的作者表示诚挚的感谢。本书在编写过程中得到了广西职业技术学院覃扬彬教授、韦克俭教授、李建春副教授、苏波辉副教授的指导，并得到了在涉外经贸企业工作的黄桂林女士、温媛云女士、张碧云女士的大力支持，在此一并致谢。由于编者的水平有限，书中难免存在错漏之处，恳请广大读者不吝赐教。

为方便教学，本书配备电子课件等教学资源。凡选用本书作为教材的教师均可索取，请发送邮件至 cmpgaozhi@sina.com，咨询电话：010-88379375。

本课程已开发“幕课”，网址 http://fanya.chaoxing.com/coursecontroller/visitcoursehome?courseId=506248

编　者

目　　录

项目一

认识国际贸易中常见的单证

学习目标

掌握国际贸易单证的基本概念、分类、作用、流程以及缮制单证工作的基本要求。

任务背景

赵悦是广西某高职院校的国际商务专业大三准毕业生，于 2012 年 6 月通过了国际商务单证员资格考试，具备扎实的专业知识和技能。2012 年 8 月初，经赵悦本人申请和学院推荐，她顺利进入校企合作企业——广西桂信贸易有限公司单证部进行为期 6 个月的实习，如表现优秀即可成为该公司的正式员工。

广西桂信贸易有限公司是一家具有进出口经营权的企业，经营多种产品，其中主营的产品日用陶瓷品种多、规格全，出口欧美、东南亚等 20 多个国家和地区。

作为实习生，赵悦在单证部主要的工作任务是熟悉有关单证方面的知识，向老员工虚心学习具体单证业务的处理技能和技巧，为今后独立展开工作打下良好基础。上班第一天，赵悦的工作就是从接触一笔出口贸易的单据开始，通过老员工的介绍，她对单证的基本概念、分类、作用以及流程等有了更清晰的认识。

知识介绍

一、国际贸易单证的概念

单证（Documents）是指在国际贸易业务过程中所使用的各种单据、证书和信用证。在国际贸易实务中，买卖双方达成协议，签订交易合同后，就进入合同履行阶段，不管是采用汇款、托收还是信用证结算方式，都必须完成相关的单证工作。在信用证支付方式下，买卖双方必须凭借单证来处理货物的交付、运输、保险、检验检疫、清关和结汇等。国际贸易业务的完成最终往往是以单据交流形式来实现的。在汇款、托收支付方式下，单证工作也是不可或缺的一个重要环节。总之，对于外贸企业而言，在完成了货物交付后，能否正确、完整、及时、清晰地完成整套单证缮制，是决定外贸企业能否顺利结汇的关键。因此，单证工作是国际贸易业务中一项非常重要的工作。

二、国际贸易单证的分类

根据不同的分类标准，国际贸易单证可分为以下几个类别：

（一）根据单证所涉及的贸易方分类

1．进口单证。进口单证是指进口地的企业及有关部门涉及的单证，包括贸易合同、进口许可证、信用证、进口报关单、保险单等。

2．出口单证。出口单证是指出口地的企业及有关部门涉及的单证，包括贸易合同、出口许可证、出口报关单、包装单据、出口货运单据、商业发票、保险单、检验检疫证书、产地证、汇票等。

（二）根据单证的性质分类

1．金融单证。金融单证是指汇票、本票、支票及其他用于取得款项的凭证。

2．商业单证。商业单证是指发票、运输单据、货权凭证或其他类似单据以及任何非金融单据。

（三）根据单证的用途分类

1．资金单证。如汇票、本票 、支票等。

2．商业单证。如出口商出具的单据，有很多种类，如商业发票、形式发票、装箱单、重量单等。

3．货运单证。货运单证是各种运输方式单据的统称，除包括海运单、空运单、铁路运单等外，还包括报关单、报检单以及托运单。

4．保险单证。如保险单、预保单、保险证明等。

5．公务单证。如海关发票、领事发票、原产地证书、商检证书、配额许可证等。

6．附属单证。如寄单证明、寄样证明、装运通知、船舱证明等。

（四）根据单证在结汇时的需要分类

1．结汇单证。结汇单证是指在国际贸易结算中所使用的各种票据、单据和证明，如商业发票、装箱单、运输单据、原产地证书、保险单和汇票等。

2．非结汇单证。非结汇单证是指在国际贸易中，为了使货物能顺利进出口，在办理相关进出口手续时所使用的各类单据、证书和文件，如进出口许可证、配额证明、出口报关单、托运单、货物运输保险投保单等。

三、国际贸易单证的作用

（一）单证是结算的基本工具

国际贸易是国与国之间的商品买卖，但由于买卖双方处在不同的国家、地区，商品与货币不能简单地直接交换，而必须以单证为交换的凭证。因此，现代贸易又称为单据买卖。国际商会《跟单信用证统一惯例》（《UCP600》）2007 修订本第五条规定：“银行处理的是单据，而不是单据所涉及的货物、服务或其他行为。”第十四条规定：“按照指定行事的被指定银行、保兑行（如有）以及开证行必须对提示的单据进行审核，并仅以单据为基础，以决定单据在表面上看来是否构成相符提示。单据中内容的描述不必与信用证、信用证对该项单据的描述以及国际标准银行实务完全一致，但不得与该项单据中的内容、其他规定的单据或信用证相冲突。”如果单据与信用证相冲突，开证银行就可不负承付责任。所以，正确地缮制好各种单证，以保证交货后能及时地收回货款就显得十分重要。

（二）单证是履行合同的必要手段

在国际贸易中，买卖双方必须以单证作为交换的媒介手段。出口贸易合同履行过程中的单证一般可分为两类：一类具有商品的属性，它们有的代表商品，有的为货币的支付做出承诺或做出有条件的保证等；另一类具有货币的属性，它们有的直接代表货币，有的为货币的支付做出承诺或做出有条件的保证等。每种单据都有其特定的功能，它们的签发、组合、流转和应用反映了合同履行的进程，也反映了买卖双方权责的产生、转移和中止。由此可见，单据的缮制是对外贸易不可缺少的环节。

（三）单证工作是出口企业经营管理的重要环节

单证工作是为出口贸易全过程服务的。贸易合同的内容、信用证条款、货源衔接、审证改证、交单议付等业务管理的问题，最后都会在单证工作中反映出来。

单证工作是外贸企业经营管理中一个非常重要的环节，单证工作组织管理的优劣直接关系到外贸企业的经济利益。单证就是外汇，如果我国每出口 1.5 亿美元的货物，出口结汇每延误一天，就要造成约 4.5 万美元的损失。所以，单证工作是企业经营管理的重要环节。

（四）单证工作是政策性很强的涉外工作

外贸单证工作是一项政策性很强的涉外工作，体现着平等互利和遵循国际惯例的政策精神。

出口单证为涉外商务文件，必然体现着国家的对外政策，因此必须严格按照国家有关外贸的法规和制度办理。例如，进出口许可证关系到国家对某些出口商品的计划管理，甚至还会涉及两国之间的贸易协定。出口单证也是收汇的依据，当发生贸易纠纷时，又常常是处理争议、解决索赔的依据和法律文件。例如，货物在运输途中受损，货方向保险公司提出索赔，保险单就是索赔的凭证；在计算赔偿额时，发票是赔偿的依据。

四、国际贸易单证工作的流程

由于贸易方式、运输方式和支付方式的不同，国际贸易的单证工作也有所不同，但主要的程序和基本环节是一致的，不管采用什么样的支付方式，备货、出运、制单、审单和交单都是必需的程序。下面以信用证支付方式为例，简要介绍进出口单证工作的基本流程。

（一）信用证项下出口单证的工作流程

1．备货

备货工作是履行合同的基础。货物如属现货，卖方先将货物的出库资料（出库单或提货单）与合同核对，核实应交货物的品质、规格、数量，确定“货同相符”，进行整理、包装和刷制运输标志；需要加工生产的货物，应与供货部门签订购货协议，落实生产，按规定交货。如是法检商品，须缮制“出口货物检验检疫申请书”，办理申报检验检疫手续，以便获得“出境货物通关单”报关出运。

2．货、证、船的衔接

在备货的同时，卖方应该抓紧催促买方开证并在收到信用证后仔细审核，如信用证内容与合同条款不符，应尽早提请买方修改信用证条款，并在接受信用证修改后才能办理租船或订舱手续。订舱时应按信用证条款缮制“托运单”（Booking Note，B/N）或“订舱委托书”（Shipping Note），递送船公司或委托货运代理公司预订舱位。

3．缮制商业发票和包装单据

商业发票载有合同的主要交易条款，如货物的货名、规格、数量、重量、单价和总金额等项目，是卖方发货的清单，是缮制其他单据的中心单据。包装单据是商业发票的补充单据。商业发票缮制完成后，根据需要还要申请与本批货物相关的出口许可证或配额许可证以及申领缮制出口收汇核销单等，供出口报关备用。

4．缮制出口货物报关单

卖方必须在货物出运 24 小时以前（集装箱货物应于货物出运 3 天前），凭出口货物报关单、合同、商业发票、装箱单、装货单（Shipping Order，S/O）（即托运单第四联）、出境货物通关单（如需要）及出口许可证（如需要）等单证向海关办理出口申报手续。经海关查验单证和货物，确认单证相符，手续齐全，便在装货单上加盖验讫放行章，然后即可以办理装船。

5．缮制保险凭证

以 CIF 和 CIP 条件达成的合同，卖方须在货物集港之前缮制投保单，凭以向保险公司办理货物运输保险，并取得相应的保险单。保险单由保险公司缮制和签发，在实际业务中，保险单大多数是由卖方按信用证要求缮制好交保险公司签发。

6．缮制提单

在出口货物装船完毕并取得船公司的配舱回单（即场站收据或托运单的第五联）及收货单，这种收货单在装船完毕后，由大副审核属实后在收货单上签字，退给托运人。由大副签字的收货单称为“大副收据”（Mate’s Receipt，M/R）。货代或托运人在货物装船后，凭“大副收据”到承运人或其代理人处换取正本提单（Bill of Lading，B/L）。

7．缮制装船通知

按照国际贸易惯例或者信用证的要求，货物装船后，卖方应及时向买方发出装船通知（Shipping Advice），以便买方准备付款赎单、办理运输保险、进口报关和接货等手续。

8．审单与交单兑用

在取得正本提单后，卖方应对所有单证进行一次全面性的审核。确认全套单据是否齐全完备，单单之间、单证之间是否相符，单证份数是否满足信用证要求，单证上的签章是否齐全等，在确保单证相符、单单相符的情况下，缮制汇票（如信用证要求），并在信用证规定的交单期和有效期内向银行交单兑用。

（二）信用证项下进口单证的工作流程

1. 申请开立信用证

进口合同签订后，买方缮制开证申请书，并在合同规定的期限内，随附购买外汇申请书、进口付汇核销单、合同、可能需要的进口许可证等文件向开证行申请开立信用证。

2. 开立信用证和修改信用证

开证行应开证申请人（买方）的申请开出信用证并寄交国外通知行，由通知行将其转交卖方（信用证的受益人）。信用证如需修改，由买方（信用证的开证申请人）缮制信用证修改申请书，向开证行递交改证申请书，办理修改信用证手续。

3. 安排运输和办理保险

在收到卖方预计装船日期的通知后，及时办理租船或订舱手续，并将船名、航次及船期通知卖方，以便卖方备货装运。

在办理保险业务时，买方可以办理预约保险，即与保险公司事先签订预约保单（Open Policy），对每批进口货物，买方在收到国外装运通知时，即通知保险公司，保险立即生效。当进口货物数量不大时，买方也可以采取逐笔投保的方式，即当收到卖方发货通知后，缮制投保单和保险单据，送交保险公司，经保险公司签章后，即可取得保险单。

4. 审单付汇

开证行收到国外议付行寄交的单据和汇票后，按《UCP600》的规定，开证行必须在收到单据次日起 5 个银行工作日内，对单据进行审核和处理，开证行在审单无误后，就应直接对外办理付款，不必事先征得开证申请人的同意。在我国，通常的做法是开证行审单后送交进口企业，再经进口企业审核认可后，开证行即对外付款。

5. 进口通关

货物抵港后，进口企业凭提单与到货通知向船公司或代理换取提货单，办理进口货物申报手续即通关手续。如是法检商品，由进口企业缮制入境货物报检单，随附商业发票、包装单据、提货单、合同等文件申报进口货物检验检疫手续，检验检疫机构在提货单上盖放行章，发放入境货物通关单。

然后，缮制进口货物报关单，随同商业发票、包装单据、提货单、合同、入境货物通关单（如需要）及其他有可能需要的进口许可证等文件办理通关手续。海关验讫后，在提货单上加盖放行章，进口企业凭以向船公司办理提货手续。

五、缮制国际贸易单证的基本要求

单证工作应做到“三相符，五要求”。三相符是指“单证一致，单单一致，单货一致”，五要求是指“正确、完整、及时、简洁、整洁”。

（一）正确

正确是单证工作的前提，是安全收汇的保证。它包括两个方面的内容：一方面要求各种单据必须做到“三相符”（单据与信用证相符、单据与单据相符、单据与实际货物相符），其中“单证相符”是前提，离开这个前提，单单之间即使相符，也会遭到银行的拒付。“单单相符”是指各种单据之间相应的内容应当相符，不能相互矛盾。“单货相符”主要是指单据的内容应该与实际交货一致，亦与合同一致。这样，单证才能真实代表出运的货物，确保履约正常，安全收汇。另一方面，要求各种单据必须符合有关国际惯例和进出口国有关法令和规定。在信用证业务中，单据的正确性要求精确到不能有一字之错，同时还要求出口人出具的单据种类、份数和签署等必须与信用证的规定相符。

（二）完整

完整是构成单证合法性的重要条件之一，是单证成为有价证券的基础。它包含三方面的内容：

1. 单据内容完整：每一种单据本身的内容（包括单据本身的格式、项目、文字和签章、背书等）必须完备齐全，否则就不能构成有效文件，也就不能为银行所接受。

2. 单据种类完整：单据必须是成套齐全而不是单一的，遗漏一种单据，就是单据不完整。单据应严格按照信用证规定一一照办，除主要单据外，一些附属证明、收据一定要及时催办，不得遗漏。

3. 单据份数完整：要求在信用证项下的交易中，进出口商需要哪些单据，一式几份都已明确，尤其是提单的份数，更应注意按要求出齐，避免多出或少出。

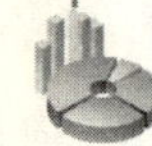

（三）及时

及时是指单证工作的时间性很强，必须紧紧掌握装运期、交单期、信用证的有效期。及时出单包括两个方面的内容：

（1）各种单据的出单日期必须符合逻辑。也就是说，每一种单据的出单日期不能超过信用证规定的有效期限或按商业习惯的合理日期。例如，保险单、检验证的日期应早于提单的日期，而提单的日期不应晚于信用证规定的最迟装运期限，否则，就会造成单证不符。

（2）交单议付不得超过信用证规定的交单有效期，如信用证不做规定，按国际商会《跟单信用证统一惯例》规定："银行将拒绝接受迟于运输单据出单日期 21 天后提交的单据，但无论如何，单据也不得迟于信用证到期日提交。"

（四）简洁

简洁是指单证的内容应力求简化。国际商会《跟单信用证统一惯例》中指出"为了防止混淆和误解，银行应劝阻在信用证或其任何修改书中加注过多细节的内容"，其目的也是为了避免单证的复杂化，提高工作效果。

（五）整洁

整洁是指单证表面的整洁、美观、大方，单证内容简洁明了。如果正确和完整是单证的内在质量，那么整洁则是单证的外观质量。它在一定程度上反映了一个国家的科技水平和一个企业的业务水平。单证是否整洁，不但反映出制单人的业务熟练程度和工作态度，而且还会直接影响出单的效果。

单证的整洁是指单证格式的设计和缮制力求标准化和规范化，单证内容的排列要行次整齐、主次有序、重点项目突出醒目，单证字迹清晰、语言通顺、语句流畅、用词简明扼要、恰如其分，更改处要盖校对章或简签。如单证涂改过多，应重新缮制单证。

六、国际贸易单证样章

以下是一套企业业务中的真实单据。

样单 **1-1**　商业发票

COMMERCIAL INVOICE

L/C NO.:2112LCN060000012;
L/C DATE :DEC.21,2006
INV. NO.: 0612GBTE01A
DATE: 2007-1-4

TO: [redacted]
NO.4 TRANG QUAN, ANDONG COMMUNE ANDUONG HAIPHONG , VIETNAM
TEL/FAX: 8431-3570456/3712191
SHIPPED: BY VESSEL
LOADING PORT: FANGCHENG，CHINA
DESTINATION PORT: HAIPHONG PORT, VIETNAM

MARKS&NO.S	DESCRIPTION OF GOODS	AMOUNT
N/M	FREE SULPHUR (DRY BASIS) 99.99%IN GRANULAR SPECIFICATION: - APPEARANCE : YELLOW COLOR - S (ON DRY BASIS) : 99.99% - CARBON : 0.004% - ASH : 0.003% - MOISTURE : 1% MAX - ORIGIN : CANADA QUANTITY: 400MTS UNIT PRICE: CIF HAIPHONG, VIETNAM USD106.00/MT----------------	USD42,400.00

TOTAL --- USD42,400.00
IN WORDS: U.S. DOLLARS FORTY TWO THOUSAND FOUR HUNDRED ONLY
AS PER S/C NO.:0612-2GBT01A

FANGCHENG GANG GOLDEN BRIDGE
TRADING CO.,LTD
20 FUYU ROAD GANGKOU
DIST, FANGCHENGGANG CITY ,
GUANGXI, CHINA

样单 **1-2** 装箱单

PACKING/WEIGHT LIST

L/C NO.:2112LCN060000012;
L/C DATE :DEC.21,2006
P/LIST NO.: GBTE01A
DATE: 2007-1-4

TO: [redacted]
NO.4 TRANG QUAN, ANDONG COMMUNE ANDUONG HAIPHONG VIETNAM
TEL/FAX: 8431-3570456/3712191
SHIPPED: BY VESSEL
LOADING PORT: FANGCHENG, CHINA
DESTINATION: HAIPHONG PORT, VIETNAM

MARKS & NO.S	DESCRIPTION OF GOODS	PACKING	N.W. (KGS)	G.W. (KGS)
N/M	FREE SULPHUR (DRY BASIS) 99.99PCT IN GRANULAR	IN 50KGS/WPP BAG (TOTAL:8000 BAGS)	400000	400800

SPECIFICATION:
- APPEARANCE : YELLOW COLOR
- S (ON DRY BASIS) : 99.99%
- CARBON : 0.004%
- ASH : 0.003%
- MOISTURE : 1% MAX
- ORIGIN : CANADA

AS PER S/C NO.:0612-2GBT01A

FANGCHENG GANG GOLDEN BRIDGE TRADING CO.,LTD.
NO.20 FUYU ROAD GANGKOU DIST.,FANGCHENG GANG CITY,
GUANGXI, CHINA

样单 **1-3**　品质证明

CERTIFICATE OF QUALITY& QUANTITY

To: [illegible]
NO.4 TRANG QUAN, ANDONG COMMUNE, ANDUONG DISTRICT, HAIPHONG CITY, VIETNAM
TEL/FAX: 84-31-3570456/3712191

S/C NO: 0612-2GBT01A
L/C NO.:2112LCN060000012; L/C DATE :DEC.21,2006

WE HEREBY CERTIFY THAT THE FOLLOWING CAPTION SHIPMENT WAS ACCORDANCE WITH REQUIREMENTS OF SALES CONTRACT.

1. COMMODITY
FREE SULPHUR (DRY BASIS) 99.99PCT IN GRANULAR

SPECIFICATION:
- APPEARANCE : YELLOW COLOR
- S (ON DRY BASIS): 99.99%
- CARBON : 0.004%
- ASH : 0.003%
- MOISTURE : 1% MAX
- ORIGIN : CANADA

2. QUANTITY
N.W.:400MTS ; G.W.:400.800MTS ; TOTAL 8000BAGS

FANGCHENG GANG GOLDEN BRIDGE TRADING CO.,LTD
20 FUYU ROAD GANGKOU DIST.
FANGCHENGGANG CITY, GUANGXI, CHINA

样单 1-4 提单

BILL OF LADING

B/L No.	GBT0701
Nationality of Ocean vessel	

Shipper
FANGCHENG GANG GOLDEN BRIDGE TRADING CO., LTD.
ADD:20 FUYU ROAD GANGKOU DIST. FANG CHENG GANG CITY GUANGXI,CHINA

Consignee
TO ORDER OF VBARD HAIPHONG BRANCH LECHAN SUB-BRANCH

Notify Address
NO.4 TRANG QUAN, ANDONG COMMUNE
ANDUONG HAIPHONG,VIETNAM
TEL/FAX:8431-3570456/3712191

Shipped on board the vessel named herein in apparent good order and condition (unless otherwise indicated)the goods or packages specified herein and to be discharged at the above mentioned port of discharge or as near thereto as the vessel may safely get and be always afloat.

The weight,measure, marks,numbers, quality, contents and value,being particulars furnished by the Shipper, are not checked by the Carrier on loading. The Shipper, Consignee and the Holder of this Bill of Lading hereby expressly accept and agree to all printed,written or stamped provisions, exceptions and conditions of this Bill of Lading, including those on the back hereof. one of the Bills of Lading duly endorsed must be surrendered in exchange for the goods or delivery order.

In witness whereof, the Carrier or his Agents has signed Bills of Lading all of this tenor and date, one of which being accomplished, the others to stand void.

Shippers are requested to note particularly the exceptions and conditions of this Bill of Lading with reference to the validity of the insurance upon their goods.

Original

Pre-carriage by	Place of Receipt by Pre-carrier		
Ocean Vessel "HOANG TRIEU 16"	Port of Loading FANGCHENG, CHINA		
Port of Discharge HAIPHONG PORT ,VIETNAM	Final destination (if goods to be transhipped at port of discharge)	Freight payable at	Number of original B(s)/L THREE(3)

Particulars Furnished by Merchants

Marks & Nos/Container Nos	Number and kind of packages;description of goods	Gross weight kgs	Measurement m³
N/M REMARKS: L/C NO.: 2112LCN060000012 L/C DATE: DEC.21,2006	FREE SULPHUR(DRY BASIS) 99.99PCT IN GRANULAR 8000BAGS PACKING IN 50KGS/WPP BAG CLEAN SHIPPED ON BOAD	400800KGS	
TOTAL PACKAGES(IN WORDS)	SAY EIGHT THOUSAND BAGS ONLY		

Freight and charges	Place of B(s)/L Issue / Dated
FREIGHT PREPAID	FANGCHENG, CHINA JAN.10, 2007
	Signed for the Carrier

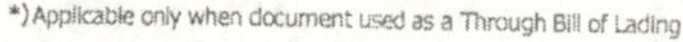
*)Applicable only when document used as a Through Bill of Lading

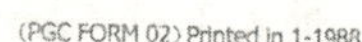
(PGC FORM 02) Printed in 1-1988

样单 1-5　保险单

安邦财产保险股份有限公司
ANBANG PROPERTY & CASUALTY INSURANCE CO.,LTD.

海洋运输货物保险单
OCEAN MARINE CARGO INSURANCE POLICY

100202050017889

保险单号码 Policy No.: 1160802022007000001

The Insurer shall be liable for, in accordance with the application and after the payment of the agreed premium, any loss expenses and/or liability arising from the causes mentioned in the Policy, the Endorsements or Special Agreements.

投保人 Applicant: FANGCHENG GANG GOLDEN BRIDGE TRADING CO.,LTD.
被保险人 Insured: FANGCHENG GANG GOLDEN BRIDGE TRADING CO.,LTD.
发票号 Invoice No.: 0612GBTE01A
提单号 B/L No.: GBT0701
信用证号 L/C No.: 2112LCN060000012　　L/C DATE:2006-12-21
起运日期 Departure Date: 01-10-2007
运输工具 Conveyance S.S: M/V HOANG TRIEU 16
运输路线 Voyage: FROM FANGCHENG CHINA TO HAIPHONG PORT OF VIETNAM

保险货物名称、标记、包装、数量及保险金额
Name of the Insured Goods, Marks and Nos., Packing, Quantity and Sum Insured:

承保条件 Conditions:

N/M　　ALL RISKS

FREE SULPHUR (DRY BASIS) 99.99PCT IN GRANULAR　　PACKING IN 50KGS/ WPP BAG AND MARKING IN ENGLISH　　THE SUM INSURED USD48640.00

总保险金额 Total Sum Insured: USD FORTY SIX THOUSAND SIX HUNDRED AND FORTY ONLY (USD48640.00)
免赔额（率）Deductibles: 0.5%
查勘代理人 Survey Agent:
Name:　　Tel:　　Fax:
Address:
赔款偿付地点 Claim Payable at: HAIPHONG VIETNAM IN USD
争议处理 Debate Settlement:
Carry out legal actions with a court where the defendant is domiciled.
All disputes between the Insured and the Company shall be settled through friendly negotiation.
Where a settlement fails after negotiation, the following methods shall be used:
特别约定 Special Agreements:
1. Exchange Rate: 1 USD=7.80 RMB

承保公司地址及电话 Company's Address and Phone Number:

保险公司签章 Company's Seal:
签单日期 Date Signed: 2007　01　10

第二联 THE SECOND ORIGINAL

样单 **1-6** 受益证明

BENEFICIARY'S CERTIFICATE

WE HEREBY CERTIFY THAT WE HAVE SEND 1/3 ORIGINAL B/L DIRECTLY TO THE APPLICANT BY DHL AFTER CARGO WERE SHIPPED ON BOARD.

FANGCHENG GANG GOLDEN BIDGE TRADING CO.,LTD
20FUYU ROAD GANGKOU DIST.
FANGCHENGGANG CITY,GUANGXI,CHINA

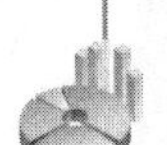

样单 1-7 装运指示

防城港金桥贸易有限公司

FANGCHENGGANG GOLDEN BRIDGE TRADING CO.,LTD.

To:

Attn: MR.HUANG

From: 防城港金桥贸易有限公司

Fax No.: 86-770-2827388

Fax No.: 84-31-3712191

Date: JAN 10TH ,2007

Sender: AMY CHEN

Pages: 1

SHIPPING ADVICE

DEAR SIR,

WE HEREWITH INFORM ABOUT THE 400MT FREE SULPHUR HAVE BEEN LOADED ON M.V. "HOANG TRIEU 16". DETAIL AS FOLLOWS:

1. TOTAL AMOUNT OF CONTRACT : USD42,400.00
2. B/L DATE :JAN.10TH ,2007 ;B/L NO.:GBT0701
3. LOADING PORT: FANGCHENG,CHINA
4. DESTINATION PORT :HAIPHONG PORT, VIETNAM
5. ETD : JAN.10TH ,2007; ETA AT HAIPHONG IS JAN.12TH ,2007
6. SHIPPING AGENT IN VIETNAM:
   CONG TY CO PHAN HOANG TRIEU
   DIACHI:TRUC CAT-TRUC NINH NAMDINH
   TEL:0915432049

REMARKS: L/C NO.:2112LCN060000012;
L/C DATE :DEC.21,2006

地址：广西防城港市港口区富裕路 20 号　邮编(P.C.):538001

ADD.: #20 Fuyu Road, Gangkou District, Fangchenggang City, Guangxi, China

电话(TEL): (86)0770-2829768 / 2836390　传真(FAX): (86) 0770-2827388

E-mail:excellent8899@163.com

知识拓展

国际商务单证员考试简介

国际商务单证员考试，英文简称 ICD (International Commercial Documents)。随着我国加入WTO及对外贸易的飞速发展，国际商务领域从业人员的队伍也在不断扩大。为规范国际商务单证行业的相关培训工作，进一步提高国际商务单证从业人员的素质和能力，根据《中华人民共和国行政许可法》的有关规定及国家商务部人事司的指示精神，从2004年起中国对外贸易经济合作企业协会在全国范围内组织开展“国际商务单证员”的培训和考核工作，旨在通过培训使大多数的国际商务单证从业人员获得较强的专业知识能力，从根本上促进整个国际商务领域的健康发展。考试相关信息可以登录全国国际商务单证考试中心网址（http://www.icd.net.cn）了解。

技能强化

一、请说明以下外贸单据签发和出单日期的顺序，填入表 1-1，并说明理由：

①装船通知；②汇票；③商业发票；④投保单；⑤装箱单；⑥产地证；⑦保险单；⑧提单；⑨托运单。

表 1-1 外贸单据流转顺序

二、请根据以下资料和惯例，修改你认为单据签发错误的日期，填入表 1-2。

卖方：GUANGXI GUIXIN TRADING CO., LTD.

买方：BROTHER TRADING CO., LTD.

贸易术语：CIF LONDON

实际装船日：2012 年 10 月 15 日前

信用证有效期：2012 年 10 月 28 日

表 1-2 修改单据签发日期

单据名称	签发日期	修改原因
商业发票	2012 年 10 月 16 日	
装箱单	2012 年 10 月 10 日	
商业汇票	2012 年 10 月 10 日	
原产地证明	2012 年 10 月 15 日	
出口商检证书	2012 年 10 月 15 日	
保险单	2012 年 10 月 17 日	
海运提单	2012 年 10 月 16 日	
出口货物报关单	2012 年 10 月 16 日	
装船通知	2012 年 10 月 16 日	

小 结

单证（Documents）是指在国际贸易业务过程中所使用的各种单据、证书和信用证。

单据的分类主要有以下几种：根据单证所涉及的贸易方式可分为进口单证和出口单证；根据单证的性质可分为金融单据和商业单据；根据单证的用途可分为资金单据、商业单据、货运单据、保险单据、公务单据和附属单据；根据单证在结汇时的需要，分为结汇单证和非结汇单证。

国际贸易单证的作用主要有：单证是结算的基本工具；单证是履行合同的必要手段；单证工作是出口企业经营管理的重要环节；单证工作是政策性很强的涉外工作。

信用证项下出口单证的工作流程主要包括：备货—— 货、证、船的衔接——缮制商业发票和包装单据——缮制出口货物报关单——缮制保险凭证——缮制提单——缮制装船通知——审单与交单兑用。

信用证项下进口单证的工作流程：申请开立信用证→开立信用证和修改信用证→安排运输和办理保险→审单付汇→进口通关。

缮制国际贸易单证的基本要求：正确、完整、及时、简洁、整洁。

项目二

信用证的分析、审核和修改

学习目标

掌握信用证条款的基本内容，能够对信用证的有关条款进行分析，掌握信用证审核的要点，能够正确审核信用证，并提出修改意见。

任务一　信用证的分析

任务背景

赵悦在单证部认真、仔细的工作态度得到了单证部经理的高度赞赏，单证部经理决定同意赵悦开始承担产品出口的相关单证工作。2012 年 8 月中旬，公司刚好跟英国兄弟贸易公司（BROTHER TRADING CO., LTD.）谈妥出口 2200 套瓷器餐具业务，双方签订合同后，8 月 23 日英国兄弟贸易公司通过苏格兰皇家银行（THE ROYAL BANK OF SCOTLAND）开来一份不可撤销信用证。赵悦在工作中第一次接触实际业务的信用证，她要温习在学校学习过的有关信用证的基础知识，还要读懂信用证的有关条款，明确信用证的有关要求。

资料一：中国银行转来苏格兰皇家银行开来的信用证

信用证通知书

致：GUANGXI GUIXIN TRADING CO., LTD.　通知编号：AD1454612000201

敬启者：　　　　　　　　　　　　　　　　广　西　区　分　行

我行收到如下信用证一份：　　　　GUANGXI BRANCH

开证行：THE ROYAL BANK OF SCOTLAND

开证日：2012-08-20

信用证号：BOC1210006

金额：USD93,000.00

现随附通知。贵司交单时，请将本通知书及正本信用证一并提示。其他注意事项如下：

本信用证之通知系遵循国际商会《跟单信用证统一惯例》第 600 号出版物。

如有任何问题及疑虑，请与中国银行股份有限公司联络。

电话：　　　传真：

附言：

中国银行股份有限公司

SEQUENCE OF TOTAL　27: 1/1
FORM OF DOC. CREDIT　40 A: IRREVOCABLE
DOC. CREDIT NUMBER　20: BOC1210006
DATE OF ISSUE　31C: 120820
APPLICABLE RULES　40E: UCP LATEST VERSION
EXPIRY　31D: DATE 121028
PLACE AT OUR COUNTER
APPLICANT　50: BROTHER TRADING CO., LTD.
SHEEPCOTE ROAD, HARROW HA1 2JL, LONDON ENGLAND, UK
BENEFICIARY　59: GUANGXI GUIXIN TRADING CO., LTD.
10 QIXING ROAD, NANNING, GUANGXI, CHINA
AMOUNT　32B: CURRENCY USD AMOUNT 93000, 00
AVAILABLE WITH/BY　41D: ANY BANK
BY NEGOTIATION
DRAFTS AT …　42C: 60 DAYS AFTER B/L DATE
DRAWEE　42A: RBOSGB2L
THE ROYAL BANK OF SCOTLAND
PARTIAL SHIPMENTS　43P: NOT ALLOWED
TRANSSHIPMENT　43T: ALLOWED
PORT OF LOADING/AIRPORT
OF DEPARTURE　44E: FANGCHENG PORT, CHINA
PORT OF DISCHARGE/AIRPORT
OF DESTINATION　44F: LONDON, UK
LATEST DATE OF SHIPMENT 44C: 120918
DESCRIPTION OF GOODS　45A: FASHIONAL DANDELION DESIGN PORCELAIN DINNERWARE SETS
19 PCS/SET
10 " DINNER PLATE – RED × 6
6" DESSERT PLATE × 6
8 " SOUP PLATE × 6
9" SALAD BOWL × 1
CIF LONDON
DOCUMENTS REQUIRED　46 A:
+COMMERCIAL INVOICES IN TRIPLICATE COUNTERSIGNED BY THE APPLICANT.

+FULL SET OF CLEAN ON BOARD OCEAN BILL OF LADING ISSUED TO ORDER AND BLANK ENDORSED MARKED FREIGHT TO COLLECT NOTIFYING APPLICANT.

+PACKING LISTS IN TRIPLICATE SHOWING NUMBER OF CARTONS, GROSS WEIGHT, NET WEIGHT AND MEASURMENT.

+GSP FORM A IN DUPLICATE ISSUED BY CCPIT.

+INSURANCE POLICY OR CERTIFICATE IN TWO ORIGINALS. ENDORSED IN BLANK FOR 110 PCT OF INVOICE VALUE WITH CLAIMS PAYABLE AT DESTINATION IN CURRENCY OF DRAFT COVERING ALL RISKS AND WAR RISK AS PER OCEAN MARINE CARGO CLAUSES OF PICC DATED 1981/01/01.

+BENEFICIARY'S CERTIFICATE CERTIFYING THAT ONE FULL SET OF NON-NEGOTIABLE DOCUMENTS HAVE BEEN SENT TO APPLICANT DIRECTLY WITHIN 48 HOURS AFTER SHIPMENT

ADDITIONAL COND.

47A:

+ALL DOCUMENTS MUST BEAR L/C NO. BOC1210006.

+A HANDLING COMMISSION OF USD50.00 OR EQUIVALENT, PLUS TELEX CHARGES, IF ANY, WILL BE DEDUCTED FROM THE PROCEEDS FOR EACH SET OF DOCUMENTS WITH DISCREPANCIES PRESENTED UNDER THIS LETTER OF CREDIT.

DETAILS OF CHARGES 71 B: ALL BANKING CHARGES OUTSIDE UK ARE FOR ACCOUNT OF BENEFICIARY

PRESENTATION PERIOD 48: ALL DOCUMENTS MUST BE PRESENTED TO AND REACH OUR OUNTER IN UK WITHIN 3 DAYS AFTER B/L DATE

CONFIRMATION 49: WITHOUT

INSTRUCTIONS 78:

+ALL DOCUMENTS MUST BE AIRMAIL TO US IN ONE LOT AT 48 HAYMARKET LONDON SW1Y 4SE.

+UPON RECEIPT OF DOCUMENTS DRAWN IN COMPLIANCE WITH THE TERMS AND CONDITIONS, WE WILL ADVISE YOU THE DUE DATE AND REMIT THE PROCEEDS TO YOU IN ACORDANCE WITH YOUR INSTRUCTIONS AT MATURITYADVISE THROUGH.

57 D: BANK OF CHINA NANNING （GUANGXI BRANCH）

请阅读信用证的内容，并填制信用证分析表，见表 2-1。

表 2-1 信用证分析表

信用证本身的说明	信用证种类		到 期 时 间	
	信用证号码		到期地点	
	信用证开证日期		有效期	
	币种、金额		交单期	
信用证的当事人	开证行		通知行	
	开证申请人		受益人	
	付款行		议付行	

（续）

汇票条款	汇票的种类		出票依据	
	出票人		付款期限	
	付款人		付款金额	
	收款人			
货物条款	品名		包装	
	数量		贸易术语	
	规格		合同号	
	溢短装		唛头	
装运条款	装货港		分批交运	
	目的港		转船	
	最迟装运期			
单据条款	单据名称	份数	单据名称	份数
特殊条款				

一、信用证的含义及主要特点

信用证（Letter of Credit，L/C）是一种银行开立的有条件的承诺到期付款的书面文件。根据《跟单信用证统一惯例》（国际商会第 600 号出版物，以下简称为《UCP600》）的解释，信用证是指一项不可撤销的安排，无论其名称或描述如何，该项安排构成开证行对相符交单予以承付的确定承诺。

信用证的主要特点有三：一是开证银行承担第一性的付款责任；二是信用证是一项独立的文件，一经开立，它就成为独立于国际货物买卖合同以外的约定；三是信用证是纯单据业务，银行处理信用证业务时，只凭单据，它只审查受益人所提交的单据是否与信用证条款相符，以决定其是否履行付款责任。

二、信用证的主要当事人

（一）开证申请人

开证申请人（Applicant）是指向银行申请开立信用证的人，是信用证交易的发起人，是进出口交易中的进口商或实际买方，在信用证中又称开证人（Opener）。

（二）开证行

开证行（Opening Bank, Issuing Bank）是指接受开证申请人的委托，开立信用证的银行，一般是进口地的银行，它承担保证付款的责任。

（三）通知行

通知行（Advising Bank, Notifying Bank）是指受开证行的委托，将信用证转交出口商的银行。它只证明信用证的真实性，并不承担其他义务，通知银行通常是出口地银行。

（四）受益人

受益人（Beneficiary）是指有权使用信用证的人，即出口商或实际供货人。

（五）议付行

议付行（Negotiating Bank）是指愿意买入受益人交来的跟单汇票的银行。

（六）付款行

付款行（Paying Bank, Drawee Bank）是指信用证上指定的付款银行，一般是开证行，也可是其指定的另一家银行。

（七）保兑行

保兑行（Confirming Bank）是根据开证行的请求，在信用证上加具保兑的银行。信用证一经保兑，保兑行将与开证行承担同样的付款责任。

三、信用证的类型

（一）跟单信用证和光票信用证

按照是否附带有单据来分，信用证可以分为跟单信用证和光票信用证。

1．跟单信用证

跟单信用证（Documentary Credit）是指开证行凭跟单汇票或仅凭单据付款的信用证。单据是指代表货物或证明货物已交运的单据。国际货物贸易所使用的信用证绝大部分是跟单信用证。

2．光票信用证

光票信用证（Clean Credit）是指开证行仅凭不附单据的汇票付款的信用证。

（二）即期信用证和远期信用证

根据付款时间的不同，信用证可分为即期信用证和远期信用证：

1．即期信用证

即期信用证（Sight L/C）是指开证行或付款行收到符合信用证条款的跟单汇票或装运单据后，立即履行付款义务的信用证。这种信用证的特点是出口人收汇迅速安全，有利于资金周转。在即期信用证中，有时还加列电汇索偿条款（T/T Reimbursement Clause），它是指开证行允许议付行用电报或电传通知开证行或指定付款行，说明各种单据与信用证要求相符，开证行或指定付款行接到电报或电传通知后，有义务立即用电汇将货款拨交议付行。信用证带有电汇索偿条款的，出口商可加快收回货款，但进口商则要提前付出资金。付款后如发现收到的单据与信用证规定不符，开证行或付款行对议付行有行使追索的权利。

2．远期信用证

远期信用证（Usance L/C）是指信用证规定受益人凭远期汇票取款的信用证。使用远期信用证时，开证银行或付款银行收到符合信用证条款的单据后，并不立即付款，而是根据汇票的期限，等到汇票到期时付款。

还有一种“假远期信用证”，受益人提交远期汇票和相符单据即可从银行即期收取款项，即期付款日与汇票到期日之间的利息由买方承担。

（三）即期付款信用证、延期付款信用证、议付信用证、承兑信用证

根据信用证的兑付方式不同，可以分为即期付款信用证、延期付款信用证、议付信用证、承兑信用证。

1．即期付款信用证

即期付款信用证（Sight L/C）是指履行付款责任的银行一收到信用证项下的单据，在规定的时间内审核并认定相符，就立即进行付款。这种信用证可以使用也可以不使用汇票。

2．延期付款信用证

延期付款信用证（L/C By Deferred Payment）是指履行延期付款责任的银行收到信用证项下相符的单据，按信用证规定于若干天后付款。这种信用证一般不要求汇票，并且载有远期付款条款。

3．议付信用证

议付信用证（Negotiation L/C）是指允许受益人向某一指定银行或任何银行交单议付的信用证。议付信用证又可分为公开议付信用证和限制议付信用证：

（1）公开议付信用证（Open Negotiation Credit），又称自由议付信用证（Freely Negotiation Credit），是指可以在任何银行进行议付的信用证。

（2）限制议付信用证（Restricted Negotiation Credit），是指开证银行指定某一银行或开证行本身自己进行议付的信用证。

4．承兑信用证

承兑信用证（Acceptance L/C）是指当受益人向指定银行开具远期汇票并提示时，指定银行即行承兑，并于汇票到期日履行付款的信用证。该指定银行即为承兑行，承兑信用证要求受益人出具远期汇票，承兑行承兑后，受益人可以将承兑后的汇票到二级市场进行贴现，从而取得资金的融通。

（四）保兑信用证和不保兑信用证

按照信用证保兑与否，可分为保兑信用证与不保兑信用证两种。

1．保兑信用证

保兑信用证（Confirmed L/C）是指开证行开出的信用证，由另一银行保证对符合信用证条款规定的单据履行付款义务，这样的信用证即为保兑信用证。对信用证加具保兑的银行，即为保兑行（Confirming Bank）。保兑信用证意味着，信用证不但有开证行的付款保证，而且还有保兑行的兑付保证，两者都对信用证承担第一性的付款责任。

2．不保兑信用证

不保兑信用证（Unconfirmed L/C）是指开证银行开出的信用证没有经另一家银行保兑。

当开证银行资信好和成交金额不大时，一般都使用这种不保兑的信用证。

（五）可转让信用证和不可转让信用证

根据受益人对信用证的权利可否转让，分为可转让信用证和不可转让信用证。

1. 可转让信用证

《UCP600》指出，可转让信用证（Transferable L/C）系指特别注明可转让“Transferable”字样的信用证。可转让信用证可应受益人（第一受益人）的要求转为全部或部分由另一受益人（第二受益人）兑用。

可转让信用证只能转让一次，即只能由第一受益人转让给第二受益人，第二受益人不得要求将信用证转让给其后的第三受益人，但再转让给第一受益人，则不被禁止。

信用证只能按原证规定条款转让，但信用证金额、商品的单价、到期日、交单日及最迟装运日期可以减少或缩短，保险加保比例可以增加，信用证申请人可以变动。信用证在转让后，第一受益人有权以自身的发票（汇票）替换第二受益人的发票，其金额不得超过信用证规定的原金额。

在实际业务中，要求开立可转让信用证的第一受益人，通常是中间商。为了赚取差价，中间商可将信用证转让给实际供货人，由供货人办理出运手续，但信用证的转让不等于买卖合同的转让，如第二受益人不能按时交货或单据有问题，第一受益人仍要负买卖合同上的卖方责任。

2. 不可转让信用证

不可转让信用证（Non-transferable L/C）是指受益人不能将信用证的权利转让给他人的信用证。

（六）循环信用证

循环信用证（Revolving Credit），是指信用证被全部或部分使用后，其金额又恢复到原金额，可再次使用。循环信用证一般适用于定期分批均衡供应、分批支款的长期合同。对进口人来说，可节省逐笔开证的手续和费用，减少押金，有利资金周转；对出口人来说，可减少逐批催证和审证的手续，又可获得收回全部货款的保障。

循环信用证可分为按时间循环信用证和按金额循环信用证。按时间循环的信用证是受益人在一定的时间内可多次支取信用证规定的金额。按金额循环的信用证是信用证金额议付后，仍恢复到原金额可再使用，直至用完规定的总额为止。

（七）对开信用证

对开信用证（Reciprocal Credit），是指两张信用证的开证申请人互以对方为受益人而开立的信用证。其特点是第一张信用证的受益人（出口商）和开证申请人（进口商）就是第二张信用证的开证申请人和受益人，第一张信用证的通知行通常就是第二张信用证的开证行。两张信用证的金额相等或大体相等，两证可同时互开，也可先后开立。对开信用证多用于易货贸易、来料加工和补偿贸易业务。

（八）对背信用证

对背信用证（Back to Back Credit），是指受益人要求原证的通知行或其他银行以原证为基础，另开一张内容相似的新信用证。对背信用证通常是由中间商为转售他人货物，从中图利，或两国不能直接进行交易需通过第三国商人以此种办法沟通贸易而开立的。对背信用证的受益人可以是国外的，也可以是国内的，其装运期、到期日、金额和单价等可较原证规定提前或减少，但货物的质量、数量必须与原证一致。

四、信用证的开立形式及其主要内容

（一）信用证的开立形式

1. 信开本和电开本

信用证的开立形式有信开本和电开本两种，信开本是开证行采用印就的信函格式的信用证，并以航空邮寄的形式寄给通知行，在外贸实务中这种信用证已经很少使用。

电开本是指开证行使用电报、电传、传真、SWIFT 等方式将信用证条款传递给通知行。其中以 SWIFT 方式开立的信用证最常见。

2. SWIFT 信用证

SWIFT 是环球银行金融电讯协会（Society for Worldwide Interbank Financial Telecommunication）的简称。凡通过 SWIFT 系统开立或通知的信用证均称为“SWIFT 信用证”。MT700/MT701 是 SWIFT 开立信用证的固定格式。SWIFT 的项目分为必选项目（Mandatory）和可选项目（Optional）。

（1）项目的表示方式

项目由两位数字组成的代号组成或由两位数字加上字母组成，代号不同，含义各异。例如：“50” Applicant（信用证开证申请人），就是一个项目；“44C” Latest Date of Shipment（最迟装运期）又是另外一个项目。

（2）日期的表示方式

SWIFT 电文的日期表达方式为“YYMMDD（年月日）”。

（3）数字的表示方式

SWIFT 电文中，千位以上数字不使用分格号，小数点用“,”来表示，如“699,871.58”表示为“699871,58”。

SWIFT 信用证 MT700 的常用代码见表 2-2。

表 2-2　SWIFT 信用证 MT700 的常用代码

项目类型	项目代码	Field Name 栏位名称	说　明
M	27	Sequence of Total	页次
M	40A	Form of Documentary Credit	跟单信用证类别
M	20	Documentary Credit Number	信用证号码
M	40E	Applicable Rules	适用的规则
M	31D	Date and Place of Expiry	到期日及地点
O	51a	Applicant Bank	信用证开证银行
M	50	Applicant	申请人
M	59	Beneficiary	受益人
M	32B	Currency Code, Amount	币别代号、金额
O	39A	Percentage Credit Amount Tolerance	信用证金额加减百分率
M	41D	Available With …By…	信用证兑用的指定银行和方式

（续）

项目类型	项目代码	Field Name 栏位名称	说　明
O	42C	Drafts at …	汇票期限
O	42a	Drawee	付款人
O	43P	Partial Shipments	分批装运
O	43T	Transhipment	转运
O	44E	Port of Loading/Airport of Departure	装货港或装货机场
O	44F	Port of Discharge/Airport of Destination	目的港或到达机场
O	44C	Latest Date of Shipment	最后装运日
O	45A	Description of Goods and /or Services	货物和/或服务描述
O	46A	Documents Required	应提交的单据
O	47A	Additional Conditions	附加条件
O	71B	Charges	费用
O	48	Period for Presentation	交单期
M	49	Confirmation Instructions	保兑指示
O	72	Sender to Receiver Information	银行间的通知

（二）信用证的主要内容

1. 信用证本身的说明

信用证本身的说明包括信用证的编号、开证日期、到期日和到期地点、交单期限、信用证类型、开证金额等。

2. 信用证的当事人

信用证的当事人包括开证申请人、受益人、开证行、通知行、议付行等。

3. 汇票条款

汇票条款包括汇票的种类、出票人、受票人、付款期限、出票条款及出票日期等。凡不需汇票的信用证无此内容。

4. 货物条款

货物条款包括货物的名称、规格、数量、包装、价格术语等。

5. 运输条款

运输条款包括装货港、目的港、可否分批装运、最迟装运期限等。

6. 单据条款

单据条款是指信用证要求提交的各种单据的名称以及份数。

7. 特殊条款

特殊条款视具体交易的需要各异，常见的有：要求通知行加保兑；限制由某银行议付；限装某船或不许装某船；不准在某港停靠或不准采取某条航线；待具备规定条件信用证方始生效等。

8. 交单期限

交单期限是指信用证项下单据交单的时限。

9．费用情况

费用情况是指信用证项下产生的银行费用的划分。

除此以外，信用证通常还有开证银行的责任条款，根据《跟单信用证统一惯例》开立的文句，以及开证行签字和密押等。

五、信用证业务流程

以下用最常见的即期不可撤销跟单议付信用证为例简要说明信用证业务的收付程序，如图 2-1 所示。

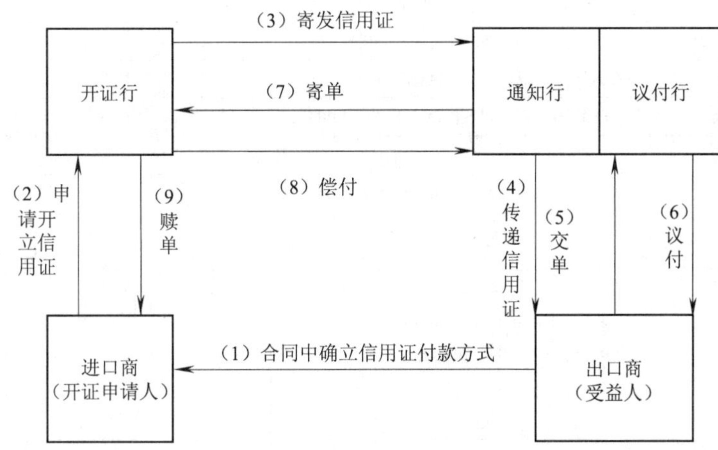

图 2-1　信用证业务的收付程序

具体说明如下：

（1）进出口商在国际货物买卖合同中，规定使用信用证方式支付。

（2）进口商向当地银行提出申请，填写开证申请书，并交纳押金或提供其他保证，支付开证相关费用，请银行（开证行）开证。

（3）开证行根据申请书内容，向出口商（受益人）开出信用证，并寄交出口商所在地银行（统称通知行）。

（4）通知行核对印鉴无误后，将信用证交与出口商。

（5）出口商审核信用证与合同相符后，按信用证规定装运货物，并备齐各项货运单据，开出汇票，在信用证有效期内，送请当地银行（议付行）议付。

（6）议付行按信用证条款审核单据无误后，按照汇票金额扣除利息，把货款垫付给出口商。

（7）议付行将汇票和货运单据寄开证行（或其指定的付款行）索偿。

（8）开证行（或其指定的付款银行）核对单据无误后，付款给议付行。

（9）开证行通知进口商付款赎单。

任务实施

在师傅的帮助下，从对信用证的阅读中，赵悦基本读懂了信用证的有关条款，并填制出了以下信用证分析单，见表 2-3：

表 2-3 信用证分析单

信用证本身的说明	信用证种类	不 可 撤 销	到 期 时 间	2012 年 10 月 28 日
	信用证号码	BOC1410006	到期地点	英国伦敦
	信用证开证日期	2012 年 8 月 20 日	有效期	2012 年 10 月 28 日
	币种、金额	USD93,000.00	交单期	提单日后 3 天
信用证的当事人	开证行	THE ROYAL BANK OF SCOTLAND	通知行	中国银行广西分行
	开证申请人	BROTHER TRADING CO., LTD.	受益人	GUANGXI GUIXIN TRADING CO., LTD.
	付款行	THE ROYAL BANK OF SCOTLAND	议付行	公开议付
汇票条款	汇票的种类	提单日后 60 天的远期汇票	出票依据	
	出票人	GUANGXI GUIXIN TRADING CO., LTD.	付款期限	提单日后 60 天
	付款人	THE ROYAL BANK OF SCOTLAND	付款金额	USD93,000.00
	收款人	中国银行广西分行		
货物条款	品名	Fashional dandelion design porcelain dinnerware sets	包装	
	数量	2200 套	贸易术语	CIF LONDON
	规格	19pcs/set 10 " dinner plate - red× 6 6 " dessert plate × 6 8 " soup plate × 6 9" salad bowl × 1	合同号	
	溢短装		唛头	
装运条款	装货港	中国防城港	分批交运	不允许
	目的港	英国伦敦	转船	允许
	最迟装运期	2012 年 9 月 18 日之前		
单据条款	单据名称	份数	备注	
	商业发票	一式三份	由开证申请人会签	
	提单	全套	制成空白抬头空白背书，标明运费到付，通知开证申请人	
	装箱单	一式三份	标明箱号\毛重\净重和尺码	
	保单	一式两份	按发票金额 110%投保	
	受益人声明	一份		
特殊条款	所有单据均需标明信用证号 BOC1210006			

深化训练

广西诚鑫进出口有限公司是一家拥有进出口经营权的外贸公司，主要出口食品调味品、家用电器、日用品等产品。2014 年 9 月 5 日，广西诚鑫进出口有限公司与马来西亚 DYNAMIC EXCELLENCE TRADING CO., LTD.签订了出口 60 公吨八角合同。

如果你是广西诚鑫进出口有限公司外贸业务员，你能读懂以下信用证的条款吗？请根据资料填写信用证的分析单，见表 2-4。

资料二：马来西亚客户通过马来西亚中国银行开来的信用证

SEQUENCE OF TOTAL 27: 1/1
FORM OF DOC. CREDIT 40A: IRREVOCABLE
DOC. CREDIT NUMBER 20: PB1209006
DATE OF ISSUE 31C: 120923
APPLICABLE RULES 40E: UCP LATEST VERSION
EXPIRY 31D: DATE 121115
PLACE IN CHINA
APPLICANT 50: DYNAMIC EXCELLENCE TRADING CO., LTD.
NO.3 JALANSAHABAT, 50200 KUALALUMPUR, MALAYSIA
BENEFICIARY 59: GUANGXI CHENGXIN IMP. & EXP. CO., LTD.
21 MINZU ROAD, NANNING CITY, GUANGXI, CHINA
AMOUNT 32B: CURRENCY USD AMOUNT 190000,00
AVAILABLE WITH/BY 41D: ANY BANK
BY NEGOTIATION
DRAFTS AT … 42C: SIGHT
DRAWEE 42A: BANK OF CHINA (MALAYSIA)
BKCHMYKL
PARTIAL SHIPMENTS 43P: NOT ALLOWED
TRANSSHIPMENT 43T: ALLOWED
PORT OF LOADING/AIRPORT
OF DEPARTURE 44E: FANGCHENG PORT, CHINA
PORT OF DISCHARGE/AIRPORT
OF DESTINATION 44F: KUALA LUMPUR, MALAYSIA
LATEST DATE OF SHIPMENT 44C: 121019
DESCRIPTION OF GOODS 45A: STAR ANISE (MOISTURE: 13% MAX)
Unit Price: USD 3200/MT
Quantity: 60MT
Trade Term: FOB Fangcheng
Packing: In Carton
DOCUMENTS REQUIRED 46 A:
+COMMERCIAL INVOICES IN TRIPLICATE.
+FULL SET OF CLEAN ON BOARD OCEAN BILL OF LADING ISSUED TO ORDER AND BLANK ENDORSED MARKED ‘FREIGHT PREPAID NOTIFYING APPLICANT.
+PACKING LISTS IN TRIPLICATE SHOWING NUMBER OF CARTONS, GROSS WEIGHT, NET WEIGHT AND MEASURMENT.
+CERTIFICATE OF ORIGIN IN DUPLICATE ISSUED BY BANK OF CHINA.
+INSURANCE POLICY OR CERTIFICATE IN TWO ORIGINALS ENDORSED IN BLANK FOR 110 PCT OF

INVOICE VALUE WITH CLAIMS PAYABLE AT DESTINATION IN CURRENCY OF DRAFT COVERING ALL RISKS AND WAR RISK AS PER OCEAN MARINE CARGO CLAUSES OF PICC DATED 1981/01/01.

+BENEFICIARY'S CERTIFICATE CERTIFYING THAT ONE FULL SET OF NON-NEGOTIABLE DOCUMENTS HAVE BEEN SENT TO APPLICANT DIRECTLY WITHIN 24 HOURS AFTER SHIPMENT.

ADDITIONAL COND. 47 A:

+ALL DOCEMENTS MUST BEAR L/C NO. PB1209006

+A HANDLING COMMISSION OF USD50.00 OR EQUIVALENT, PLUS TELEX CHARGES, IF ANY, WILL BE DEDUCTED FROM THE PROCEEDS FOR EACH SET OF DOCUMENTS WITH DISCREPANCIES PRESENTED UNDER THIS LETTER OF CREDIT

DETAILS OF CHARGES 71 B: ALL BANKING CHARGES OUTSIDE MALAYSIA ARE FOR ACCOUNT OF BENEFICIARY

PRESENTATION PERIOD 48: 15 DAYS AFTER SHIPMENT

CONFIRMATION 49: WITHOUT

INSTRUCTIONS 78:

+ALL DOCUMENTS MUST BE AIRMAIL TO US IN ONE LOT AT GROUND, MEZZANINE, &1st FLOOR, PLAZA PRINCE, 27 JALAN AMPANG, 50450 KUALA LUMPUR, MALAYSIA.

+WE HEREBY ENGAGE THAT PAYMENT WILL BE DULY MADE AGAINST THE DOCMENTS PRESENTED IN COMPLIANCE WITH THE TERMS OF THIS CREDIT.

ADVISE THROUGH 57 D: BANK OF CHINA NANNING (GUANGXI BRANCH)

表 2-4 信用证分析单

信用证本身的说明	信用证种类		到期时间	
	信用证号码		到期地点	
	信用证开证日期		有效期	
	币种、金额		交单期	
信用证的当事人	开证行		通知行	
	开证申请人		受益人	
	付款行		议付行	
汇票条款	汇票的种类		出票依据	
	出票人		付款期限	
	付款人		付款金额	
	收款人			
货物条款	品名		包装	
	数量		贸易术语	
	规格		合同号	
	溢短装		唛头	

（续）

<table>
<tr><td rowspan="3">装运条款</td><td>装货港</td><td></td><td>分批交运</td><td></td></tr>
<tr><td>目的港</td><td></td><td>转船</td><td></td></tr>
<tr><td>最迟装运期</td><td colspan="3"></td></tr>
<tr><td rowspan="6">单据条款</td><td>单据名称</td><td>份数</td><td>单据名称</td><td>份数</td></tr>
<tr><td></td><td></td><td></td><td></td></tr>
<tr><td></td><td></td><td></td><td></td></tr>
<tr><td></td><td></td><td></td><td></td></tr>
<tr><td></td><td></td><td></td><td></td></tr>
<tr><td></td><td></td><td></td><td></td></tr>
<tr><td>特殊条款</td><td colspan="4"></td></tr>
</table>

任务二 信用证的审核

任务背景

赵悦在师傅的指导下，读懂了信用证的条款，但在阅读信用证条款的过程当中，赵悦也发现有一些条款看似并不妥当，她找来与信用证对应的合同，要根据合同对信用证进行审核。那么，信用证的审核都有哪些要点呢？如果信用证当中有受益人所不能接受的条款，又该如何修改信用证呢？将审核结果填入表 2-5。

资料三：广西桂信贸易有限公司与英国兄弟公司签订的合同

广西桂信贸易有限公司

GUANGXI GUIXIN TRADING CO., LTD.

10 QIXING ROAD, NANNING GUANGXI, CHINA

TEL.: 086-0771-5662188　　FAX: 086-0771-5662189

SALES CONTRACT

The Buyer: BROTHER TRADING CO., LTD.　　No.: G528-2012

SHEEPCOTE ROAD, HARROW HA1 2JL,　　Date: AUG. 12, 2012

LONDON ENGLAND, UK

Telephone: 0044-020-85994485

Fax: 0044-020-85258441

The Seller: GUANGXI GUIXIN TRADING CO., LTD.
10 QIXING ROAD, NANNING, GUANGXI, CHINA

This contract is made by and between the Buyer and the Seller, whereby the Buyer agree to buy and the Seller agree to sell the under-mentioned commodity according to the terms and conditions stipulated below:

Name of Commodity & Specifications	Quantity	Unit Price USD/SET	Amount
Fashional dandelion design porcelain dinnerware sets 19pcs/set 10 " dinner plate - red× 6 7 " dessert plate × 6 8 " soup plate × 6 9" salad bowl × 1	2200SETS	CIF LONDON USD42.5	USD93, 500.00

Total Value: USD93, 500.00(SAY U.S. DOLLARS NINTY-THREE THOUSAND FIVE HUNDRED ONLY)
Packing: Normal color box packing, 1 set/color box, then one color box into one carton, total in two 40' container

Time of Shipment: Before Sep. 28, 2012
Port of Shipment: Fangcheng Port, China
Port of Destination: London, UK
Insurance: To be covered by the seller for 110% of invoice value against all risks as per PICC dated 1/1/1981
Payment: The Buyers shall open through a bank acceptable to the sellers an irrevocable L/C at 30 days after B/L date to reach the Sellers on or before Aug. 25th, 2012, valid for negotiation in China until 15th days after the date of shipment.
Shipping Marks: At Seller's option

The Signature of Buyers — The Signature of Sellers
BROTHER TRADING CO., LTD. — GUANGXI GUIXIN TRADING CO., LTD.

资料四：苏格兰皇家银行开立的信用证

SEQUENCE OF TOTAL 27: 1/1
FORM OF DOC. CREDIT 40A: IRREVOCABLE
DOC. CREDIT NUMBER 20: BOC1210006
DATE OF ISSUE 31C: 120820
APPLICABLE RULES 40E: UCP LATEST VERSION
EXPIRY 31D: DATE 121028
PLACE AT OUR COUNTER
APPLICANT 50: BROTHER TRADING CO., LTD.
SHEEPCOTE ROAD, HARROW HA1 2JL, LONDON ENGLAND, UK
BENEFICIARY 59: GUANGXI GUIXIN TRADING CO., LTD.
10 QIXING ROAD, NANNING, GUANGXI, CHINA
AMOUNT 32B: CURRENCY USD AMOUNT 93000,00
AVAILABLE WITH/BY 41D: ANY BANK

BY NEGOTIATION

DRAFTS AT … 42C: 60 DAYS AFTER B/L DATE

DRAWEE 42D: THE ROYAL BANK OF SCOTLAND

RBOSGB2L

PARTIAL SHIPMENTS 43P: NOT ALLOWED

TRANSSHIPMENT 43T: ALLOWED

PORT OF LOADING/AIRPORT

OF DEPARTURE 44E: FANGCHENG PORT, CHINA

PORT OF DISCHARGE/AIRPORT

OF DESTINATION 44F: LONDON, UK

LATEST DATE OF SHIPMENT 44C: 120918

DESCRIPTION OF GOODS 45A: FASHIONAL DANDELION DESIGN PORCELAIN DINNERWARE SETS

19 PCS/SET

10 " DINNER PLATE - RED× 6

6" DESSERT PLATE × 6

8 " SOUP PLATE × 6

9" SALAD BOWL × 1

CIF LONDON

DOCUMENTS REQUIRED 46 A:

+ COMMERCIAL INVOICES IN TRIPLICATE COUNTERSIGNED BY THE APPLICANT.

+FULL SET OF CLEAN ON BOARD OCEAN BILL OF LADING ISSUED TO ORDER AND BLANK ENDORSED MARKED ‘FREIGHT TO COLLECT’ NOTIFYING APPLICANT.

+PACKING LISTS IN TRIPLICATE SHOWING NUMBER OF CARTONS, GROSS WEIGHT, NET WEIGHT AND MEASURMENT.

+GSP FORM A IN DUPLICATE ISSUED BY CCPIT.

+INSURANCE POLICY OR CERTIFICATE IN TWO ORIGINALS. ENDORSED IN BLANK FOR 110 PCT OF INVOICE VALUE WITH CLAIMS PAYABLE AT DESTINATION IN CURRENCY OF DRAFT COVERING ALL RISKS AND WAR RISK AS PER OCEAN MARINE CARGO CLAUSES OF PICC DATED 1981/01/01.

+BENEFICIARY’S CERTIFICATE CERTIFYING THAT ONE FULL SET OF NON-NEGOTIABLE DOCUMENTS HAVE BEEN SENT TO APPLICANT DIRECTLY WITHIN 48 HOURS AFTER SHIPMENT.

ADDITIONAL COND. 47 A:

+ALL DOCUMENTS MUST BEAR L/C NO. BOC1210006.

+A HANDLING COMMISSION OF USD50.00 OR EQUIVALENT, PLUS TELEX CHARGES, IF ANY, WILL BE DEDUCTED FROM THE PROCEEDS FOR EACH SET OF DOCUMENTS WITH DISCREPANCIES PRESENTED UNDER THIS LETTER OF CREDIT.

DETAILS OF CHARGES 71 B: ALL BANKING CHARGES OUTSIDE UK ARE FOR ACCOUNT OF BENEFICIARY

PRESENTATION PERIOD 48: ALL DOCUMENTS MUST BE PRESENTED TO AND REACH OUR

COUNTER IN UK WITHIN 3 DAYS AFTER B/L DATE

CONFIRMATION 49: WITHOUT

INSTRUCTIONS 78:

+ALL DOCUMENTS MUST BE AIRMAIL TO US IN ONE LOT AT 48 HAYMARKET LONDON SW1Y 4SE.

+UPON RECEIPT OF DOCUMENTS DRAWN IN COMPLIANCE WITH THE TERMS AND CONDITIONS, WE WILL SHALL ADVISE YOU THE DUE DATE AND REMIT THE PROCEEDDS TO YOU IN ACORDANCE WITH YOUR INSTRUCTIONS AT MATURITY ADVISE THROUGH.

57 D: BANK OF CHINA NANNING (GUANGXI BRANCH)

表 2-5 信用证审核记录表

信用证号		开证日期		合同号	
开证行				信用证金额	
通知行				有效期	
审证记录					
原证内容			修改原因		
审核人：			复核人：		
业务经理			财务经理		

信用证的审核

在外贸实务中，经常会出现国外来证内容与合同规定不完全相符的情况，个别的甚至大相径庭。这可能是由于工作疏忽或是各国的习惯不同所致，但也不排除国外进口方由于市场行情变化，利用开证的主动权，有意在信用证中加列一些不合理条款。为保证收汇的安全性，防止不必要的损失，对不同国家、地区开来的信用证，我们一定要在国家对外政策的指导下，依据合同进行认真的审核和审查。

在审证时，要注意信用证与买卖合同的关系。买卖合同是开证申请人向开证银行申请开立信用证的基础。按照国际贸易法律和惯例的规定和解释，买卖合同和信用证是两个不同的文件。买卖合同是约束买卖双方的法律文件，而信用证则是约束开证行和受益人（出口人）及其他当事人的文件。凡是合同规定凭信用证支付货款时，买卖合同条款会反映在信用证上，但从法律上来看，买卖合同和信用证仍是各自独立的文件，不能互相代替和混同，开证行付款时只以信用证作为唯一的依据。

实际业务中，审核信用证的工作一般由银行和出口方共同完成。银行着重审核开证行的政治背景、资信能力、付款责任、真实性和有效性、索汇路线等方面的内容；出口方着重审核信用证内容与买卖合同是否一致。

（一）银行审核信用证的主要内容

1．政治性、政策性审核

根据我国对外政策，对不同国家和地区开来的信用证进行政治上、政策上的审核。例如，凡由国家规定不准与之有经济贸易往来的国家和地区的银行开来的信用证，不能接受；与我国签有政府间贸易协定的国家开来的信用证必须符合协定的规定。来证若有歧视性条款或有意制造分裂我国等，必须要求改正。

2．对开证行的审核

为保证安全收汇，对开证行资信情况、经营作风等必须进行审核。审核的主要内容是在经济上应要求开证行资信情况必须与所承担的信用证义务相适应。一旦发现开证行资信欠佳的情况时，应酌情采取适当措施，如要求保兑等。

3．是否注明了兑付方式

《UCP600》第六条 b 款指出，信用证必须规定它是否适用于即期付款、延期付款、承兑或议付。

4．信用证是否生效的审核

信用证中一定要有明确表示保证付款的责任文句。需要注意的是，如果开证行在保证付款责任时加列“限制性”条款。例如，来证注明“以领到进口许可证后通知对方方能生效”，或电报来证注明“另函详”等类似文句，受益人（即出口方）一定要等到接到生效通知书或信用证详细条款后才能履行交货义务。另外，信用证中还应声明所使用的国际惯例规则。

5．信用证的到期日、到期地点和交单日期是否合理

信用证中必须规定一个到期日及一个付款、承兑交单地点。议付信用证还须规定一个议付交单地点。规定的付款、承兑或议付的到期日，将被视为提交单据的到期日。

6．对受益人的要求是否单据化

信用证是凭相符单据付款的，所以信用证中必须明确表明据以付款、承兑或议付的单据。如果信用证中含有某些条件而未列明需提交相应的单据，银行将认为未列明此条件而不予理会。

（二）出口方审核信用证的主要内容

1．信用证金额、币种、付款期限

信用证的金额、币种、付款期限应与合同规定一致，若合同中规定有溢短装条款，则要求信用证金额包括溢短装部分的价款。

2．商品品名、货号、规格、数量

主要是审核其是否与合同规定一致。要注意是否有特殊附加条款或保留条款，应结合合同与实际情况认真研究，做出是否修改的决定。对于数量条款，《UCP600》第三十条 b 款指

出："在信用证未以包装单位件数或货物自身件数的方式规定货物数量时，货物数量允许有5%的增减幅度，只要总支取金额不超过信用证金额。"

3．装运条款

信用证中的装运期、目的港等要与合同规定相符。如国外来证晚，无法按期装运，应及时电请国外进口方延展装运期限。如需转船，应注意允许转船的内容后面有无加列特殊限制或要求，如指定转运船公司和船名。对这些特殊条款应考虑是否有把握做到，否则，应立即通知对方修改。如合同规定分批装运，应注意每批装运的时间是否留有适当的间隔，因为按《UCP600》第三十二条规定，若任何一批货物未按期装运，则信用证中的该批与以后各批均告失效。

4．开证日期、装运期、交单期及有效期、到期地点

信用证必须规定有效期，没有有效期的信用证是无效的。信用证的有效期应与装运期有一定的合理间隔，以便在货物装运后有足够的时间进行制单结汇工作。如信用证有效期与装运期规定在同一天，习惯上称为"双到期"，这种规定不合理，受益人应视具体情况提请对方修改。未规定装运期的，则以信用证有效期为最迟装运期。信用证一般还规定一个运输单据交单日期，必须向信用证指定的银行提交单据要求付款、承兑或议付的特定期限，即"交单期"。如信用证未规定交单期，按惯例，银行有权拒受迟于运输单据日期 21 天后提交的单据，但无论如何，单据也不得迟于信用证到期日提交。《UCP600》指出，如果信用证的截止日或最迟交单日适逢接受交单的银行非因不可抗力的原因而歇业，则截止日或最迟交单日，将顺延至其重新开业的第一个银行工作日。信用证的到期地点，通常要规定在受益人所在国。如果不在境内，出口方就要承担邮递迟延、邮件遗失等风险，一般不宜轻易接受。

5．单据

信用证要求受益人提交议付的单据通常有商业发票、保险单、海运提单、装箱单、原产地证明、检验证书以及其他证明文件。审证时，应对单据种类、份数及填制方法等进行仔细审核，注意单据由谁出具、能否出具、有无特殊要求、是否与合同规定一致、前后有无矛盾等。如果发现有不适当的规定，应酌情做出适当的处理。

6．开证申请人和受益人

信用证中的开证申请人、受益人一定要与合同中的规定完全相符。要仔细审核开证申请人的名称和地址，以防错发错运。受益人的名称地址必须正确无误，而且前后一致。

7．保险条款

信用证中规定的保险险别、投保加成应与合同相符。损失赔付地点应规定具体，不应笼统写"在国外"，如目的地无我保险公司代理者，可订明在国内。在进口方投保的情况下，进口方除了要求在装船后通知其指定国外保险公司予以投保外。

8．费用条款

银行费用如议付费、通知费、保兑费、承兑费、修改费、邮费等由发出指示的一方负担。如有些信用证规定由受益人承担全部费用（All banking charges are for account of beneficiary）明显是不合理的。

（三）审证常见的一些问题

1．有关信用证本身

（1）信用证未生效或有条件生效；

（2）信用证未加列受《UCP600》的约束；

（3）信开信用证中未加列保证付款的文句。

2．信用证中的有关当事人

（1）受益人的名称或地址有误；

（2）开证申请人的名称或地址有误。

3．有关货物方面的条款

（1）品名、规格等与合同不一致；

（2）货物数量与合同规定不符；

（3）货物包装的数量、种类或方式与合同规定不符；

（4）唛头与合同唛头不一致；

（5）商品单价与合同不一致；

（6）贸易术语与合同不一致；

（7）货物的单价、数量与总金额不吻合；

（8）信用证金额不足；

（9）信用证金额及币种与合同规定不符；

（10）援引合同号码有误等。

4．有关运输保险方面的条款

（1）装运港与合同规定或成交条件不符；

（2）目的港与合同规定或成交条件不符；

（3）分批装运或转运与合同规定不符；

（4）保险险别、保险金额与合同规定不符等。

5．有关期限方面的条款

（1）证中没有规定有效期截止日；

（2）证中交单地点不在受益人所在地；

（3）信用证的截止日与装运期矛盾；

（4）装运期、有效期截止日或交单期与合同规定不符；

（5）交单期时间过短。

6．单据条款

（1）汇票的付款期限与合同规定不符；

（2）信用证方式下，汇票的付款人为开证申请人；

（3）发票种类不当；

（4）提单抬头与背书要求有矛盾；

（5）提单运费条款规定与成交条件矛盾；

（6）正本提单全部或部分直接寄交开证申请人；

（7）对运输工具、方式或路线的限制无法做到；

（8）产地证明书出具机构有误；

（9）要求提交的检验书与实际不符；

（10）要求提供客检证书；

（11）有关银行费用规定不合理。

任务实施

赵悦根据合同仔细审核了英国皇家苏格兰银行开来的信用证，认为该信用证存在一些问题，需要提出修改，为此，她填制了信用证审核记录，见表 2-6。

表 2-6 信用证审核记录表

信用证号	BOC1210006	开证日期	2012 年 8 月 20 日	合同号	G528-2012
开证行		苏格兰皇家银行		信用证金额	USD93,000.00
通知行		中国银行广西分行		有效期	2012 年 10 月 28 日
审证记录					
原证内容			修改原因		
31D"PLACE AT OUR COUNTER"			到期地点在国外，不宜接受，应当改为在中国到期		
32B "AMOUNT 93, 000. 00"			信用证金额不足，根据贸易合同，信用证金额应为 93，500.00		
42C "60 DAYS AFTER B/L DATE"			合同中规定信用证的付款期限是提单日后 30 天而不是 60 天		
44C "120918"			合同中约定的信用证最迟装运期是 2012 年的 9 月 28 日，而不是 9 月 18 日		
45A "6' dessert plate × 6"			商品的规格不正确，合同规定，"dessert plate"的规格是 7"，而不是 6"		
46A "COMMERCIAL INVOICES IN TRIPLICATE COUNTERSIGNED BY THE APPLICANT"			商业发票由开证申请人会签，影响到交单的正确性与时效性以及收汇的安全性，不宜接受		
46A "FULL SET OF CLEAN ON BOARD OCEAN BILL OF LADING ISSUED TO ORDER AND BLANK ENDORSED MARKED 'FREIGHT TO COLLECT' NOTIFYING APPLICANT"			合同和信用证均列明采用 CIF 贸易术语，提单上的运费应为"FREIGHT PREPAID"		
46A "GSP FORM A IN DUPLICATE ISSUED BY CCPIT"			CCPIT 不是普惠制原产地证明书的签发机构，应改为 CIQ		
46A"INSURANCE POLICY…COVERING ALL RISKS AND WAR RISK…"			投保的险别不对，合同中只要求投保一切险，并未要求投保战争险		
48 ALL DOCUMENTS MUST BE PRESENTED TO AND REACH OUR COUNTER IN UK WITHIN 3 DAYS AFTER B/L DATE			提单日后 3 天交单时间太紧张，要求对方延期至 15 天		
审核人：	赵悦		复核人：	刘军	
业务经理	张翔		财务经理	李建华	

任务三 信用证的修改

任务背景

赵悦找出了信用证当中需要修改的部分，但信用证的修改要求应当向谁提出，如何提出？具体的程序又当如何呢？赵悦要根据信用证修改的正确程序，撰写信用证修改函给有关当事人。

知识介绍

在对信用证进行了全面细致的审核以后，如果发现问题，应区别性质，分别同银行、运输、保险、商检等有关部门联系，做出恰当妥善的处理。

（一）信用证修改的原则

1．关于信用证和合同之间存在的“不符点”，必须修改的，坚决要求修改；可改可不改的或对我方有利的，可不要求修改。例如，合同规定“不同意分批装运”，而信用证规定“同意分批装运”，这对我方有利，可以不要求修改。

2．如一份信用证有多处地方需要进行修改，则应尽可能一次提出，否则，不仅会增加双方的手续和费用，而且会导致拖延交货。如遇收到的信用证修改书中仍有不能接受之处，可以再次或多次要求修改，直到完全接受为止。

3．修用证的修改需经有关当事方的同意。《UCP600》第十条 a 款指出：“除本惯例第三十八条另有规定外，凡未经开证行、保兑行（如有）以及受益人同意，信用证既不能修改也不能撤销。”

4．受益人对信用证修改的接受或拒绝。受益人可以在接到信用证修改通知后做出接受或表示拒绝，并告知通知行。但如果受益人未给予通知，根据《UCP600》第十条 c 款的规定，受益人可以保留其接受修改的权利至交单为止。如果受益人提交的单据符合修改书的内容，即被视为修改书已被受益人接受；如果提交的单据符合原信用证的内容，则被视为拒绝信用证的修改。

5．对于信用证的修改只能全部接受或全部拒绝，不能部分接受。《UCP600》第十条 e 款指出：“不允许部分接受修改，部分接受修改将被视为拒绝接受修改的通知。”

6．对于保兑信用证的修改，其修改书的内容也须经保兑行确认，否则保兑行只对原证保兑。保兑行如不愿意保兑修改书中的内容，须毫不迟疑地将此情况通知开证行及受益人。

（二）信用证的修改程序（图 2-2）

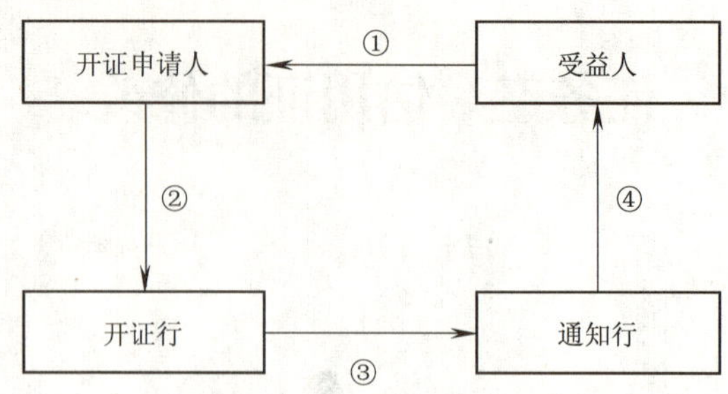

图 2-2 信用证的修改程序

① 受益人向开证申请人发出改证函，列明需要修改的条款，与对方进行协商；
② 双方达成一致后，开证申请人填写信用证修改书，向开证行提出改证申请；
③ 开证行同意修改以后，向信用证的原通知行发出信用证修改书；
④ 原通知行向受益人发出信用证修改通知书和信用证修改书。

赵悦明确了信用证的修改程序，根据信用证审核记录表的内容，向客户英国兄弟公司发出修改信用证的电子邮件。

以下是赵悦起草的修改函：

Dear Sirs,

Thank you for your opening L/C No. BOC1210006. On examining it, we find some discrepancies as follows.

1. The L/C expiry place should be in “China”, not in your country.

2. The amount is insufficient. It should be US＄93,500.00 not US＄93,000.00.

3. The payment period should be 30 DAYS AFTER B/L DATE instead of 60 DAYS AFTER B/L DATE.

4. The latest shipment date is September 28,2012 not September 18 as stipulated in contract. You should amend “120918”to “140928”.

5. The specification of the commodity contain 7" dessert plate not 6".

6. Please cancel the clause “COMMERCIAL INVOICES IN TRIPLICATE COUNTERSIGNED BY THE APPLICANT”.

7. Under CIF trade term, the freight in B/L should be marked “FREIGHT PREPAID” instead of “FREIGHT TO COLLECT”.

8. It is CIQ who issues GSP FORM A not CCPIT.

9. Please delete “WAR RISK”. Our sales contract only stipulate “covering ALL RISKS”.

10. Please extend the period of presentation to 15 days. The 3 DAYS of Presentation is too limited for us.

Please instruct your bank to amend the above-mentioned discrepancies accordingly so as to let us make shipment as stipulated in contract with thanks.

Best regards,
Zhao Yue
Aug. 25, 2012

赵悦 8 月 25 日写给客户的要求修改信用证的信函，得到了客户积极回复，客户接受了赵悦修改信用证的要求，并及时到开证行办理了修用证的修改事宜，9 月 1 日赵悦收到了中国银行广西区分行的信用证修改通知书。

资料五

ADDRESS GUCHENG RD., NANNING, GUANGXI, CHINA
CABLE CHUNGKUO NANNING　　修 改 通 知 书　　120901
TELEX 48122 BOCNG CN　　NOTIFICATION OF AMENDMENT　　YEAR-MONTH-DAY
SWIFT　　广 西 区 分 行
FAX (0771) 561367　　GUANGXI BRANCH

TO 致 GUANGXI GUIXIN TRADING CO., LTD.	WHEN CORRESPONDING PLEASE QUOTE OUR REF NO.
Issuing Bank 开证行 THE ROYAL BANK OF SCOTLAND	Transmitted to us through 转递行
L/C No.信用证号 BOC1210006	Amendment No.修改次数 01
L/C Dated 开证日期 120820	Amendment dated

Dear Sirs, 敬启者

We have pleasure in advising you that we have received from the a/m bank a (n):

兹通知贵司，我行收自上述银行：

(x) telex of　电传开立　　(　) ineffective　未生效

(　) original　正本　　(　) duplicate　副本

Amendment to the captioned L/C, contents of which are as per attached sheet (s).

内容见附件。

This amendment should be attached to the captioned L/C advised by us, otherwise, the beneficiary will be responsible for any consequences arising there from.

本修改须附于有关信用证，否则，贵公司须对因此产生的后果承担责任。

Remarks 备注

This L/C consist of 2 sheet (s), including the covering letter and attachment (s) .

Yours faithfully,
For BANK OF CHINA
GUANGXI BRANCH

资料六：

信用证修改的内容如下：

20 SENDING BANK'S REFERENCE: BOC1210006
21 RECEIVER'S REFERENCE: NONREF
31C DATE OF ISSUE: 120820
26E NUMBER OF ADMENDMENT: 01
59 BENEFICIARY: GUANGXI GUIXIN TRADING CO., LTD.

10 QIXING ROAD, NANNINGCITY, GUANGXI, CHINA

79 NARRATIVE

THE LETTER OF CREDIT HAS BEEN AMENED AS FOLLOWS:

1. THE PLACE OF EXPIRATION SHOULD BE IN CHINA INSTEAD OF AT OUR COUNTRY.

2. THE CORRECT AMOUT OF L/C IS US＄93,500.00.

3. THE PAYMENT PERIOD IS 30 DAYS AFTER B/L DATE.

4. THE SPECIFICATION OF THE COMMODITY CONTAIN 7" DESSERT PLATE NOT 6".

5. THE LATEST SHIPMENT DATE SHOULD BE SEPTEMBER 28, 2012.

6. DELETE "COMMERCIAL INVOICES IN TRIPLICATE COUNTERSIGNED BY THE APPLICANT".

7. THE FREIGHT OF B/L SHOULD BE "FREIGHT PREPAID" .

8. AMEND THE ISSUER OF GSP FORM A TO CIQ.

9. DELETE "WAR RISK".

10. EXTEND THE PERIOD OF PRESENTATION TO 15 DAYS AFTER B/L DATE.

ALL OTHER TERMS AND CONDITONS REMAIN UNCHANGED.

深化训练

请根据广西诚鑫进出口有限公司与马来西亚客户签订的合同（见以下资料七）审核信用证（见资料八），并填写信用证审核记录表，见表2-7。

资料七：广西诚鑫进出口有限公司与马来西亚客户签订的合同

广西诚鑫进出口有限公司

GUANGXI CHENGXIN IMP. & EXP. CO., LTD.

21 MINZU ROAD, NANNING, GUANGXI, CHINA

TEL.: 086-0771-5650331　　FAX: 086-0771-5650332

SALES CONTRACT

The Buyer: DYNAMIC EXCELLENCE TRADING CO., LTD.　　No. G317-2012

Date: SEP. 5, 2012

NO. 3, JALANSAHABAT, 50200 KUALALUMPUR, MALAYSIA

The Seller: GUANGXI CHENGXIN IMP. & EXP. CO., LTD.

21 MINZU ROAD, NANNINGCITY, GUANGXI, CHINA

This contract is made by and between the Buyer and the Seller, whereby the Buyer agree to buy and the Seller agree to sell the under-mentioned commodity according to the terms and conditions stipulated below:

Name of Commodity & Specifications	Quantity	Unit Price USD/MT	Amount
star anise	60MTS	FOB Fangcheng USD 3200	192,000.00

Total Value: USD192. 000.00 (SAY U.S. DOLLARS ONE HUNDRED NINETY TWO THOUSAND ONLY)

Moisture: l3% max

Packing: 20kgs per carton in three 40' container

Time of Shipment: Before Oct.19, 2012

Port of Shipment: Fangcheng Port

Port of Destination: Kuala Lumpur, Malaysia

Insurance: To be covered by the buyers.

Payment: The Buyers shall open through a bank acceptable to the sellers an irrevocable sight L/C to reach the Sellers on or before Sep 25th, 2012, valid for negotiation in China until 15th days after the date of shipment.

The Signature of Buyers　　　　The Signature of Sellers

DYNAMIC EXCELLENCE TRADING CO., LTD.　　　　GUANGXI CHENGXIN IMP. & EXP. CO., LTD.

资料八：马来西亚客户通过马来西亚中国银行开来的信用证

SEQUENCE OF TOTAL　27: 1/1

FORM OF DOC. CREDIT　40A: IRREVOCABLE

DOC. CREDIT NUMBER　20: PB1209006

DATE OF ISSUE　31C: 120923

APPLICABLE RULES　40E: UCP LATEST VERSION

EXPIRY　31D: DATE 121115

PLACE IN CHINA

APPLICANT　50: DYNAMIC EXCELLENCE TRADING CO., LTD.

NO. 3, JALANSAHABAT, 50200 KUALALUMPUR,

BENEFICIARY　59: GUANGXI CHENGXIN IMP. & EXP. CO., LTD.

21 MINZU ROAD, NANNING CITY, GUANGXI, CHINA

AMOUNT　32B: CURRENCY USD AMOUNT 190 000, 00

AVAILABLE WITH/BY　41D: ANY BANK

BY NEGOTIATION

DRAFTS AT …　42C: SIGHT

DRAWEE　42A: BANK OF CHINA (MALAYSIA)

BKCHMYKL

PARTIAL SHIPMENTS　43P: NOT ALLOWED

TRANSSHIPMENT 43T: ALLOWED
PORT OF LOADING/AIRPORT
OF DEPARTURE 44E: FANGCHENG PORT, CHINA
PORT OF DISCHARGE/AIRPORT
OF DESTINATION 44F: KUALA LUMPUR, MALAYSIA
LATEST DATE OF SHIPMENT 44C: 121019
DESCRIPTION OF GOODS 45A: STAR ANISE （MOISTURE: 13% MAX）
Unit Price: USD 3200/MT
Quantity: 60MT
Trade Term: FOB Fangcheng
Packing: In Carton
DOCUMENTS REQUIRED 46 A:

+COMMERCIAL INVOICES IN TRIPLICATE.

+FULL SET OF CLEAN ON BOARD OCEAN BILL OF LADING ISSUED TO ORDER AND BLANK ENDORSED MARKED ‘FREIGHT PREPAID’ NOTIFYING APPLICANT.

+PACKING LISTS IN TRIPLICATE SHOWING NUMBER OF CARTONS, GROSS WEIGHT, NET WEIGHT AND MEASURMENT.

+CERTIFICATE OF ORIGIN IN DUPLICATE ISSUED BY BANK OF CHINA.

+INSURANCE POLICY OR CERTIFICATE IN TWO ORIGINALS. ENDORSED IN BLANK FOR 110 PCT OF INVOICE VALUE WITH CLAIMS PAYABLE AT DESTINATION IN CURRENCY OF DRAFT COVERING ALL RISKS AND WAR RISK AS PER OCEAN MARINE CARGO CLAUSES OF PICC DATED 1981/01/01.

+BENEFICIARY’S CERTIFICATE CERTIFYING THAT ONE FULL SET OF NON NEGOTIABLE DOCUMENTS HAVE BEEN SENT TO APPLICANT DIRECTLY WITHIN 24 HOURS AFTER SHIPMENT.

ADDITIONAL COND. 47 A:

+ALL DOCEMENTS MUST BEAR L/C NO. PB1209006.

+A HANDLING COMMISSION OF USD50.00 OR EQUIVALENT, PLUS TELEX CHARGES, IF ANY, WILL BE DEDUCTED FROM THE PROCEEDS FOR EACH SET OF DOCUMENTS WITH DISCREPANCIES PRESENTED UNDER THIS LETTER OF CREDIT.

DETAILS OF CHARGES 71 B: ALL BANKING CHARGES ARE FOR ACCOUNT OF BENEFICIARY
PRESENTATION PERIOD 48: 15 DAYS AFTER SHIPMENT
CONFIRMATION 49: WITHOUT
INSTRUCTIONS 78:

+ALL DOCUMENTS MUST BE AIRMAIL TO US IN ONE LOT AT GROUND, MEZZANINE, &1st FLOOR, PLAZA PRINCE, 27 JALAN AMPANG, 50450 KUALA LUMPUR, MALAYSIA.

+WE HEREBY ENGAGE THAT PAYMENT WILL BE DULY MADE AGAINST THE DOCMENTS PRESENTED IN COMPLIANCE WITH THE TERMS OF THIS CREDIT.

ADVISE THROUGH 57 D: BANK OF CHINA NANNING （GUANGXI BRANCH）

表 2-7　信用证审核记录表

信 用 证 号		开 证 日 期		合　同　号	
开证行				信用证金额	
通知行				有效期	
审证记录					
原证内容			修改原因		
审核人：			复核人：		
业务经理			财务经理		

一、SWIFT 简介

SWIFT 是指环球银行金融电讯协会（Society for Worldwide Inter bank Financial Telecommunication）的缩写，是一个国际银行同行业非营利性合作组织，该组织于 1973 年在比利时成立，总部设在布鲁塞尔，专门从事外汇买卖、证券交易、开立信用证、办理信用证项下的汇票业务和托收，同时还兼营国际间的账务清算和银行间的资金调拨。我国中国银行于 1982 年参加了该协会。凡通过 SWIFT 机构开立或通知的信用证即称为 SWIFT 信用证，或称"环银电协信用证"。SWIFT 信用证的内容具有标准化、固定化和格式统一的特点，且传递速度快、成本低，现已得到广泛使用。每家申请加入 SWIFT 组织的银行都必须事先按照 SWIFT 组织的统一原则，制定出本行的 SWIFT 地址代码，经 SWIFT 组织批准后正式生效。银行识别代码（Bank Identifier Code，简称 BIC）是由电脑自动判读的 8 位或是 11 位英文字母或阿拉伯数字组成，用于在 SWIFT 电文中明确区分金融交易中相关的不同金融机构。凡该协会的成员银行都有自己特定的 SWIFT 代码，即 SWIFT Code。在电汇时，汇出行按照收款行的 SWIFT Code 发送付款电文，就可将款项汇至收款行。该号相当于各个银行身份证号。

二、信用证中的软条款

软条款又叫陷阱条款，它是指在信用证中加入一些特殊条款，使开证申请人实际上控制了整笔交易，受益人处于不利的地位，信用证项下的付款责任可因开证行或开证申请人的单方面行为而解除，带有这种条款的信用证实质上是变相的可撤销信用证，受益人应当要求改证以保护自己的权益。常见的软条款包括：

（1）暂不生效条款，如在信用证中规定："本信用证在取得进口许可证后生效。"

（2）开证申请人通知船公司、船名、装船日期、目的港、验货人等，受益人才能装船，此条款使卖方装船完全由买方控制。

（3）在某些单据（如发票、商检单据等）上做文章，要求受益人提交的单据须经买方或其指派人员会签。

（4）信用证货款用某国政府的贷款支付，开证行在得到该款项后才支付。

（5）只有货物清关后或由主管当局批准进口后才付款。

深化训练

一、请根据销售合同，审核信用证

GUANGZHOU GREAT WALL IMP. & EXP. Co., Ltd.

330 Beijing Road, Guangdong Province Guangzhou, China

TEL.: 021-33226688　　FAX: 021-33226689

销 售 确 认 书

SALES CONFIRMATION

合同号 NO.: 20130615　　日期 DATE: Jun 25, 2013

买方

Buyer: BRIGHT CORPORATION

地址

Address: #304-310 NORTH PARK STREET, TORONTO, CANADA

电话　　传真

Tel.: 999-884-775　　Fax: 999-884-776

兹经买卖双方同意成交下列商品，订立条款如下：

The undersigned Sellers and Buyers have agreed to close the following transaction according to the terms and conditions stipulated below:

货物名称及规格 NAME OF COMMODITY AND SPECIFICATION	数量 QUANTITY	单价 UNIT PRICE	金额 AMOUNT
"KITTY CAT" STUFFED TOY	2, 000PCS	USD6.8/PC	CIF TORONTO USD13,600.00

总值

TOTAL VALUE: SAY TOTAL US DOLLARS THIRTEEN THOUSAND SIX HUNDRED ONLY.

装运

SHIPMENT: BEFORE AUGUST 20, 2013

付款条件

PAYMENT: BY L/C AT SIGHT TO REACH THE SELLER 15 DAYS BEFORE THE MONTH OF SHIPMENT AND REMAIN VALID FOR NEGOTIATION IN CHINA UNTIL THE 15TH DAYS AFTER DATE OF SHIPMENT

包装

PACKING: IN PLOYBAG OF ONE PIECE EACH, THEN INTO A GIFT BOX.

唛头

MARKS & NOS. : N/M

保险

INSURANCE: TO BE COVERTD BUY THE SELLERS FOR 110% OF INVOICE VALUE COVERING ALL RISKS AND WAR RISK AS PER OCEAN MARINE CARGEO CLAUSE OF PICC DATED JAN. 1, 1981.

买方

BUYER: BRIGHT CORPORATION

卖方

SELLER: GUANGZHOU GREAT WALL IMP. & EXP. Co., Ltd.

信用证如下：

SEQUENCE OF TOTAL	27: 1/1
FORM OF DOC. CREDIT	40A: IRREVOCABLE
DOC. CREDIT NUMBER	20: LCBB61561
DATE OF ISSUE	31 C: 130714
	40 E: UCP LATEST VERSION
EXPIRY	31 D: DATE 131015 PLACE AT OUR COUNTER IN CANADA
APPLICANT	50: BRIGHT CORPORATION #304-310 NORTH PARK STREET, TORONTO, CANADA
BENEFICIARY	59: GUANGZHOU GREAT LAKE IMP AND EXP CO., LTD. 330 BEIJING ROAD, GUANGZHOU, GUANGDONG PROVINCE, CHINA
AMOUNT	32 B: CURRENCY USD AMOUNT 12 800.00
AVAILABLE WITH/BY	41 D: ANY BANK BY NEGOTIATION
DRAFTS AT …	42 C: 60 DAYS AFTER SIGHT
DRAWEE	42 A: THE ROYAL BANK OF CANADA
PARTIAL SHIPMENTS	43 P: ALLOWED
TRANSSHIPMENT	43 T: ALLOWED
LOADING IN CHARGE	44 A: GUANGZHOU, CHINA

FOR TRANSPORT TO … 44 B: TORONTO, CANADA

LATEST DATE OF SHIPMENT 44C: 130815

DESCRIPTION OF GOODS 45 A :

"KITTY CAT" STUFFED TOY

AS PER S/C NO. **20130515**

ART. 007 2,000PCS

CIF TORONTO

DOCUMENTS REQUIRED 46 A :

+FULL SET OF CLEAN ON BOARD OCEAN BILL OF LADING ISSUED TO ORDER AND BLANK ENDORSED NOTIFYING APPLICANT MARKED 'FREIGHT TO COLLECT'.

+SIGNED COMMERCIAL INVOICES IN TRIPLICATE SHOWING CIF VALUE.

+PACKING LISTS IN TRIPLICATE SHOWING NUMBER OF CARTONS, GROSS WEIGHT, NET WEIGHT AND MEASURMENT.

+GSP CERTIFICATE FORM A IN DUPLICATE ISSUED BY CCPIT.

+INSURANCE POLICY OR CERTIFICATE IN ONE ORIGINAL. ENDORSED IN BLANK FOR 110 PCT OF INVOICE VALUE WITH CLAIMS PAYABLE AT DESTINATION IN CURRENCY OF DRAFT COVERING ALL RISKS AND WAR RISK AS PER OCEAN MARINE CARGO CLAUSES OF PICC DATED 1981/01/01.

ADDITIONAL COND. 47 A :

+CHARGES INCURRED IN RESPECT OF ANY TELEGRAPHIC TRANSFER /CHARTS PAYMENT/PAYMENT ADVICE BY SWIFT/TELEX ARE FOR ACCOUNT OF BENEFICIARY.

+A HANDLING COMMISSION OF USD50.00 OR EQUIVALENT, PLUS TELEX CHARGES, IF ANY, WILL BE DEDUCTED FROM THE PROCEEDS FOR EACH SET OF DOCUMENTS

+WITH DISCREPANCIES PRESENTED UNDER THIS LETTER OF CREDIT.

WE HEREBY ENGAGE WITH THE DRAWERS, ENDORSERS AND BONA FIDE HOLDERS THAT DRAFTS DRAWN AND NEGOTIATED IN COMPLIANCE WITH THE TERMS AND CONDITIONS OF THIS CREDIT WILL BE DULY HONOURED ON PRESENTATION.

DETAILS OF CHARGES 71 B: ALL BANKING CHARGES OUTSIDE CANADA ARE FOR ACCOUNT OF BENEFICIARY

PRESENTATION PERIOD 48: ALL DOCUMENTS MUST BE PRESENTED TO AND REACH OUR COUNTER IN CANADA WITHIN 7 DAYS AFTER B/L DATE

CONFIRMATION 49: WITHOUT

INSTRUCTIONS 78: IN REIMBURSEMENT, WE SHALL REMIT PROCEEDS IN ACCORDANCE WITH YOUR INSTRUCTIONS UPON RECEIPT OF THE DOCUMENTS

ADVISE THROUGH 57 D: BANK OF CHINA, GUANGZHOU BRANCH

经审核，请把信用证存在的问题填写在信用证审核记录表，见表 2-8：

表 2-8 信用证审核记录表

信用证号		开证日期		合同号	
开证行				信用证金额	
通知行				有效期	
审证记录					
原证内容			修改原因		
审核人:			复核人:		
业务经理			财务经理		

二、请根据合同审核信用证，并撰写信用证改证函给开证申请人

SALES CONFIRMATION

合同号

NO.: 20146A-2

ORIGINAL

日期

DATE: MAY 25, 2014

买方

Buyer: LEE CO., LTD.

地址

Address: THE APPLE STREET, KONG ZONE, LONDON, ENGLAND

卖方

Buyer: SHANGHAI LIGHT INDUSTRIAL PRODUCTS IMPORT & EXPORT CO., LTD.

地址

Address: 488, BEIJING ROAD SHANGHAI, CHINA

兹经买卖双方同意成交下列商品，订立条款如下：

The undersigned Sellers and Buyers have agreed to close the following transaction according to the terms and conditions stipulated below:

货物名称及规格 NAME OF COMMODITY AND SPECIFICATION	数量 QUANTITY	单价 UNIT PRICE	金额 AMOUNT
"YONG GU" BRAND SPANNER	6, 000PCS	USD5/PC	CFR LONDON USD30,000.00

总值

TOTAL VALUE: SAY TOTAL U.S. DOLLARS THIRTY THOUSAND ONLY.

装运

SHIPMENT: BEFORE JULY 15, 2014

付款条件

PAYMENT: BY L/C AT SIGHT TO REACH THE SELLER 15 DAYS BEFORE THE MONTH OF SHIPMENT AND REMAIN VALID FOR NEGOTIATION IN CHINA UNTIL THE 15TH DAYS AFTER DATE OF SHIPMENT.

包装

PACKING: IN PLASTIC CARTON OF TWO PIECES EACH

唛头

MARKS & NOS. : N/M

分批交运：

PARTIAL SHIPMENT: NOT ALLOWED

转船：

TRANSSHIPMENT: ALLOWED

保险

INSURANCE: TO BE COVERTD BUY THE BUYERS.

买方

BUYER: LEE CO., LTD.

卖方

SELLER: SHANGHAI LIGHT INDUSTRIAL PRODUCTS IMPORT & EXPORT CO., LTD.

信用证如下：

SEQUENCE OF TOTAL	27: 1/1
FORM OF DOC. CREDIT	40A: IRREVOCABLE
DOC. CREDIT NUMBER	20: LCBB7171
DATE OF ISSUE	31 C: 140610
	40 E: UCP LATEST VERSION
EXPIRY	31 D: DATE 140915 PLACE IN LONDON
APPLICANT	50: LEE CO., LTD. THE APPLE STREET, KONG ZONE, LONDON, ENGLAND
BENEFICIARY	59: SHANGHAI LIGHT INDUSTRIAL PRODUCTS IMPORT & EXPORT CO., LTD. 488, BEIJING ROAD SHANGHAI, CHINA
AMOUNT	32 B: CURRENCY USD AMOUNT 30 000.00
AVAILABLE WITH/BY	41 D: ANY BANK BY NEGOTIATION
DRAFTS AT …	42 C: 30 DAYS AFTER SIGHT
DRAWEE	42 A: HSBC UK

PARTIAL SHIPMENTS 43 P: ALLOWED

TRANSSHIPMENT 43 T: ALLOWED

LOADING IN CHARGE 44 A: SHANGHAI, CHINA

FOR TRANSPORT TO … 44 B: LONDON, ENGLAND

LATEST DATE OF SHIPMENT 44C: 140815

DESCRIPTION OF GOODS 45 A : "YONG GU" BRAND SPANNER

AS PER S/C NO. 20146A-2

6,000PCS

CFR LONDON

DOCUMENTS REQUIRED 46 A:

+FULL SET OF CLEAN ON BOARD OCEAN BILL OF LADING ISSUED TO ORDER AND BLANK ENDORSED NOTIFYING APPLICANT MARKED "FREIGHT TO COLLECT".

+SIGNED COMMERCIAL INVOICES IN DUPLICATE SHOWING CIF VALUE COUNTER SIGNED BY THE APPLICANT.

+PACKING LISTS IN TRIPLICATE.

+GSP CERTIFICATE FORM A IN DUPLICATE ISSUED BY BANK OF CHINA.

+INSURANCE POLICY OR CERTIFICATE IN ONE ORIGINAL. ENDORSED IN BLANK FOR 110 PCT OF INVOICE VALUE WITH CLAIMS PAYABLE AT DESTINATION IN CURRENCY OF DRAFT COVERING ALL RISKS AND WAR RISK AS PER OCEAN MARINE CARGO CLAUSES OF PICC DATED 1981/01/01.

+BENEFICIARY'S CERTIFICATE CERTIFYING THAT ONE FULL SET OF N/N COPIES OF DOCUMENTS HAS BEEN SENT TO APPLICANT BY AIRMAIL WITHIN 3 DAYS AFTER SHIPMENT.

ADDITIONAL COND. 47 A:

+CHARGES INCURRED IN RESPECT OF ANY TELEGRAPHIC TRANSFER CHARTS PAYMENT/ PAYMENT ADVICE BY SWIFT/TELEX ARE FOR ACCOUNT OF BENEFICIARY.

+A HANDLING COMMISSION OF USD50.00 OR EQUIVALENT, PLUS TELEX CHARGES, IF ANY, WILL BE DEDUCTED FROM THE PROCEEDS FOR EACH SET OF DOCUMENTS WITH DISCREPANCIES PRESENTED UNDER THIS LETTER OF CREDIT.

+WE HEREBY ENGAGE WITH THE DRAWERS, ENDORSERS AND BONA FIDE HOLDERS THAT DRAFTS DRAWN AND NEGOTIATED IN COMPLIANCE WITH THE TERMS AND CONDITIONS OF THIS CREDIT WILL BE DULY HONOURED ON PRESENTATION.

DETAILS OF CHARGES 71 B: ALL BANKING CHARGES ARE FOR ACCOUNT OF BENEFICIARY

PRESENTATION PERIOD 48: ALL DOCUMENTS MUST BE PRESENTED TO AND REACH OUR COUNTER IN CANADA WITHIN 15 DAYS AFTER B/L DATE

CONFIRMATION 49: WITHOUT

INSTRUCTIONS 78: IN REIMBURSEMENT, WE SHALL REMIT PROCEEDS IN ACCORDANCE WITH YOUR INSTRUCTIONS UPON RECEIPT OF THE DOCUMENTS

ADVISE THROUGH 57 D: BANK OF CHINA, SHANGHAI BRANCH

小　结

信用证（Letter of Credit，L/C）是一种银行开立的有条件的承诺到期付款责任的书面文件。

信用证的当事人主要包括开证申请人、开证行、受益人、通知行、议付行等。

信用证根据信用证项下的单据是否附带商业单据可分为跟单信用证和光票信用证；根据付款时间的不同可分为即期信用证和远期信用证；根据信用证的兑付方式不同可分为即期付款信用证、延期付款信用证、承兑信用证和议付信用证；根据信用证是否加具保兑可分为保兑信用证和不保兑信用证；根据信用证是否可以转让可分为可转让信用证和不可转让信用证。此外，在外贸实务中常见的信用证还有循环信用证、对开信用证和对背信用证等。

信用证的主要内容包括信用证本身的说明、信用证的当事人、汇票条款、货物条款、运输、单据条款、特殊条款、交单期限、费用情况等。

本项目还以即期不可撤销信用证为例，说明了信用证业务的基本流程。

信用证的审核由银行和受益人共同来完成，但各自有所侧重。受益人审核信用证时依据贸易合同，在进行信用证的审核时，受益人要特别注意防范信用证中的软条款。受益人通过对信用证条款的审核发现有不能接受的条款时，应当尽早与开证申请人联系，促请其到开证银行修改信用证。

项目三

缮制发票

学习目标

掌握发票的种类，商业发票的内容和作用，能够根据合同、信用证等相关交易资料，缮制商业发票。

任务　缮制商业发票

任务背景

广西桂信贸易有限公司与英国兄弟公司签订的合同项下的货物2 200套，每套装一纸箱（瓦楞），每个纸箱尺码30cm×35cm×45cm，每箱毛重10kg，净重9kg。货物已于2012年9月12日装船出口，共计两个40'集装箱，两个集装箱货物总体积约103.4m³，每个集装箱货物总毛重22MT（公吨），总净重19.8MT。载货船名MEDEA，航次号FA19W，提单号FANLON2T0080，两个集装箱号和铅封号分别为CAXU9122744/3589656、CRXU7413107/3589817。经理要求赵悦，跟着师傅学着制作相关的商业单据。师傅拿出一份以往填制的发票样张，要求赵悦对照资料，自己先看一看，熟悉一下格式，并要求赵悦根据广西桂信贸易有限公司与英国兄弟公司签订的合同和苏格兰皇家银行开立的信用证，制作出这笔业务所需要的商业发票。商业发票该如何缮制呢？国际贸易中还有哪些常见的发票呢？

知识介绍

一、商业发票的含义及作用

（一）商业发票的含义

商业发票（Commercial Invoice），在国际贸易中通常简称发票（Invoice），是出口方向进口方开列的发货价目清单，是买卖双方记账的依据，也是进出口报关交税的总说明。商业发票是一笔业务的全面反映，内容包括商品的名称、规格、价格、数量、金额、包装等，同时也是进口商办理进口报关不可缺少的文件，因此商业发票是全套出口单据的核心，在单据制作过程中，其余单据均需参照商业发票缮制。

（二）商业发票的作用

商业发票的作用有以下几方面：

1．可供进口商了解和掌握装运货物的全面情况。

2．作为进口商记账、进口报关、海关统计和报关纳税的依据。

3．出口商凭发票的内容，逐笔登记入账。在货物装运前，出口商需要向海关递交商业发票，作为报关发票，海关凭以核算税金，并作为验关放行和统计的凭证之一。

4．在不用汇票的情况下，发票可以代替汇票作为付款依据。另外，一旦发生保险索赔时，发票可以作为货物价值的证明等。

二、商业发票的基本内容及缮制

（一）商业发票的形式

商业发票没有统一规定的格式，每个出具商业发票的单位都有自己的发票格式。虽然格式各有不同，但商业发票填制的项目大同小异。一般来说，商业发票应该具备以下主要内容：

1．首文部分

首文部分应该列明发票的名称、发票号码、合同号码、发票的出票日期和地点，以及船名、装运港、卸货港、发货人和收货人等。

2．本文部分

发票的文本主要包括唛头、商品名称、货物数量、规格、单价、总价、毛重、净重等内容。

3．结文部分

发票的结文一般包括信用证中加注的特别条款或文句。发票的结文还包括发票的出票人签字。发票的出票人签字一般在发票的右下角，一般包括两部分内容：一是出口商的名称（信用证的受益人）；二是出口公司经理或其他授权人手签，有时也用图章代替手签。

（二）商业发票的基本内容及缮制要求

1．出票人（Issuer）

本栏目要按合同和信用证的规定填写名称和地址的全称。发票的顶端往往要有醒目的出单人名称、详细地址。地址中的电传或传真号码等内容无需提供，如果提供，也不必与信用证中的相同。一般名称和地址要分行打。

2．收货人（To）

本栏目又称发票的收货人或抬头人。当采用信用证方式付款时，除非信用证另有规定，商业发票必须以信用证申请人为抬头。此项必须与信用证中所规定的严格一致。多数情况下填写进口商的名称和地址，且应与信用证开证申请人的名称和地址一致。如信用证无规定，即将信用证的申请人或收货人的名称、地址填入此项。如信用证中无申请人名字则用汇票付款人。在其他支付方式下，可以按合同规定列入买方姓名和地址。

3．发票编号（Invoice No.）

由各公司统一编号。发票作为中心票据，其他票据的号码均可与此号码相一致。

发票号码由出口商自行编制，一方面便于出口商的查寻，同时又代表了全套单据的号码和某批货物，所以在缮制时不能遗漏。

4．地点及日期（Place & Date）

出票地点和日期通常在发票右上角联在一起。①出票地点应为信用证规定的受益人所在地，通常是议付所在地。②在全套单据中，发票是签发日最早的单据。它可以早于信用证的开证日期和货物装运日期，但不能迟于汇票日期、信用证规定的交单期和信用证的有效期。

5．合同号码（S/C No.）

合同号码应与信用证上列明的一致，一笔交易牵涉几个合同的，应在发票上表示出来。

6．起运地（From…）

按信用证规定填写，并与提单所列明的一致。

7．目的地（To…）

按信用证填写，同时要注意目的地的规定要明确具体，不能笼统；有重名的目的地后面要加填国别。

第 6 项和第 7 项构成运输说明（Transport Details）一般还加上运输方式；运输航线要严格与信用证一致。如果在中途转运，在信用证允许的条件下，应表示转运及其转运地点。

例如：From Shanghai to London on July 1, 2014, Then Transshipped to Rotterdam by Vessel.（所有货物于 2014 年 7 月 1 日通过海运，从上海港运往伦敦港，中途在鹿特丹港口转船。）

8．唛头及件数编号（Marks and Numbers）

一般由三部分组成：①客户名称缩写（如不用客户名称，可以由发票号码/合同号码/订单号码代替）；②目的港；③件数。

唛头即运输标志，既要与实际货物一致，还应与提单一致，并符合信用证的规定。如信用证没有规定，可按买卖双方和厂商订的方案或由受益人自定。无唛头时，应注明“N/M”或“No Mark”。如为裸装货，则注明“Naked”或散装“In Bulk”。如来证规定唛头文字过长，用“/”将独立意思的文字彼此隔开，可以向下错行。即使无线相隔，也可酌情错开。

件数有两种表示方法，一是直接写出××件；二是在发票中记载诸如“We hereby declare that the number of shipping marks on each packages is 1～10, but we actually shipped 10 cases of goods.”（兹申明，每件货物的唛头号码是从 1～10，实际装运货物为 10 箱。）之类的文句。

凡是信用证上规定唛头的，必须逐字逐行按规定缮制，并与其他单据的唛头相一致。信用证中没有规定唛头的，则按合同条款中指明的唛头或买方已提供的唛头缮制；如果都没有规定的，则由卖方自行设计，并注意单单相符。

9．货物描述（Description of Goods）

信用证支付方式下的发票对货物描述应严格与信用证的描述一致。如属托收方式的，发票对货物的描述内容可参照合同的规定结合实际情况进行填制。货物描述内容一般包括合同的四个主要条款：数量条款、品质条款、包装条款、详见合约（这是为了避免重复出现已在合约中订明的内容）。例如："2,500 Doz. Gloves, Article No. FS23, Packed in 12 Bags, as per Contract No.1234"。有时候来证在有关货物内容引导词的引导下，还包括其他不属于这一类的内容，如有关价格、装运等条款。在制单时，应把这些内容分别填写在合适的单据和栏目中。信用证引导货物内容的词或词组主要有：①Description of Goods；②Covering Shipment of；③Description of Merchandise；④Covering the Following Goods by；⑤Covering Value of；⑥Shipment of Goods。

10．数量（Quantity）

填写实际发运的数量及单位，并与其他单据一致。须注意以下几点：

（1）缮制发票时，数量必须反映货物的实际装运数量，做到单证一致，尤其当信用证只给定界限时。例如，"Not Exceed 20000M/T，Minus 5% Quantity Allowance"，在这样的条件下需要注明实际装运数量。

（2）如果信用证规定或者实际业务需要，一批货物要分制几套单据，则每套单据应缮制一份发票，各发票的货物数量之和应等于该批货物的总货物数量。

（3）如果信用证允许分批装运，又规定了一定的增减幅度，则每批货物应该按照相同的增减幅度掌握。

（4）按《UCP600》规定："about""circa""approximate"等字样，允许10%以内增减；散装货，即使数字前没有"约"字样，也允许5%以内的增减，但以包装单位或个体计数则不适用。

（5）对成交商品规格较多的，信用证常规定"AS PER S/C NO. …"，制单时须分别详列各种规格和单价。

（6）当使用其他支付方式（如托收）时，货物内容应与合同内容一致。

11．单价（Unit price）

单价是发票的重点，单价包括计价货币、计价单位、单位价格金额和贸易术语四部分。发票的币种要与信用证相一致，贸易术语应按信用证上的规定在发票上表现出来，有变形的也应照填。如来证价格为"CIF HAMBURG LINER TERMS"，则在发票上对价格的描述不能省去"LINER TERMS"。另外，如果信用证的货物描述中提供了贸易术语的来源，则发票必须表明相同的来源。如信用证中规定"CIF OSAKA《INCOTERMS 2010》"，则发票中只打"CIF OSAKA"是不正确的。

12．总金额（Amount）

填小写金额，除非信用证另有规定，一般不得超过信用证上的总金额并须与汇票上的金额相一致。同时应注意以下问题：

（1）实际制单时，来证要求在发票中扣除佣金，则必须扣除。折扣与佣金的处理方法相同。例如：来证要求“From Each Invoice 8 Percent Commission Must Be Deducted”，且总额为“USD20000.00 FOBC8 OSLO”，则填在价格栏中的金额的计算如下：FOBC8 OSLO USD20000.00–C8 1600.00 FOB OSLO =USD18400.00。有时证内无扣除佣金规定，但金额正好是减佣后的净额，发票应显示减佣，否则发票金额超证。有时合同规定佣金，但来证金额内未扣除，而且证内也未提及佣金事宜，则发票不宜显示，等贷款收回后另行汇给买方。另外，在 CFR 和 CIF 价格条件下，佣金一般应按扣除运费和保险费之后的 FOB 价格计算。

（2）有时，来证要求在成交价格为 CIF 时，分别列出运费、保险费，并显示 FOB 的价格，制单时可按照如下格式填写：TOTAL FOB VALUE $20000.00 FREIGHT $1200.00 INSURANCE $900.00 TOTAL CIF VALUE $22100.00。如来证上有过分苛刻的要求，可要求对方修改条款。

13. 总计（TOTAL）

对于不同型号的不同数量、不同金额，还需算出总数、总价。

14. 声明文句

信用证要求在发票内特别加列船名、原产地、进口许可证号码等声明文句，制单时必须一一详列。

常用的声明字句有：①证明所到货物与合同或订单所列货物相符。例如：We certify that the goods named have been supplied in conformity with Order No. 123. 兹证明本发票所列货物与第 123 号合同相符。②证明原产地。例如：We hereby certify that the above mentioned goods are of Korean Origin. 或者 This is to certify that the goods named herein are of Korean Origin. 兹证明所列货物系韩国产。③证明不装载于或停靠限制的船只或港口。例如：We certify that the goods mentioned in this invoice have not been shipped on board of any vessel flying Japanese flag or due to call at any Japanese port. 兹证明本发票所列货物不装载悬挂日本国旗或驶靠任何日本港口的船只。④证明货真价实。例如：We certify that this invoice is in all respects true and correct both as regards to the price and description of the goods referred herein. 兹证明本发票所列货物在价格和品质规格各方面均真实无误。⑤证明已经航邮有关单据。例如：This is to certify that two copies of invoice and packing list have been airmailed direct to applicant immediate after shipment. 兹证明发票、装箱单各两份，已于装运后立即直接航邮开证人。

15. 出单人签名或盖章（SIGNATURE）

商业发票只能由信用证中规定的受益人出具。除非信用证另有规定，如果用影印、计算机处理或者复写方法制作出来的发票，应该在作为正本的发票上注明“正本”（ORIGINAL）的字样，并且由出单人签字。《UCP600》规定商业发票可不必签字，但有时来证规定发票需要手签的，则不能盖签字章，必须手签。对墨西哥、阿根廷出口商品，即使信用证没有规定，也必须手签。

在商业发票正中下方，通常有“有错当查”字样（E. & O. E.），即“Errors and Omissions Excepted”（错误和遗漏除外），表示发票的制作者在发票一旦出现差错时，可以纠正的意思。

三、其他常见的发票

（一）形式发票

形式发票（Proforma Invoice，P/I）是在没有正式合同之前，经双方签字或盖章之后产生法律效力的充当合同的文件，它包括产品描述、单价、数量、总金额、付款方式、包装、交货期等。形式发票本来只是在客户确认了价格并下了订单之后卖方所做的需对方再次确认的发票，但在没有正式合同之前形式发票有“准合同”的作用。

“Proforma”是拉丁文，它的意思是“纯为形式的”，所以单从字面来理解，“Proforma Invoice”是指纯为形式的、无实际意义的发票。这种发票本来是卖方在推销货物时，为了供买方估计进口成本，假定交易已经成立所签发的一种发票。实际上，并没有发出货物的事实，正因为如此，这种发票也被称之为“试算发票”。由于形式发票上详细载明了进口货价及有关费用，所以有些国家规定可以凭形式发票申请进口许可证，或作为向海关申报货物价格之用。

（二）领事发票

领事发票（Consular Invoice）是由进口国驻出口国的领事出具的一种特别印就的发票，是出口商根据进口国驻在出口地领事所提供的特定格式填制，并经领事签证的发票。这种发票证明出口货物的详细情况，为进口国用于防止外国商品的低价倾销，同时可用作进口税计算的依据，有助于货物顺利通过进口国海关。对于领事发票各国有不同的规定，如允许出口商在商业发票上由进口国驻出口地的领事签证（Consular Visa），即“领事签证发票”。出具领事发票时，领事馆一般要根据进口货物价值收取一定费用。这种发票主要为拉美国家所采用。

如果进口国在出口地没有设立领事馆，出口商则无法提供此项单据，这样只能要求开证人取消信用证所规定的领事发票或领事签证发票的条款，或者要求开证人同意接受由出口地商会签证的发票。

（三）厂商发票

厂商发票（Manufacturer’s Invoice）是由出口商品的制造厂商提供的，以其本国货币计算价格的，用以证明出口货物在本国国内市场出厂价格的发票。

国外进口商要求提供厂商发票，主要是为了供进口国海关进行估价之用，以确定该出口商品是否有低价倾销行为，并据此核定税率。

（四）海关发票

海关发票（Customs Invoice）是进口商向进口国海关报关的证件之一，是根据某些国家海关的规定，由出口商填制的供进口商凭以报关用的特定格式的发票，要求国外出口商填写，供本国商人（进口商）随附商业发票和其他有关单据，凭以办理进口报关手续。

海关发票的主要作用是供进口国海关核定货物的原产地国，以采取不同的国别政策；供进口商向海关办理进口报关、纳税等手续；供进口国海关掌握进口商品在出口国市场的价格情况，以确定是否低价倾销，以便征收反倾销税；供进口国海关作为统计的依据。

海关发票是由有关国家政府规定的，其内容比一般的商业发票复杂。尽管各国制定的海关发票格式不同，但一般包括三大部分，即价值部分（Certificate of Value）、产地部分（Certificate of Origin）和证明部分（Declaration）。国外来证对海关发票所使用的名称通常有以下几种：Customs Invoice；C.C.V.O. (Combined Certificate of Value and Origin); Certified Invoice in Accordance with ×××（进口国名称）Customs Regulations; Appropriate Certified Customs Invoice; Signed Certificated of Value and Origin in Appropriate Form。

缮制海关发票时应注意：

1. 海关发票的缮制，重点在于证明原产地和商品的 FOB 价值，所以，“产地”栏不能漏填。如果以 CIF 或者 CFR 成交的商品，必须正确计算运费及保险费，如果估算过高，将受进口国海关的指责，或者退回重新填写。特别是来证要求提供保险单账单，或将实际运费加注在海运提单上时，海关发票上的保险费和运费金额，必须要和实际上付出的费用一致。

2. 签字时，卖方必须以个人名义签字，要求用手签写，不得以公司名义签章。

3. 在填制海关发票时，如果有错打以及涂改的地方，不能加盖校对章，必须由出票签字人用钢笔加注小签。

4. 海关发票的抬头人一般应填写收货人。如果收货人不在货物的到达港，则应填写到达地被通知人的名称。

5. 海关发票上的金额、数量、毛净重等项目，必须与商业发票、提单上所填写的内容完全一致。

6. 海关发票各栏目都必须填写，无实际内容的可注上“NIL”或者“N/A”（Not Applicable）或打虚线划掉，不能在海关发票上留有空白栏目。

7. 需提供海关发票的国家都有不同的格式要求，名称也不尽相同，填制时必须根据不同的格式仔细填制。如果格式用错，进口国海关将拒绝接受。

8. 海关发票格式不一，不同国家或地区有其本国或本地区规定的专门格式，来证内一般有规定，切勿用错格式。

9. 凡是商业发票上和海关发票上共有的项目和内容，必须与商业发票保持一致，不得相互矛盾。

10. 关于海关发票价格构成的填写，海关发票一般均要求列明构成该价格的各项费用，若按 CIF 价格条件成交，则应分别列明运费、保险费和 FOB 价格，这三者的总和应与 CIF货值相等。此外，还应列明包装费、打包费、货物运至装运港码头的搬运费等费用。“出口国当地市场价格”以本国货币表示。但该栏价值应比 FOB 价格低 5%左右，否则会被认为是低价倾销。

11. 有些国家的格式有“费用栏”，填写时应尽量填全。如果有“是否包括在国内市场价内”的要求，也应给予表明。如果填“不包括”或“包括”都直接影响“国内市场价”的计算额，应注意计算的正确。

12. 关于海关发票的签署，要求以个人名义用手签方式签署的海关发票，则不盖公章；如需要监签人（证明人），也要手签。海关发票的签字人或其他单据的签字人不得作为监签人。海关发票如有涂改，须由原缮制人用钢笔小签，不能加盖校对印章，也不得由监签人代行。

13．海关发票的“原产地”一项应填“中国”字样，切勿漏掉。

14．海关发票是用外文印制的，填写时一般要用相应的外文进行，要求文字简略。

15．西非海关发票中，有以个人名义签字的，要求填写见证人，该“见证人”不能出现在其他出口单据上，即签字人与见证人是2个独立的身份出现方有效。

任务实施

赵悦根据合同、苏格兰皇家银行开立的信用证及信用证的修改书（见项目二资料三、资料四和资料六）及本项目的背景材料，制作这笔业务所需要的商业发票，见表3-1。

表3-1 商业发票

GUANGXI GUIXIN TRADING CO., LTD.

10 QIXING ROAD, NANNING,GUANGXI, CHINA

TEL.: 086-0771-5662188 FAX: 086-0771-5662189

INVOICE

TO: BROTHER TRADING CO., LTD.
Sheepcote Road, Harrow HA1 2JL
London, England, UK

INVOICE NO.: GX121006
DATE: SEP. 7, 2012
CONTRACT NO.: G528-2012
L/C NO.: BOC1210006

Transport Detail

FROM FANGCHENG PORT, CHINA **TO** LONDON, UK BY SEA

Marks and Numbers	Description of Goods	Quantity(PCS)	Unit Price(USD/PC)	Amount(USD)
N/M	Fashionable dandelion design porcelain dinnerware sets 19pcs/set 10 " dinner plate - red× 6 7 " dessert plate × 6 8 " soup plate × 6 9" salad bowl × 1	2,200SETS	CIF LONDON USD42.5	USD93,500.00
	TOTAL:	2,200SETS		USD93,500.00

TOTAL: SAY U.S. DOLLARS NINETY-THREE THOUSAND FIVE HUNDRED ONLY

GUANGXI GUIXIN TRADING CO., LTD.

深化训练

2012年10月8日，广西诚鑫进出口有限公司出口到马来西亚的八角已装“Changlong”号

轮，“052N”航次，货物装于 4 个 40'的集装箱，B/L 号 SKLU8795，货物用纸箱装（每箱尺寸 40cm×60cm×30cm），每箱毛重 21kg，净重 20kg，4 个集装箱的箱号及铅封号分别是 AKLU8047134/887552、AKLU8895456/775582、AKLU8654125/556555、AKLU8376541/697853。请根据广西诚鑫进出口有限公司与马来西亚客户签订的合同及修改正确后的中国银行马来西亚分行开来的信用证制作发票。

资料一：广西诚鑫进出口有限公司与马来西亚客户签订的合同

广西诚鑫进出口有限公司

GUANGXI CHENGXIN IMP. & EXP. CO.,LTD.

21 MINZU ROAD, NANNING, GUANGXI, CHINA

TEL.: 086-0771-5650331 FAX: 086-0771-5650332

SALES CONTRACT

The Buyer: DYNAMIC EXCELLENCE TRADING CO., LTD.

No. G317-2012

Date: SEP. 5,2012

NO. 3, JALANSAHABAT, 50200 KUALA. LUMPUR, MALAYSIA

The Seller: GUANGXI CHENGXIN IMP. & EXP. CO., LTD.

21 MINZU ROAD, NANNING, GUANGXI, CHINA

This contract is made by and between the Buyer and the Seller, whereby the Buyer agree to buy and the Seller agree to sell the under-mentioned commodity according to the terms and conditions stipulated below:

Name of Commodity & Specifications	Quantity	Unit Price USD/MT	Amount
star anise （Moisture: 13% max）	60MTS	FOB Fangcheng 3200	192,000.00

Total Value: SAY U.S.DOLLARS ONE HUNDRED NINETY TWO THOUSAND ONLY

Moisture: 13% max

Packing: 20kgs per carton in three 40' container

Time of Shipment: Before Oct. 19, 2012

Port of Shipment: Fangcheng Port

Port of Destination: Kuala Lumpur, Malaysia

Insurance: To be covered by the buyers.

Payment: The Buyers shall open through a bank acceptable to the sellers an irrevocable sight L/C to reach the Sellers on or before Sep 25th, 2012, valid for negotiation in China until 15th days after the date of shipment.

The Signature of Buyers

DYNAMIC EXCELLENCE TRADING CO., LTD.

The Signature of Sellers

GUANGXI CHENGXIN IMP. & EXP. CO., LTD.

资料二：马来西亚客户通过中国银行马来西亚分行开来的信用证（未修改）

SEQUENCE OF TOTAL 27: 1/1
FORM OF DOC. CREDIT 40A: IRREVOCABLE
DOC. CREDIT NUMBER 20: PB1209006
DATE OF ISSUE 31C:120923
APPLICABLE RULES 40E: UCP LATEST VERSION
EXPIRY 31D: DATE 121115
PLACE IN CHINA
APPLICANT 50: DYNAMIC EXCELLENCE TRADING CO., LTD.
No.3 JALANSAHABAT,
50200 KVALALUMPUR, MALAYSIA
BENEFICIARY 59: GUANGXI HUAXIN IMP. & EXP. CO., LTD.
21 MINZU ROAD, NANNING GUANGXI, CHINA

AMOUNT 32B: CURRENCY USD AMOUNT 190000,00
AVAILABLE WITH/BY 41D: ANY BANK
BY NEGOTIATION
DRAFTS AT … 42C: SIGHT
DRAWEE 42A: BANK OF CHINA (MALAYSIA) BKCHMYKL
PARTIAL SHIPMENTS 43P: NOT ALLOWED
TRANSSHIPMENT 43T: ALLOWED
PORT OF LOADING/AIRPORT
OF DEPARTURE 44E: FANGCHENG PORT, CHINA
PORT OF DISCHARGE/AIRPORT
OF DESTINATION 44F: KUALA LUMPUR, MALAYSIA
LATEST DATE OF SHIPMENT 44C: 121019
DESCRIPTION OF GOODS 45A: STAR ANISE (MOISTURE: 13% MAX)
Unit Price: USD 3200/MT
Quantity: 60MT
Trade Term: FOB Fangcheng
Packing: In Carton
DOCUMENTS REQUIRED 46 A:
+COMMERCIAL INVOICES IN TRIPLICATE.
+FULL SET OF CLEAN ON BOARD OCEAN BILL OF LADING ISSUED TO ORDER AND BLANK ENDORSED MARKED ‘FREIGHT PREPAID’ NOTIFYING APPLICANT.
+PACKING LISTS IN TRIPLICATE SHOWING NUMBER OF CARTONS, GROSS WEIGHT, NET WEIGHT AND MEASURMENT.
+CERTIFICATE OF ORIGIN IN DUPLICATE ISSUED BY BANK OF CHINA.
+INSURANCE POLICY OR CERTIFICATE IN TWO ORIGINALS ENDORSED IN BLANK FOR 110 PCT OF INVOICE VALUE WITH CLAIMS PAYABLE AT DESTINATION IN CURRENCY OF DRAFT COVERING ALL RISKS AND WAR RISK AS PER OCEAN MARINE CARGO CLAUSES OF PICC DATED 1981/01/01.

+BENEFICIARY'S CERTIFICATE CERTIFYING THAT ONE FULL SET OF NON NEGOTIABLE DOCUMENTS HAVE BEEN SENT TO APPLICANT DIRECTLY WITHIN 24 HOURS AFTER SHIPMENT.

ADDITIONAL COND. 47 A:

+ALL DOCEMENTS MUST BEAR L/C NO. PB1209006.

+A HANDLING COMMISSION OF USD50.00 OR EQUIVALENT, PLUS TELEX CHARGES, IF ANY, WILL BE DEDUCTED FROM THE PROCEEDS FOR EACH SET OF DOCUMENTS WITH DISCREPANCIES PRESENTED UNDER THIS LETTER OF CREDIT.

DETAILS OF CHARGES 71 B: ALL BANKING CHARGES OUTSIDE MALAYSIA ARE FOR ACCOUNT OF BENEFICIARY

PRESENTATION PERIOD 48: 15 DAYS AFTER SHIPMENT

CONFIRMATION 49: WITHOUT

INSTRUCTIONS 78:

+ALL DOCUMENTS MUST BE AIRMAIL TO US IN ONE LOT AT GROUND, MEZZANINE, &1st FLOOR, PLAZA PRINCE, 27 JALAN AMPANG, 50450 KUALA LUMPUR, MALAYSIA.

+WE HEREBY ENGAGE THAT PAYMENT WILL BE DULY MADE AGAINST THE DOCMENTS PRESENTED IN COMPLIANCE WITH THE TERMS OF THIS CREDIT

ADVISE THROUGH 57 D: BANK OF CHINA, NANNING BRANCH

GUANGXI CHENGXIN IMP. & EXP. CO., LTD.

21 MINZU ROAD, NANNING, GUANGXI, CHINA

TEL.: 086-0771-5650331 FAX: 086-0771-5650332

INVOICE

TO:____________________ INVOICE NO.:__________

______________________________ DATE:______________

CONTRACT NO.:_________

L/C NO.:____________

Transport Detail

FROM ______________ TO ________________________

Marks	Description of Goods	Quantity(PCS)	Unit Price(USD)	Amount(USD)

TOTAL: __________

TOTAL: ____

____

ISBP 对发票的若干规定

1. 信用证要求"发票"而未做进一步定义，则提交的任何形式的发票都可以接受，如商业发票、海关发票、税务发票、最终发票、领事发票等，但临时发票、预开发票或类似的发票是不可接受的。当信用证要求提交商业发票时，标为"发票"的单据是可以接受的货物、服务或履约行为的描述和与发票相关的其他一般事项：

2. 发票中的货物、服务或履约行为的描述必须与信用证规定的一致，但并不要求如同镜子反射那样一致。例如，货物细节可以在发票中的若干地方表示，当合并在一起时与信用证规定一致即可。

3. 发票中的货物、服务或履约行为的描述必须反映实际装运的货物。例如，信用证的货物描述显示两种货物，如 10 辆卡车和 5 辆拖拉机，如果信用证不禁止分批装运，而发票表明只装运 4 辆卡车，是可以接受的。列明信用证规定的全部货物描述，然后注明实际装运货物的发票也是可以接受的。

4. 发票必须表明装运货物的价值。发票中显示的单价（如有的话）和币种必须与信用证中的一致。发票必须显示信用证要求的折扣或扣减。发票还可显示信用证未规定的与付款或折扣等有关的扣减额。

5. 如果贸易术语是信用证中货物描述的一部分，或与货物金额联系在一起表示，则发票必须显示信用证指明的贸易术语，而且如果货物描述提供了贸易术语的来源，则发票必须表明相同的来源（如信用证条款规定"CIF 新加坡 Incoterms 2000"，那么"CIF 新加坡 Incoterms"就不符合信用证的要求）。费用和成本必须包括在信用证和发票中标明的价格术语所显示的金额内，不允许任何超出该金额的费用或成本。

6. 除非信用证要求，发票无需签字或标注日期。

7. 发票不得表明：

a）溢装《UCP600》第 30 条 b 款规定的除外：

b）信用证未要求的货物（包括样品、广告材料等），即使注明免费。

8. 信用证要求的货物数量可以有 5%的溢短装幅度。但如果信用证规定货物数量不得超额或减少，或信用证规定的货物数量是以包装单位或个数计算时，不适用此条。货物数量在 5%幅度内的溢装并不意味着允许支取的金额超过信用证金额。

9. 即使信用证禁止分批装运，只要货物全部装运，且单价（如信用证有规定的话）没有减少，则发票金额有 5%的减幅是可接受的，如果信用证未规定货物数量，发票的货物数量即可视为全部货物数量。

10. 如果信用证要求分期装运，则每批装运必须与分期装运计划一致。

11. 关于发票的份数，有时从信用证的措辞难以判断信用证要求提交正本单据还是副本单据。例如，当信用证要求：

"发票"、"一份发票"（One Invoice）或"发票一份"（Invoice in One Copy），这些措辞应被理解为要求一份正本发票。

"发票四份"（Invoice in four Copies），则提交至少一份正本发票，其余用副本发票即可满足要求。

“发票的一份”（One Copy of Invoice），则提交一份副本发票或一份正本发票均可接受。

12. 当银行不接受正本代替副本时，信用证必须规定禁止提交正本。例如，应标明“发票的复印件——不接受用正本代替复印件”，或类似措辞。当信用证要求一份运输单据副本并且表明正本运输单据的处理指示时，正本运输单据不可接受。

13. 副本单据不需要签字。

技能强化

根据下述材料，缮制商业发票，见表 3-2。

1. 销售合同

SALES CONFIRMATION

NO.: ZHT121115

DATE:NOV. 15, 2012

THE SELLER: SHANGHAI ZHENHUA IMP&EMP CO., LTD.
ADRESS: Rm 501 Longju Building No. 87 Longju Rd.,
Pudong Shanghai 200136 P.R.China
Tel.:0086-21-58334388
Fax:0086-21-58334389

THE BUYER: GR-TRAG CO., LTD.
ADRESS: A904 Wealth Building,
Kando Jinbocho Chiyodaku, Tokyo Japan
Tel.: +81-3-5283-6765
Fax: +81-3-5283-6775

THE UNDERSIGNED SELLERS AND BUYERS HAVE AGREED TO CLOSE THE FOLLOWING TRANSACTIONS ACCORDING TO THE TERMS AND CONDITIONS STIPULATED BELOW:

COMMODITY AND SPECIFICATION	QUANTITY	UNIT PRICE	AMOUNT
WOMEN JEAN		CIF TOKYO	
W3301	2,400 PCS	USD 5.30/PC	USD 12,720.00
W3001	1,200 PCS	USD 4.50/PC	USD 5,400.00
TOTAL:	3,600 PCS		USD 18,120.00
TOTAL AMOUNT IN WORDS: SAY U.S. DOLLARS EIGHTEEN THOUSAND ONE HUNDRED AND TWENTY ONLY			

PACKING: ONE PIECE IN ONE POLYBAG, 30 POLYBAGS IN ONE CARTON.

SHIPMENT: NOT LATER THAN JAN. 31, 2014, FROM SHANGHAI TO TOKYO JAPAN, ALLOWING TRANSHIPMENT & PARTIAL SHIPMENTS.

PAYMENT: THE BUYER SHOULD OPEN THROUGH A BANK ACCEPTABLE TO THE SELLER A 100% IRREVOCABLE L/C PAYABLE AT 30 DAYS AFTER SIGHT DRAFT TO REACH THE SELLERS BEFORE DEC. 1, 2012 AND VALID FOR NEGOTIATION IN CHINA UNTIL THE 15TH DAY AFTER THE DATE OF SHIPMENT.

INSURANCE: TO BE EFFECTED BY THE SELLER FOR 110% OF INVOICE VALUE AGAINST F.P.A. AS PER THE RELEVANT OCEAN MARINE CARGO OF P. I. C. C. DATED 1/1/1981.

THE BUYERS:
GR-TRAG CO., LTD.
(SIGNATURE)

THE SELLERS:
SHANGHAI ZHENHUA IMP&EMP CO., LTD.
(SIGNATURE)

PLEASE SIGN AND RETURN ONE COPY

2. 信用证

APPLICATION HEADER 0 700 1417 970214FKBKJPJTAXXX 1343 337998 97021 1317
* SUMITOMO MITSUI BANKING CORPORATION TOKYO
BANK. PRIORITY 113:
MSG USER REF. 108:
INFO. FROM CI 115:
SEQUENCE OF TOTAL *27: 1/1
FORM OF DOC. CREDIT *40A: IRREVOCABLE
DOC. CREDIT NUMBER *20: TK0842
DATE OF ISSUE *31C: 121201
EXPIRY *31D: DATE 130215 PLACE CHINA
ISSUING BANK *51: SUMITOMO MITSUI BANKING CORPORATION
NAKANOMACHI 1-10-15, MIYAKOJIMA-KU TOKYO JAPAN
APPLICANT *50: GR-TRAG CO., LTD.
A904 WEALTH BUILDING, KANDO JINBOCHO CHIYODAKU
TOKYO JAPAN
BENEFICIARY *59: SHANGHAI ZHENHUA IMP&EMP CO., LTD.
RM 501 LONGJU BUILDING NO. 87 LONGJU RD.
PUDONG SHANGHAI 200136 P.R.CHINA
AMOUNT *32B: CURRENCY USD AMOUNT 18120,00
MAX. CREDIT AMOUNT 39B: NOT EXCEEDING
AVAILABLE WITH/BY *41D: ANY BANK
BY NEGOTIATION
DRAFTS AT… 42C: 30 DAYS AFTER SIGHT
DRAWEE 42A: SUMITOMO MITSUI BANKING CORPORATION
NAKANOMACHI 1-10-15, MIYAKOJIMA-KU TOKYO JAPAN
PARTIAL SHIPMENTS 43P: ALLOWED
TRANSSHIPMENT 43T: ALLOWED
LOADING IN CHARGE 44A: SHANGHAI, CHINA
FOR TRANSPORT TO 44B: TOKYO JAPAN
LATEST DATE OF SHIP. 44C: 130131
DESCRIPT. OF GOODS 45A: WOMEN JEAN
W3301 2,400 PCS USD 5.30/PC
W3001 1,200 PCS USD 4.50/PC
DOCUMENTS REQUIRED 46A:
1. SIGNED COMMERCIAL INVOICE IN 3 COPIES INDICATING CREDIT NO.
2. FULL SET CLEAN ON BOARD MARINE BILL OF LADING MADE OUT TO ORDER OF SHIPPER AND

BLANK ENDORSED NOTIFY APPLICANT MARKED FREIGHT PREPAID

3. PACKING LIST IN 3 COPIES

4. CERTIFICATE OF ORIGIN

5. FULL SET INSURANCE POLICY OR CERTIFICATE COVERING F.P.A. FROM WAREHOUSE TO WAREHOUSE WITH CLAIMS PAYABLE AT DESTINATION

ADDITIONAL COND　*47B :

+REIMBURSENT BY TELECOMMUNICATION IS PROHIBITED

+ONE COPY OF INVOICE, PACKING LIST AND ORIGINAL CERTIFICATE OF ORIGIN (FORM A) MUST BE SENT TO THE ACCOUNTEE BY COURIER IMMEDIATELY AFTER SHIPMENT AND BENEFICIARY'S CERTIFICATE TO THIS EFFECT IS REQUIRED

DETAILS OF CHARGES　71B: ALL BANKING CHARGES OUTSIDE CANADA ARE FOR ACCOUNT OF THE BENEFICIARY

PRESENTATION PERIOD　48: DOCUMENTS TO BE PRESETNED WITHIN 15 DAYS AFTER THE DATE OF SHIPMENT BUT WITHIN THE VALIDITY OF THE CREDIT

CONFIRMATION　*49: WITHOUT

INSTRUCTIONS　78:

+REIMBURSENENT IS SUBJECT TO ICC URR525

+PROVIDED THAT THE TERMS AND CONDITIONS OF THIS CREDIT ARE COMPLIED WITH PLEASE REIMBURSE YOURSELVES FROM ABOVE REIMBURSEMENT BANK

+DRAFT AND DOCUMENTS ARE TO BE SENT BY COURIEDR TO OUR HEAD OFFICE SUMITOMO MITSUI BANKING CORPORATION (ADDRESS: NAKANOMACHI 1-10-15, MIYAKOJIMA-KU TOKYO JAPAN) IN ONE LOT

3．补充资料

发票日期：2012.12.5　　发票号码：ZHT5743

装船日：2012.12.15　　船名船次：Dingyuan V.352

卖方负责人：张启东

唛头：GR-TRAG / TK0842 / TOKYO / C/NO.1-UP

提单号：B2233101Q

投保日期：DEC-12-2012

保单签发日：DEC-14-2012

报检单位登记号：1361845216　联系人：李莉　电话：65756156　报检日期：2012.12.8

报关日期：DEC-10，2012

集装箱号：ONE 20'CONTAINER NO. JOLU1203196

H.S. 编码：6204620099

产地证编号：300311288

表 3-2 商业发票

SHANGHAI ZHENHUA IMP&EMP CO., LTD.

Rm 501 Longju Building No. 87 Longju Rd., Shanghai, China

Tel.:0086-21-58334388 Fax:0086-21-58334389

INVOICE

TO:____________________ **INVOICE NO.:** __________

__________________________________ **DATE:** ______________

CONTRACT NO.: ________

L/C NO.:__________

Transport Detail

FROM ____________ **TO** ______________________

Marks	Description of Goods	Quantity(PCS)	Unit Price(USD)	Amount(USD)

TOTAL: __________

TOTAL: ____

____

小 结

商业发票是出口公司对国外买方开立的载有货物名称、规格、数量、单价、总金额等方面内容的清单，供国外买方凭以收货、支付货款和报关完税使用，是所装运货物的总说明。

商业发票没有统一规定的格式，一般由首文、本文和结文三个部分组成，主要包括发票的名称、发票号码、合同号码、装运信息、商品名称、唛头、货物数量、规格、单价、总价、毛重/净重、落款签字等内容。

本项目对商业发票的缮制做了重点说明和介绍。其他国际贸易中常见的发票还包括形式发票、领事发票、厂商发票以及海关发票等。

项目四

缮制包装单据

认识包装单据的类型及特点，能够正确缮制装箱单。

任务 缮制装箱单

赵悦在制作桂信公司向英国兄弟公司出口瓷器的单据过程中，师傅告诉赵悦，作为对商业发票的补充，还需填制装箱单，主要显示货物的包装、毛重、净重以及尺码方面的情况。那么，装箱单是如何缮制的呢？师傅要求赵悦根据广西桂信贸易有限公司与英国兄弟公司签订的合同和苏格兰皇家银行开立的信用证及信用证修改书，制作装箱单见表 4-1。

一、包装单据的种类与特点

包装单据（Packing Documents）是指一切记载或描述商品包装情况的单据，是商业发票的补充说明，也是货运单据中的一项重要单据。进口地海关验货、公证行检验、进口商核对货物时都必须以包装单据为依据。

（一）包装单据的种类

1．装箱单（Packing List 或 Packing Slip）；
2．重量单（Weight List 或 Weight Note）；
3．尺码单（Measurement List）；
4．详细装箱单（Detailed Packing List）；
5．包装明细单（Packing Specification）；

6．包装提要（Packing Summary）；

7．磅码单（Weight Memo）；

8．规格单（Specification List）；

9．花色搭配单（Assortment List）等。

其中最常使用的是装箱单。有些商品不需要包装，如谷物、矿砂、煤炭等，称为“散装货物”（Packed in Bulk）。而大多数商品必须加以适当的包装后才能装运出口，以保护该商品的安全。

出口企业不仅在出口报关时需要提供装箱单、重量单，尺码单往往也作为结汇单据。实际上，装箱单、重量单和尺码单（Packing List, Weight List and Measurement List）是商业发票的一种补充单据，是对商品的不同包装规格条件、不同花色和不同重量逐一分别详细列表说明的一种单据。它是买方收货时核对货物的品种、花色、尺寸、规格和海关验收的主要依据。对于不同特性的货物，进口商可能对某一或某几方面（如包装方式、重量、体积、尺码）比较关注，因此希望对方重点提供某一方面的单据。它包括不同名称的各式单据，如 Packing List、Weight List、Measurement List、Packing Note and Weight Note，它们的制作方法与主要内容基本一致。装箱单着重表示包装情况，重量单着重说明重量情况，尺码单则着重商品体积的描述。

（二）特点

1．装箱单、重量单和尺码单为了保持与发票一致，在号码和日期两栏与发票完全相同。

2．装箱单、重量单和尺码单一般不显示收货人、价格、装运情况，对货物描述一般都使用统称概述。

3．装箱单着重表现货物的包装情况，从最小包装到最大包装的包装材料、包装方式一一列明。而重量和尺码的内容一般只体现累计总额。重量单在装箱单的基础上，详细表示货物的毛重、净重、皮重等。

4．装箱单、重量单和尺码单的制作要以信用证、合同、备货单、出货单为凭据。

5．如果信用证上要求在装箱单、重量单和尺码单上填写一些特殊条款，应照办。

二、装箱单的基本内容及缮制

（一）定义

装箱单是发票的补充单据，它列明了信用证（或合同）中买卖双方约定的有关包装事宜的细节，便于国外买方在货物到达目的港时供海关检查和核对货物，通常可以将其有关内容加列在商业发票上，但在信用证有明确要求时，就必须严格按信用证约定制作。

（二）缮制装箱单的要点

因缮制的出口公司不同，装箱单包括的内容也大不相同，但主要包括装箱单名称、编号、日期、唛头、货名、规格、包装单位、件数、每件的货量、毛净重，以及包装材料、包装方式、包装规格及签章等。

1．装箱单名称：应按照信用证规定使用，通常用 Packing List、Packing Specification、Detailed Packing List。如果来证要求用中性包装单（Neutral Packing List），则装箱单名称打 Packing List，但装箱单内不打卖方名称，不能签章。

2．发票号码：填写商业发票的编号。

3．合同号或销售确认书号（Contract No./ Sales Confirmation No.）：填本批货物的合同号或者销售合同书号。

4．信用证号（L/C No.）：填写信用证号，非信用证结算方式的可以不填。

5．日期（Date）：一般为发票的日期，或晚于发票日期但不迟于信用证的有效期及提单日期。

6．受单人（To）：填写装箱单的抬头人，信用证项下一般为开证申请人，托收和电汇项下为买方，当信用证要求不显示抬头人时可不填或填写 To whom it may concern。

7．运输说明（Transport Details）：运输工具和方式及运输路线，可与发票相同。

8．唛头及件数（Marks and Numbers）：与发票、提单一致，无唛头时填写“N/M”。

9．包装种类、件数及货物描述（Number and Kind of Packages，Description of Goods）：填写货物的名称及包装的详细资料，货物的名称可用统称。

10．数量（Quantity）：填写货物的实际数量，如每种规格的包装单位的重量不同，应将不同规格的数量分别表示出来，最后累计总数。

11．包装（Package）：一般填写最大包装数量，如货物种类或规格不同，应分别列出每种或每规格货物的最大包装数量，并累计总数。

12．毛重（Gross Weight）：填写每个包装件的毛重。

13．净重（Net Weight）：填写每个包装件的净重。

14．尺码（Measurement）：注明每个包装件的体积及总体积。

15．合计（Total）：此栏填写对件数、数量、毛重、净重和尺码栏的合计。

16．出票人签章（Signature）：应与发票相同。

（三）缮制装箱单的注意事项

1．单据名称必须完全符合信用证的规定，因为包装单据的内容，既包括包装的商品内容，也包括包装的种类和件数、每件毛净重和毛净总重量、总尺码（体积），所以无论信用证要求的包装单据是什么名称，都必须按其规定照填。

2．信用证的特殊规定，必须在单据中充分体现出来。例如，信用证规定“每件装一袋、每打装一盒、每 20 打装一箱”，则单据必须注明：

Packing:
Each Piece In A Bag
Each Dozen In A Carton
Then 20 Dozens In A Carton

3．装箱单据一般不应显示货物的单价、总价，因为进口商在转移这些单据给实际买方时大多不愿泄露其购买的实际成本。

三、几种常见的包装单据

（一）重量单

重量单（Weight List/Weigth Note）是主要包装单据（Packing Documents）的一种。按照装货重量（Shipping Weight）成交的货物，在装运时出口商必须向进口商提供重量单，以证明所装货物的重量与合同规定相符，货到目的港有短缺重量时出口商不负责任。若按照卸货重量（Delivered Weight）成交的货物，如果货物短缺重量时，进口商必须提供质量证明书，才可向出口商、轮船公司或保险公司提出索赔。

重量单上所反映的内容除了装箱单上的内容以外，需要尽量清楚地表明商品每箱毛重、净重以及总重量的情况，供买方安排运输、存仓时参考。

重量单的缮制要点与缮制装箱单基本相同，但缮制重量单时应注意以下区别：

1．重量单中应注明发票标明的货物重量，并且要与其他单据上载明的货物重量一致。

2．重量单必须注明出单日期，这与装箱单的规定不同。

3．重量单的出单人处必须注明公司全称。

4．在海运以外的运输方式下，如果信用证规定须提交重量证明，但并未规定需要独立的重量文件时，不必出具重量单，只需承运人或其代理人在运输单据上加注货物重量即可。

（二）尺码单

尺码单（Measurement List）是一种偏重于说明货物每件的尺码和总尺码的包装单据，它在装箱单的基础上再重点说明每件、每种规格项目的尺码和总尺码，如果包装内不是统一尺码的货物则应逐一加以说明。

赵悦根据广西桂信贸易有限公司与英国兄弟公司签订的合同和苏格兰皇家银行开立的信用证及信用证修改书、装船的基本信息（见项目二资料三、资料四和资料六及项目三的背景材料），制作装箱单（表 4-1）。

表 4-1 装箱单

GUANGXI GUIXIN TRADING CO., LTD.
10 QIXING ROAD, NANNING CITY, GUANGXI, CHINA
TEL.: 086-0771-5662188 FAX: 086-0771-5662189

PACKING LIST

TO: BROTHER TRADING CO., LTD.
Sheepcote Road, Harrow HA1 2JL, London, England, UK

INVOICE NO.: GX121006
DATE: SEP. 10, 2012
CONTRACT NO.: G528-2012
L/C NO.: BOC1210006

Transport Detail
FROM FANGCHENG PORT, CHINA **TO** LONDON, UK BY SEA

Marks and Numbers	Number and Kind of Package Description of Goods	Quantity	Package	G.W.(KGS)	N.W.(KGS)	Meas.(M^3)
N/M	Fashionable dandelion design porcelain dinnerware sets 10 " dinner plate - red×6 7 " dessert plate×6 8 " soup plate×6 9" salad bowl×1	2,200SETS	2,200CTNS	21KGS/CTN	20KGS/CTN	0.047
	TOTAL:	2,200SETS	2,200CTNS	22,000.00KGS	19,800.00 KGS	103.400 CBM

TOTAL: SAY TWO THOUSAND TWO HUNDRED CARTONS ONLY

GUANGXI GUIXIN TRADING CO., LTD.

深化训练

请为广西诚鑫进出口有限公司出口到马来西亚的八角缮制装箱单，见表 4-2，资料见项目二资料七、资料八及项目三深化训练的背景材料。

表 4-2　装箱单

GUANGXI CHENGXIN IMP. & EXP. CO., LTD.

21 MINZU ROAD, NANNING, GUANGXI, CHINA

TEL.: 086-0771-5650331　　　FAX: 086-0771-5650332

PACKING LIST

TO:____________________

____

INVOICE NO.:____________________

DATE:____________________

CONTRACT NO.: ____________________

L/C NO.:____________________

Transport Detail

FROM ________________ **TO** ________________

Marks and Numbers	Number and Kind of Package Description of goods	Quantity	Package	G.W.(KGS)	N.W.(KGS)	Meas.
	TOTAL:					

____

技能强化

根据项目三技能强化所给的资料，制作装箱单，见表 4-3。

表 4-3　装箱单

SHANGHAI ZHENHUA IMP&EMP CO., LTD.

Rm 501 Longju Building No. 87　Longju Rd., Shanghai, China

Tel.:0086-21-58334388　　　Fax: 0086-21-58334389

PACKING LIST

TO:____________________

____

INVOICE NO.:____________________

DATE:____________________

CONTRACT NO.: ____________________

L/C NO.: ____________________

Transport Detail

FROM ________________ **TO** ________________

Marks and Numbers	Number and Kind of Package Description of goods	Quantity	Package	G.W.(KGS)	N.W.(KGS)	Meas.
	TOTAL:					
TOTAL:						

____

电子数据交换（EDI）简介

电子数据交换（EDI）是指将贸易、运输、保险、银行和海关等行业的信息，用一种国际公认的标准格式，通过计算机通信网络，使各有关部门、公司和企业之间进行数据交换和处理，并完成以贸易为中心的全部业务过程。

使用电子数据交换的主要优点有：①降低了纸张文件的消耗。②减少了许多重复劳动，提高了工作效率。③使得贸易双方能够以更迅速、有效的方式进行贸易，大大简化了订货过程或存货过程，使双方能及时地充分利用各自的人力和物力资源。④可以改善贸易双方的关系，厂商可以准确地估计日后商品的需求量，货运代理商可以简化大量的出口文书工作，商业用户可以提高存货的效率，提高他们的竞争能力。

由于电子数据交换的使用可以完全取代传统的纸张文件的交换，因此也有人称它为“无纸贸易”或“电子贸易”。

小　结

包装单据（Packing Documents）是指一切记载或描述商品包装情况的单据，是商业发票的附属单据，也是货运单据中的一项重要单据，常见的包装单据包括装箱单、重量单、尺码单等。国际贸易交易中的货物，除了一小部分货物属于散装货物或裸装货物外，绝大多数货物都需要包装。因此，在通常情况下，包装单据是必不可少的文件之一。进口地海关验货、公证行检验、进口商核对货物时，都以包装单据为依据，从而了解包装内的具体内容，以便其接收、销售。

装箱单（Packing List）是发票的补充单据，本项目重点介绍了装箱单的内容、缮制以及注意事项，并且提供了深化训练、强化技能训练等巩固本项目的知识和技能。

项目五

缮制运输单据

学习目标

熟悉提单、航空运单的签发、流转等业务，掌握提单的类型，了解有关提单的国际公约，了解提单条款，熟悉掌握海运提单和航空运单各个栏目的含义，能够利用合同、信用证等相关文件正确缮制海运提单及航空运单。

任务一　缮制海运提单

任务背景

在广西桂信公司与英国兄弟贸易公司出口 2 200 套瓷器的业务中，公司在完成备货、报关、订舱出运之后，要求赵悦缮制提单草稿提供给船公司，以便其及时签署。赵悦在贸易合同的执行中，不仅要督促货代公司、承运人及时安排出运，还要取得合格的运输单据，安全结汇。

知识介绍

一、运输单据

根据运输工具的不同，国际货物运输可分为水上运输、铁路运输、公路运输、航空运输和管道运输；根据运输组织方式的不同，可以分为邮件运输、集装箱运输和多式联运等。

不同的运输方式使用不同的运输单据，如提单、海运单、航空货运单、公路运单、铁路运单以及快递单据、邮政单据等都是国际贸易中常见的运输单据，其中提单在国际货物运输中使用最为广泛。

二、提单的性质、作用

我国《海商法》第 71 条中规定："提单是指用以证明海上货物运输合同和货物已经由承运人接收或者装船，以及承运人保证据以交付货物的单证。"

在运输实务中，提单通常具有下述性质或作用：

（一）货物收据

提单是承运人签发给托运人的收据，表明已按提单上所记载的货物的标志、数量以及表面状况收到了货物，并且有责任在目的港向收货人交付提单所记载的货物。

作为收据的提单，在不同的持有者手中，其法律效力是有区别的。

（二）运输合同的证明

提单条款规定了承运人与货物关系人之间的权利、义务，是处理货运争议的依据。但是

提单不是双方意思表示一致的产物，且运输合同履行在前，提单签发在后，所以说提单是运输合同已存在的证明。

（三）物权凭证

在合法地取得提单的条件下，提单的持有人有权提取货物。对于托运人以外的第三者来说，他们并不是凭借提单所具有的货物收据的性质，而是根据提单的物权凭证的性质，在目的港以提单交换货物。

提单所代表的物权可以随提单的转移而转移，提单中所规定的权利和义务，也随提单的转移而转移，当然，双方的权利义务还取决于有关海上货物运输的法律、国际公约和提单条款的规定。提单样本见表 5-1。

表 5-1 提单样本

Shipper Name　　Code	RCL Regional Container Lines Above represents the trade name
Consignee (If "Order" State Notify Party)　　Code	Bill of Lading Multimodal Transport or Port to Port Shipment B/L NO.
Notify Party/Address - See Clause 18　　Code	Received in apparent good order condition except as otherwise noted the total number of Containers or other packages or units enumerated below by the Merchant to comprise the Goods specified below for transportation from the place of Receipt or the Port of Loading, whichever is applicable, to the Place of Delivery or the Port of Discharge, whichever is applicable, subjected to the terms hereof, (including the terms of the reverse hereof and the terms of the Carrier's applicable Tariff). In accepting this bill of lading the Merchant expressly accepts and agrees to all its terms, conditions and exceptions, whether printed, stamped or written, or otherwise incorporated, notwithstanding the non-signing of this bill of lading by the Merchant. One of the signed Bills of Lading must be surrendered duly endorsed in exchange for the Goods or delivery order. On presentation of this document (duly endorsed) to the Carrier by or on behalf of the Holder, the rights and liabilities arising in accordance with the terms hereof shall (without prejudice to any rule of common law or statute rendering them binding on the Merchant) become binding in all respects between the Carrier and the Holder as though the contract evidenced hereby had been made between them.
	Vessel　　Voyage No.

Port of Loading	Port of Discharge	Place of Receipt (Applicable only when this document is used as a combined Transport Bill of Lading)	Place of Delivery (Applicable only when this document is used as a combined Transport Bill of Lading)

Item No.	Container No./Seal No. Marks & Numbers (For FCL must be stated)	No. of Packages	Description of Goods Said To Contain	Gross Cargo Weight (Kilos)	Measurement (Cu. Metres)

ABOVE PARTICULARS AS DECLARED BY SHIPPER	Total No. of Pkgs/Cntrs	Carrier
	Shipped on Board Date	
	Place & Date of Issue	
The present contract agreed upon is subject to the conditions printed at the back and governed by the Law and Jurisdiction of .... See clause 22 on reverse of this Bill of Lading.	In witness of the contract herein contained originals have been issued one of which being accomplished the other(s) to be void.	By .... As Agents

三、提单的分类

海运提单种类繁多，大致可从以下不同角度进行分类：

（一）按货物是否已装船划分

1. 已装船提单

已装船提单（On Board or Shipped B/L）是指整票货物已经全部装进货舱或装上甲板后，船长或承运人或其授权的代理人凭大副收据所签发的载明装运船舶和装船时间的提单。

买方为了解货物的装运状况，一般会要求提交已装船提单，并通过合同或信用证条款作出规定。

2. 备运提单

备运提单（Received for Shipment B/L）又称收货待运提单，是承运人在接管托运人送交的货物后，装船之前，应托运人的要求签发的提单。由于货物尚未装船，所以提单上未载明装运船名和装船日期。

由于备运提单只说明承运人接管货物而无法说明货物将何时装船、装哪一条船，所以买方对货物能否按时装船无法肯定，更不能据此估计货物到港时间。因此，买方一般不愿意接受该种提单，银行结汇一般也不接受备运提单。但在集装箱运输中，签发备运提单的做法比较常见，在集装箱进入集装箱堆场或集装箱货运站后，承运人会签发备运提单。

当货物装船后，承运人在备运提单上加注船名和装船时间，备运提单即可成为已装船提单。

（二）按提单的不同抬头划分

1. 记名提单

记名提单（Straight B/L）指提单的收货人一栏中具体写明收货人名称的提单。

记名提单项下的货物，只能由提单上写明的特定收货人提取。记名提单不能背书转让，它的流通受到很大限制，给贸易商带来很大不便，在国际贸易当中使用并不多。但记名提单可以避免转让过程中带来的风险，一般在运输展览品或贵重物品时使用。

2. 指示提单

指示提单（Order B/L）指提单收货人一栏内填写“凭指示”（To order）或“凭××指示”（To order of ××）字样的提单。

指示提单可以作不记名指示和记名提示。不记名指示又称为托运人指示（To order of shipper），在提单转让之前，物权仍属于托运人；记名指示可理解为标明指示人，指示人可以是银行。

指示提单经过背书可以转让给第三者，具有良好的流通性，在国际贸易中带来极大的方便，是使用最为广泛的一种提单。

3. 不记名提单

不记名提单（Blank B/L or Bearer B/L）指提单上收货人一栏空白，不填写任何人的名称，或这一栏只填写“持有人（Bearer）”字样的提单。

不记名提单转让的手续非常简便，仅凭交付转让，不需要任何背书手续，谁持有提单，谁就可以提货或转让，流通性极强。

但由于在提单遗失后再转让到善意的第三者手中时，极易引起纠纷。因此不记名提单的风险很大，目前较少使用。

（三）按提单是否有不良批注划分

1．清洁提单

清洁提单（Clean B/L）指在装船时货物的外表状况良好，承运人所签发的提单中记载“外表状况良好（In apparent good order and condition）”或未做相反批注（货损、包装不良等）的提单。

银行结汇、提单转让一般都要求是清洁提单。“清洁”一词并不需要在提单上出现，即使信用证要求运输单据为“清洁已装船”。

2．不清洁提单

不清洁提单（Unclean B/L or Foul B/L）指承运人在提单上明确地对有关货物包装状况不良或存在缺陷等情况加以批注的提单。一般批注都比较具体，如“8 件破损”“被雨淋湿”等。

银行不接受以不清洁提单办理结汇，通常变通的做法是由托运人出具保函，要求承运人不将大副收据的批注转移到提单上，而根据保函签发清洁提单，保函的效力往往难以认定。

（四）按运输方式的不同划分

1．直达提单

直达提单（Direct B/L）指货物在装运港装上指定船只后，中途不经过转船直接运至目的港卸货的提单。

装直达船可节省费用、减少风险并及早到货。因为各转运港情况不同，货物在装卸中很容易出现货损货差，而且转船会延长货物在途时间，给货方带来更大的风险。若收货人不愿意转船，应把这一意向在合同、信用证中表达出来。

2．转船提单

转船提单（Transshipment B/L）指在起运港装载的货物不能直接运往目的港，需要在中途换装其他船舶转运至目的港的情况下，由承运人签发的提单。

转船提单多为支线港口采用。由于转船往往会增加费用、风险，且货物在中转港停留的时间不易掌控，货方对于运输时间较难掌握。

3．联运提单

联运提单（Through B/L or Combined transport B/L）又称多式联运提单，在美国称“Intermodal transport B/L”，其他地区也有称“Multimodal transport B/L”，指经过海运和其他运输方式联合运输协同完成时签发的提单。联运提单的签发人可以是承担海运区段运输任务的船公司，也可以是不经营船舶运输的多式联运经营人或无船承运人。

联运提单通常用于集装箱运输。多式联运涉及各种不同的运输工具，经营这些运输工具的承运人的责任和赔偿责任限额受制于相关的国际公约和有关国家的国内法。

（五）按照提单内容、条款的繁简划分

1．全式提单

全式提单（Long form B/L）指列有承运人和货方的权利、义务等详细条款的提单，又称繁式提单。全式提单既有正面记载的事项，又有背面详尽的条款，在国际贸易业务中应用广泛。

2．简式提单

简式提单（Short form B/L）是指只有正面必要的记载项目而没有背面条款的提单。简式提单与全式提单具有相同的法律效力，除非信用证另有规定，银行一般都接受这种提单予以结汇。

简式提单多用于租船运输业务，如果在班轮运输的条件下签发的简式提单，大多注明“本提单货物的接受、保管、运输和运费等事项，均按本公司全式提单的正面、背面的铅印、手写、印章和打字等书面的条款和例外条款办理，该全式提单存本公司及其分支机构或代理处，可供托运人随时查阅”等字样。

（六）按船舶营运方式划分

1．班轮提单

班轮提单（Liner B/L）指班轮运输的情况下，承运人或其代理人签发的提单。

2．租船提单

租船提单（Charter party B/L）指租船运输中，作为承运人的船东、船长或定期租船人根据租船合同签发的提单。租船提单通常注明受租船合同约束的条款，如“一切条款、条件和免责事项按照×年×月的租船合同”（All terms and conditions as per charter party dated ××）。

银行或买方接受租船提单时，往往还要了解租船合同的内容，才能确定双方的权利、义务。如果提单规定的承运人责任大于租船合同所规定的责任，在承租人和船东之间以租船合同为准，若提单已转入第三者手中，则提单所有人与承运人之间，应以提单条款为准。

（七）按签发提单的时间划分

1．倒签提单

倒签提单（Anti-dated B/L）指货物装船完毕后，承运人应托运人的要求，以早于该票货物实际装船完毕的日期作为提单签发日期的提单。

倒签提单通常是为了满足贸易合同、信用证关于装运期的规定。现实中，有时由于种种原因货物未能在合同或信用证规定的装船期内装运，修改信用证来不及或是不方便，为结汇的需要，托运人可能会要求承运人倒签提单，以使装船日期符合装运期限。

承运人签发倒签提单所承担的风险很大，特别是当市场上货价下跌时，收货人可以此为借口拒绝收货，并向法院起诉要求赔偿。同时，凭保函倒签提单的做法带有与托运人合谋欺骗收货人的性质，虽然托运人会出具保函，声明倒签提单出于托运人的请求，所造成的一切后果均由托运人承担，与船方无关，但由于保函涉及欺诈，法院一般对保函不会承认，承运人也就无法根据保函免除自身的赔偿责任。

2．预借提单

预借提单（Advanced B/L）是指货物尚未装船或装船完毕前，出口人为及时结汇要求承运人先行签发的已装船提单，相当于从承运人处借用的提单。

预借提单也是为了满足贸易合同、信用证关于装运期的要求。在信用证或买卖合同规定的装运期或信用证有效期到来之时，托运人未能及时备妥货物或者因为船期延误货物未能装船完毕，为及时结汇的需要，向承运人预先借用提单。

和倒签提单相比，预借提单的风险性更大，一方面是因为货物尚未装船或未装船完毕，货物能否安全装船、是否能全部装船、将在什么时间装船都不得而知，如果此时提单已签出，收货人就很容易掌握预借提单的事实；另一方面，货物尚未装船，未经大副检验而签发清洁提单，有可能增加承运人的货损赔偿责任，况且，不少国家规定在预借提单的情况下，承运人不仅要承担货损赔偿责任，还会丧失享受责任限制和援用免责条款的权利。

（八）按提单签发人的不同划分

1. 船东提单

船东提单（Master B/L）指经营船舶业务的船公司签发的提单。在集装箱拼箱业务中，船东提单通常签发给无船承运人或货运代理人，此时船公司为实际承运人。

2. 运输代理行提单

运输代理行提单（House B/L）指由不经营船舶的运输代理人签发的提单。在航运实践中，为了节省费用、简化手续，拓展经营范围，运输代理行作为契约承运人将不同托运人发运的零星货物集中在一起，运输代理人向各托运人签发运输代理人（行）提单，再统一向实际承运人托运。相对于托运人，运输代理人是承运人；相对于实际承运人，运输代理人是托运人。此种方式盛行于集装箱拼箱货运输，其提单的使用也在扩展。

（九）其他种类的提单

1. 舱面货提单

舱面货提单（On deck B/L）又称甲板货提单，指承运人签发的货物装在甲板上的提单，且提单上注明“装于舱面”（On Deck）字样。

货物装在甲板上，除易受日晒雨淋影响外，还可能因海上风浪过大被冲入海中，遭受灭失或损坏的可能性很大。因此，除承运人与托运人协商同意装于舱面和商业习惯允许装于舱面的货物（如原木），承运人不得将其他任何货物积载于舱面。否则，货物一旦遭受灭失和损坏，承运人不但将承担赔偿责任，还将失去享受赔偿责任限制的权利。

2. 交换提单

交换提单（Switch B/L）是应托运人的要求，承运人在某一中途港或装运港，凭起运港签发的提单另换发一套以该中途港或转运港为起运港的提单。提单上通常注明“在中途港收回本提单，另换发以该中途港为起运港的提单”或“Switch B/L”字样的提单。

当贸易合同规定以某一特定港口为装货港，而作为托运人的卖方因备货原因，不得不在这一特定港口以外的其他港口装货时，为了符合贸易合同和信用证关于装货港的要求，常采用这种变通的办法，要求承运人签发这种交换提单。

交换提单还用于货物转卖的情况，贸易中间商从供货商取得提单后，向承运人换取以中途港或转运港为起运港的提单，换单的实质就是贸易中间商为切断实际供货商和购买商的联系而采取的措施。

3. 电子提单

电子提单（Electronic B/L）是指通过电子数据交换系统（Electronic Data Interchange，EDI）传递的有关海上货物运输合同的数据。电子提单不同于传统提单，它是无纸单证，即按照一定规则组合而成的电子数据。各有关当事人凭密码通过 EDI 进行电子提单相关数据的流转，既解决了因传统提单晚于船舶到达目的港，不便于收货人提取货物的问题，又具有一定的交易安全性，因而有着广阔的应用前景。但电子提单的普及需要有较先进的技术支持、较完备的法律规定，目前电子提单的使用尚未普及。

四、提单的业务

提单的签发是承运人的重要业务内容，而提单的转让关系到托运人、受货人、发货人、收货人、提单持有人和货物所有人的切身利益。

（一）提单的签发

提单是海上货物运输的重要单证，它的正确与否，直接关系到承运人的经济利益，还影响到船公司的信誉。提单必须经过签署才能生效，它通常在装船后根据大副签署的收货单签发。

提单的签发要解决好它的签发人、签发时间、批注、正副本的件数以及运费的收取等问题。

1. 提单的签发人

有权签发提单的人是船长、承运人本人或其代理人，提单应表明承运人名称。承运人或代理人签字，必须表明“承运人”或“代理人”的身份，特别需要注意的是代理人代表承运人或船长签字或证实时，必须表明所代表的委托人的名称和身份，即注明代理人是代表承运人或船长签字或证实的。

根据我国《海商法》，承运人指本人或者委托他人以本人名义与托运人订立海上货物运输合同的人。定期租船的承租人在租期内作为船舶经营人承运托运人的货物，成为运输合同当事人的一方，与船东一样有权签署提单。

船长是承运人的法定代理人，不必经过承运人的授权就有权签发提单。在海上运输实务中，经常由承运人的代理人签发提单，但必须经承运人的委托授权。船长或经授权的代理人签发的提单与承运人本人签发的提单具有同样的法律效力。

2. 提单的签发时间与装船时间

提单的签发时间通常与提单上所述货物的装船完毕的时间一致。提单的签发人在提单的装船日期和签发时间填上货物装船完毕的日期，然后签名盖章。

签发提单的时间至关重要，倒签提单、预借提单等都与这个时间有着密切的关系，提单签发人应根据货物实际装船日期签发提单。否则，就有可能构成对第三者的欺诈行为，引发收货人拒绝提货，提出索赔，扩大承运人的责任。

3. 提单的份数

提单有正本和副本之分。承运人在签发提单时，一般签发若干份正本提单，并将所签发正本提单的份数记载于提单的正面，并通常注明“ORIGINAL”的字样。一般承运人签发三份正本提单，各份都具有同等效力，但只要其中的一份正本提单用于提货后，其他各份自动失效。

副本提单不具有法律效力，只供各方存查或内部使用等日常业务，一般副本提单上会出现“COPY”或者“NON-NEGOTIABLE”的字样。

4. 提单的签发地点

提单通常在装运港签发，也可以在卸货港或其他地点签发，签发地点的不同不影响提单的效力。

（二）提单的转让

指示提单通过背书可以转让。所谓背书是指提单持有人在转让提单时，在提单背面书写文句并签名盖章的手续。其中做出背书行为的原提单持有人称为背书人；提单受让人称为被背书人。

提单的背书根据其书写文句的内容不同可分为完全背书（又称记名背书，Special Endorsement）和空白背书（又称不记名背书，Endorsement in Blank）。在提单背面背书时写明转让人名称或受让人名称的，称记名背书；未写明受让人名称的，称空白背书。

若承运人签发的是指示提单，只要经过背书都可以转让。如果所签发的提单是空白抬头或托运人指示提单，即收货人一栏上填写凭指示（TO ORDER）或凭托运人指示（TO SHIPPER'S ORDER 或 TO ORDER OF SHIPPER）时，则应以托运人为第一背书人；如果是记名指示提单，即填写记名指示（TO ×××'S ORDER 或 TO ORDER OF ×××）时，则第一背书人应是提单中指名的指示人“×××”。

采用完全背书的形式时，必须连续背书，才能连续转让。而采用空白背书形式时，则不需要连续背书即可转让。在信用证业务中见得最多的是“空白抬头、空白背书”的提单。

（三）凭保函签发清洁提单

凭保函签发清洁提单是在大副已将货物的外表状况批注于收货单的情况下，托运人为了不影响贸易或结汇，向承运人提交一份以承担因签发清洁提单而发生的一切责任为内容的保函，要求承运人在签发提单时，不将收货单上的大副批注转移到提单上，而使托运人取得清洁提单的变通做法。

凭保函签发清洁提单是商业习惯允许的变通做法。商业习惯允许凭保函签发清洁提单的原因，不仅在于使托运人能以清洁提单顺利地结汇的需要，而且也是为了使货运程序能顺利进行的需要。实践证明，为了估计损失不会很大的有关货物的外表状况和数量的争议，影响货运程序的正常进行，而由托运人出具保函承担可能发生的责任，将争议留待日后解决的做法是可行的。

但是，根据保函签发清洁提单，毕竟违反单证的表示不得虚假的原则。承运人根据保函签发清洁提单，难免不被认为是与托运人共谋的欺诈行为。而且在许多国家根据法律，都有使保函无效的危险。所以，接受保函签发清洁提单，对承运人是有一定风险的。因此，承运人对托运人提出的凭保函签发清洁提单的要求须特别审慎。

凭保函签发清洁提单，一般有两种情况：第一种情况是当托运人与承运人之间就货物的数量、重量或包装问题上存在分歧时，如承运人怀疑托运人提供的情况有问题，但又没有合适的方法加以检查，或者承运人认为货物的包装不适合长途运输，而托运人这时已不可能另换包装，承运人会要求托运人出具保函，以保护承运人的利益，否则承运人就在提单上记入不利于托运人的批注。第二种情况是托运人为了某种目的，要求承运人在提单上记入与实际货物情况不一致的内容，承运人为了保护自己的利益而要求托运人出具保函。

对于第一种情况下的保函，各国法律一般都采取认可的态度。这是一种为了使货物及时出运的变通做法，对收货人不存在隐瞒事实的问题。而对于第二种情况的保函，在法律上是无效的。因为这种保函的实际意义在于共同欺骗无辜的第三者。汉堡规则第十七条规定，保函是承运人与托运人之间的协议，不得对抗第三方；承运人与托运人之间的保函，只是在无欺骗第三方意图时才有效；如发现有意欺骗第三方，则承运人在赔偿第三方时不得享受责任限制，且保函也无效。

五、有关提单的国际公约

提单的签发地或起运港和目的港又常分处不同的国家，提单的利害关系人常分属于不同的国籍，提单又是由各船公司根据本国有关提单的法规自行制定的，其格式、内容和词句并不完全相同，一旦发生争议或涉诉，就会产生提单的法律效力和适用法规的问题。若承运人应负什么责任的问题不解决，将严重动摇提单的信用地位。因此，统一各国有关提单的法规，一直是海运界努力追求的目标。

（一）订立国际公约的历史背景

最初，提单只是货物装船的收据，既没有关于提单记载事项及其法律效力的规定，也没有有关承运人责任的条款。关于承运人的责任，只按照当时英、美等国的普通法（Common Law）中的一些默示规定的原则来处理，即承运人应默示保证：①签订合同时应保证船舶适航；②保证船舶合理速遣（reasonable despatch）；③保证船舶不发生不合理的绕航。

但是，到了18世纪，因货损和赔偿日益增多，为了保护自己，承运人根据合同自由原则，开始在提单上加入免责条款。19世纪末，承运人纷纷借助自身优越的谈判地位，在提单上加入各种免责条款，甚至出现了承运人除了收取运费外不需对所运货物承担任何责任的情形。在这种情况下，货方所运送货物的安全根本得不到保障，提单的信用也无从谈起，这不但引起货主的强烈不满，也与提单可作为流通凭证，在贸易中自由转让的特性也不相适应。于是出现了限制承运人在提单上任意增加免责条款，使提单规范化的要求。

1893年，美国制定并通过了《哈特法》，规定：①在美国国内港口间，或美国港口与外国港口之间承运货物的船东在提单上加注条款，表明可以使他免除对装船、积载、保管、照料货物的疏忽所负责任的条款均属非法，所订条款也属无效；②在提单上加注的任何减少、减轻或避免船东在谨慎处理使船舶适航方面所负责任的条款，均属无效；③如果船东尽到谨慎处理使船舶适航和配备适当船员、装备和供应船舶的责任，那么对在驾驶或管理船舶中的过失所导致的货物灭失或损坏，船东或他的代理人无须负责；④因天灾、海上救助等方面的原因所引起的货物灭失或损坏，船东或他的代理人也无须负责；⑤船东或船长或代理人有义务签发提单，并注明货物的主要标志、包数或件数或数量或重量，以及外表状况，而这个提单应作为收到提单上所载明货物的初步证据。从而确定了承运人应承担的最低限度的责任，并明确了提单的法定记载事项及其证据效力。

《哈特法》的成功，使澳大利亚、新西兰、加拿大等英联邦国家纷纷效仿，认可《哈特法》的法理精神。对此，作为宗主国家的英国感到非常被动，同时作为一个拥有世界大部分船舶的国家，从一国利益出发会考虑到限定船东应负责任，无疑会增加经营成本，势必使英国船东的对外竞争能力下降，而其他未有立法规定船东责任的国家（主要是希腊、荷兰、法国等）的船东占尽便宜。英国的态度是：要么不立法，要么就订立国际法，使得大家（当然主要针对竞争对手）都遵守。这就产生了《海牙规则》。

（二）《海牙规则》

1921年在海牙举行的国际法协会的会议上，由有关各方组成的代表团草拟并通过了规则的主体，即1921年的《海牙规则》（Hague Rules）。1923年10月，又在布鲁塞尔对这个规则继续作了一些修改，完成了海牙规则的制定工作。随后，1923年11月英国帝国经济会议通过决议，一方面建议各成员国政府和议会采纳这个修订后的规则，使之国内法化；另一方面率先通过国内立法，使之国内法化，由此产生了1924年英国海上货物运输法（COGSA，1924）。这个法律在1924年8月获英皇批准。稍后，1924年8月25日，各国政府的代表也在布鲁塞尔通过了简称为《海牙规则》的《1924年统一提单若干法律规定的国际公约》。

欧美许多国家都加入了这个公约。有的国家还通过国内立法使之国内法化；有的国家则根据这一公约的基本精神，另行制定相应的国内法；还有些国家虽然没有加入这一公约，但他们的一些船公司的提单条款也采用了这一公约的精神。所以，这一公约是海上货物运输中有关提单的最重要的和目前仍普遍被采用的国际公约。1936年，美国政府也以这一公约作为国内立法的基础制定了1936年美国《海上货物运输法》，并在很大程度上使之取代了原有的《哈特法》。

《海牙规则》的全称是《统一提单的若干法律规定的国际公约》（International Convention for the Unification of Certain Rules of Law Relating to Bills of Lading）。全文共有16条，其中第1条至第10条是实质性条款，主要内容包括承运人的责任、免责、赔偿责任限制、诉讼时效及公约适用的强制性等。

《海牙规则》生效以来，得到航运业界的普遍采用。虽然它在使有关提单的法律得以统一，对促进国际贸易、发展国际航运等方面起到了积极的作用。但在几十年的实践中，特别是第三世界国家在国际政治、经济社会中占有越来越重要的地位之后，人们越来越多地发现它存在着许多问题，需要进行修订。

（三）《维斯比规则》（Visby Rules）和《汉堡规则》（Hamburg Rules）

修订《海牙规则》的工作是从20世纪60年代开始的。当时，在第三世界国家的强烈要求和反复斗争下，虽然修改《海牙规则》的要求已为航运发达国家所接受，但对于应如何修改，却存在着两种不同的意见：

一种意见是以广大第三世界国家为代表，他们从货主的地位出发，认为《海牙规则》过多地维护了承运人的利益，危害了第三世界国家的贸易和航运的发展，修改《海牙规则》也应从改变旧的经济体系、建立新的世界经济秩序的原则基础上进行，因而主张彻底修改《海牙规则》，取消不合理、不明确的条款，使货主和承运人能够真正公平地重新分配双方在海上运输中应承担的风险，建立国际航运新秩序，以利于促进第三世界国家的贸易和航运的发展。《汉堡规则》就是以这种思想为主导，在第三世界国家反复斗争下经过各国代表多次磋商，并在某些方面作出妥协后获得通过的。

另一种意见是以北欧国家和英国等航运发达国家为代表，认为虽然有关提单法律的修订不能墨守成规，但如果不顾现实情况，急于求成，也不易为各方所接受。更何况，不顾现实的修订，有可能冲击已经形成的国际航运习惯和现行的各种航运制度，反而会造成新的混乱。因而，他们主张折中各方面的意见，只对《海牙规则》中明显不合理或不明确的条款作局部的修订和补充。《维斯比规则》就是以这种意见为基础获得通过的。

《维斯比规则》于1968年2月23日在比利时的布鲁塞尔召开的外交会议上通过，定名为《关于修订统一提单若干法律规定的国际公约的议定书》（Protocol to Amend the International Convention for the Unification of Certain Rules of Law Relating to Bills of Lading），简称为《1968

年布鲁塞尔议定书》。在这次会议期间，与会代表前往参观过曾是15世纪有名的海法《维斯比海法》编纂地的维斯比城。所以，这个议定书也就又被称为《维斯比规则》。由于议定书对《海牙规则》没有进行根本性的修改，只是对《海牙规则》中明显不合理或不明确的条款作了修订、补充，仍保持原有的承运人责任制度。因此，议定书又常被称为“海牙维斯比规则”。《维斯比规则》已于1977年6月生效。目前已有英、法、丹麦、挪威、新加坡、瑞典等多个国家和地区参加了这一公约。在此之前，英国还以这一公约作为国内立法的基础，制定了1971年《海上货物运输法》，并已生效。

1976年5月，联合国国际贸易法律委员会草拟了《联合国海上货物运输公约草案》。联合国于1978年3月6日至31日在汉堡召开的联合国海上货物运输外交会议对该“草案”进行审议。有78个国家派出了代表出席这次会议，经与会代表对“草案”逐条进行认真的审议后获得通过，正式定名为《1978年联合国海上货物运输公约》(United Nations Convention on the Carriage of Goods by Sea，1978)。由于这次会议是在汉堡召开的，所以这个公约又称为《汉堡规则》。

《汉堡规则》对《海牙—维斯比规则》进行了全面、实质的修改，大大加重了承运人的责任。虽然《汉堡规则》于1992年11月生效，但世界上主要的航运国家都没有加入，因此《汉堡规则》目前在世界上的影响还不是很大。

（四）《海牙规则》、《维斯比规则》、《汉堡规则》的条款比较

从《海牙规则》到《汉堡规则》，有关提单的国际公约在内容上发生了质的变化，对当事各方利益的保护更加合理，也适应了不断发展的航运技术的要求。下面从几个主要方面对这三个国际公约进行比较：

1．公约适用范围比较

(1)《海牙规则》、《维斯比规则》只适用于缔约国所签发的提单。

(2)《汉堡规则》不仅规定公约适用于两个不同缔约国间的所有海上运输合同，而且规定了：①被告所在地；②提单签发地；③装货港；④卸货港；⑤运输合同指定地点，五个地点之中任何一个在缔约国的都可以适用《汉堡规则》。

2．承运人的责任基础比较

(1)《海牙规则》、《维斯比规则》对承运人的责任基础采用了“不完全过失责任制”。“不完全过失责任制”是相对于“过失责任制（有过失即负责，无过失即不负责）”而言的。具体来说，《海牙规则》规定，船长、船员、引航员或承运人的雇佣人员在驾驶或管理船舶上的行为、疏忽或不履行契约可以免责，虽然有过失也无须负责。《海牙规则》采取的“不完全过失责任制”是由当时的历史背景下，船东的强大势力和航运技术条件的限制等条件决定的。

(2)《汉堡规则》对承运人的责任基础改为“推定的完全过失责任制”，从而大大加重了承运人的责任。具体来说，它不仅以是否存在过失来决定承运人是否负责，而且规定举证责任也要由承运人承担，即第5条规定的“除非承运人证明他本人、其受雇人或代理人为避免该事故发生及其后果已采取了一切所能合理要求的措施，否则承运人应对货物灭失或损坏或延迟交货所造成的损失负赔偿责任……”。

3．承运人的责任期间比较

(1)《海牙规则》、《维斯比规则》规定承运人的责任期间是“……自货物装上船舶开始至卸离船舶为止的一段时间……”，即有名的“钩至钩”（from tackle to tackle）原则。

（2）《汉堡规则》则将承运人的责任期间扩大为承运人或其代理人从托运人或托运人的代理人手中接管货物时起，至承运人将货物交付收货人或收货人的代理人时止，包括装货港、运输途中、卸货港、集装箱堆场或集装箱货运站在内的承运人掌管的全部期间，简称为“港到港”。

4．承运人的最高责任赔偿限额比较

（1）《海牙规则》规定船东或承运人对货物或与货物有关的灭失或损坏的赔偿金额不超过每件或每单位100英镑或相当于100英镑的等值货币。

（2）《维斯比规则》将最高赔偿金额提高为每件或每单位10 000金法郎或按灭失或受损货物毛重计算，每千克30金法郎，两者以较高金额的为准。同时明确一个金法郎是一个含有66.5毫克黄金、纯度为千分之九百的单位。

（3）《汉堡规则》再次将承运人的最高赔偿责任增加至每件或每货运单位835特别提款权（Special Drawing Rights，SDRs或称记账单位）或每千克2.5特别提款权，两者以金额高的为准。

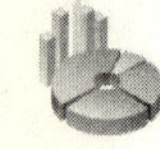

可见，从《海牙规则》到《汉堡规则》依次提高了对每单位货物的最高赔偿金额。

5．对承运人延迟交货责任的规定比较

（1）《维斯比规则》对延迟交货未作任何规定。

（2）《汉堡规则》则在第2条规定：“如果货物未能在明确议定的时间内，或虽无此项议定，但考虑到实际情况对一个勤勉的承运人所能合理要求的时间内，未能在海上运输合同所规定的卸货港交货，即为延迟交付”，承运人要对延迟交付承担赔偿责任。赔偿范围包括：①行市损失；②利息损失；③停工、停产损失。赔偿金额最多为延迟交付货物所应支付运费的2.5倍，且不应超过合同运费的总额。

6．诉讼时效比较

（1）《海牙规则》的诉讼时效为一年。

（2）《维斯比规则》规定诉讼时效经当事各方同意可以延长，并且在“……一年期满之后，只要是在受诉讼法院的法律准许期间之内，便可向第三方提起索赔诉讼……”，但时间必须在三个月以内。

（3）《汉堡规则》一方面直接将诉讼时效延长至两年，另一方面仍旧保留了《维斯比规则》90天追索诉讼时效的规定。

（五）《中华人民共和国海商法》简介

《中华人民共和国海商法》于1993年7月1日正式生效。这是我国第一部在海上运输和船舶方面的专门立法。我国制定的《海商法》，既包括海上货物运输、旅客运输的内容，又包括对海上运输管理、船舶经营、建造、抵押、买卖、海上碰撞、海上救助等多方面的规定。它从我国国情出发，以我国40多年来海上运输和经贸实践为基础，并充分考虑到国际海运立法中追求统一的趋势，广泛吸收了目前国际通行的国际公约和惯例的规定，是一部比较成熟的立法。

《海商法》中有关提单的部分主要遵循了《维斯比规则》的精神，并吸收了《汉堡规则》

中的合理部分，从世界范围来看也是一个创新。《海商法》中关于承运人适航责任，妥善和谨慎管理货物的责任，不做不合理绕航责任以及承运人免责，责任限制的规定与《维斯比规则》相一致；承运人责任期间，活动物和甲板货运输、货物迟延交付等事项则参照了《汉堡规则》。

六、提单的正面内容与缮制

各大航运公司都有自己的提单格式，但这些提单格式大同小异，提单正面记载有关货物和货物运输的事项，提单背面列出运输合同的详细条款。提单正面记载事项既有法定必须记载的，也有满足运输业务需要而记载的，通常贸易合同和信用证对此有规定。提单常见的项目主要有：

（1）承运人（Carrier）：通常印制于提单右上方，或在右下方标注。

（2）提单号（B/L No.）：提单上必须注明承运人或其代理人指定的编号，一般列在提单右上角，通常与装货单和收货单所用号码相一致。提单号是查询、报检、报关、跟踪货物、收运杂费、归档等环节中不可缺少的一项重要内容。

（3）托运人（Shipper）：一般是合同的卖方，托收或汇付项下一般填写卖方名称和地址。

若通过信用证支付，信用证的受益人通常是提单的发货人，在此栏填写受益人的名称和地址。若信用证规定发货人是受益人以外的第三者，此栏填写此第三者名称和地址，这种提单成为第三方提单（Third Party B/L）或中性提单（Neutral B/L）。

（4）收货人（Consignee）：收货人即提单的抬头，是提单的重要项目。此栏应严格按合同或信用证的有关规定填写。

提单的抬头有记名抬头、不记名抬头和指示抬头三种缮制方法：

1）记名抬头提单。如信用证规定："FULL SET OF CLEAN ON BOARD B/L CONSIGNED TO ABC CO., LTD.)…"。则在收货栏内直接填写成"ABC CO., LTD."。这种提单不得流通转让。

2）不记名抬头提单。如信用证规定："FULL SET OF CLEAN ON BOARD B/L CONSIGNED TO THE BEARER…"。则在收货栏填写"TO THE BEARER"。

3）指示性抬头提单。如信用证规定："FULL SET OF CLEAN ON BOARD B/L MADE OUT TO ORDER…"。则在收货人栏内填写"TO ORDER"；或信用证规定"FULL SET OF CLEAN ON BOARD B/L MADE OUT TO ORDER OF XXX…"，则在收货人栏内填写"TO ORDER OF XXX"。托收或汇付方式一般在此栏填写"TO ORDER"或"TO ORDER OF SHIPPER"等字样。

（5）被通知人（Notify Party）：此栏是货物到达目的港承运人发送到货通知的对象。具体的填写方法有：

1）如是记名提单，收货人一栏已有详细地址，此栏可不填或填"SAME AS CONSIGNEE"。

2）如指示提单，则填写被通知人名称和详细地址，否则承运人无法与收货人联系。

3）在信用证项下的提单，当信用证对提单被通知人有具体规定时，必须严格按信用证规定填写。如信用证规定："FULL SET OF CLEAN ON BOARD B/L MADE OUT TO ORDER NOTIFY THE APPLICANT…"。则应将开证申请人的名称和详细地址填入本栏。

4）如果信用证中没有规定被通知人，正本提单被通知人一栏可留空不填（如承运人要求，可填开证申请人名称及地址，银行会接受但不进行审核），但副本提单要注明开证申请人（Applicant）的名称及详细地址，否则承运人无法发送到货通知。

（6）前程运输（Per-carriage by）：如货物需转运，填写第一程船的船名；若货物不需转运，则此栏留空。

（7）接货地（Place of Receipt）：如货物需转运，填写收货的港口名称和地点；如货物不需转运，则此栏留空。

（8）船名及航次(Vessel/Voyage No.)：填实际装运的船名和航次号。如货物需转运，填写货物所装第二程的船名和航次；若货物不需转运，填写货物所装第一程船名和航次。

（9）装货港（Port of Loading）：按信用证规定填写实际的装运港口名称，如信用证无规定具体港口，笼统规定装运港为“中国港口”（CHINESE PORT），制单时要填入实际的装船港口，且装运港后加注“CHINA”字样，如“BEIHAI，CHINA”。如果信用证列出几个选择港口，制单时不得照抄，而应填入实际的装船港口。若货物需转运，填写货物中转港的名称。

（10）卸货港(Port of Discharge)：填写货物实际卸下的港口名称。卸货港应具体化，如是同名港口须加注国别或地区。如信用证规定卸货港为“欧洲港口”（EUROPEAN PORT）时，应填写具体的卸货港名称。

（11）交货地点（Place of Delivery）：填写最终目的地名称，如最终目的地就是卸货港，则此栏留空。

（12）集装箱号、铅封号与唛头（Container No. / Seal No. , Marks and Nos.）：按实际情况填写集装箱号、铅封号与唛头。唛头应与发票等单据相同栏目一致，散装货则写上“N/M”。提单上必须填报每一个集装箱的箱号、铅封号。

（13）货物包装及件数（Number and Kind of Packages）：填写实际装运的包装数量和包装单位，如“1000 CARTONS”，同时在大写合计栏内填写英文单词表示的总件数“SAY ONE THOUSAND CARTONS ONLY”。如货物包括两种以上不同包装单位，应分别填列不同的包装单位的数量，再表示总合计数。

散装货物件数栏只填“IN BULK”，大写合计栏填总重量“SAY SIX THOUSAND METRIC TONS ONLY”。

（14）货物的描述（Description of Goods）：一般只填写货物的名称，货名应符合信用证规定，并与其他的单据一致。根据《UCP600》第 14 条 e 款规定，提单中的货物描述可以使用与信用证中的描述不矛盾的概括性用语。

应注意的是，货物描述使用统称或概括性用语，不能理解为使用商品的集合名称，如“GARMENTS”（服装），“FOOTWARE”（鞋类）等。

（15）毛重（Gross Weight）：填写总毛重。毛重一般用公斤（KGS）作为计量单位，按四舍五入处理，通常保留两位小数。

当货物没有毛重只有净重时，如果裸装货物，则在净重前填写 “NET WEIGHT”,不得留空。

（16）尺码（Measurement）：填写总体积，体积一般用立方米（m^3）为计量单位，通常保留三位小数，按体积计算时，一定要填写体积，按重量计算时，可以留空。

（17）运费支付（Freight and Charges）。填写运费支付情况，应参照贸易合同中的价格术语，如 CIF、CFR 条件下，应填写“运费已付”（FREIGHT PAID）或“运费预付”（FREIGHT PREPAID）；FOB 条件下，填写“运费到付”（FREIGHT COLLECT/FREIGHT PAYABLE AT

DESTINATION)。

（18）正本提单的份数（Number of Original Bs/L）：信用证项下提单正本份数一定要按信用证规定的份数出具，并用英文单词（大写）填写，如“ONE”、“TWO”、“THREE”。

（19）提单签发的地点及日期（Place and Date of Issue）：指承运人或其代理签发提单的地点与时间。

1）每张提单必须有签发日期。其日期一般为货物装船完毕的日期。

2）提单签发地点一般与装运港一致，如不一致，银行也可以接受。

（20）承运人签字（Signed for the Carrier）：提单须注明承运人名称，并由承运人或其具名代理人、船长或其具代理人签字。根据《UCP600》第 20 条的规定，提单在签署的同时还需注明签署人的身份，如“AS CARRIER”（作为承运人）；如果签署人是代理人身份，还需注明其是承运人还是船长的代理，“AS AGENT FOR AND ON BEHALF OF THE CARRIER：×××”（作为承运人×××的代理）。

此外，还有一些以手写、印章形式记载的事项，以满足承运人在业务上的需要，或为了区分承运人与托运人之间的责任，或为了减轻或免除承运人的责任而加注的内容。其中，属于承运人因业务需要而记载于提单正面的事项，如船长姓名，运费支付的时间、地点、汇率，提单编号等；属于区分承运人与托运人之间的责任而记载的事项，如关于数量争议的批注；属于为减轻或免除承运人的责任而加注的内容，如为了扩大或强调提单上已印妥的免责条款，对于一些易于受损的特种货物，承运人在提单上加盖的以对此种损害免除责任为内容的印章等。

同时，有些提单还以印刷条款的形式，将以承运人免责和托运人作出的承诺为内容的条款列记于提单的正面，通常增列以下条款：

“外表状况良好的货物已装在上述船舶”（Shipped in board the vessel named above in apparent good order and condition）。

“重量、尺码、标志、件数、品质、内容和价值是托运人所提供的，承运人在装船时并未核对。”（The weight, measure, marks, numbers, quality, contents and value, being particulars furnished by the Shipper, are not checked by the Carrier on loading）。

“托运人、收货人和本提单的持有人兹明白表示接受并同意本提单和它背面所载的一切印刷、书写或打印的规定、免责事项和条件。”（The Shipper, Consignee and the Holder of this Bill of Lading hereby expressly accept and agree to all printed, written or stamped provisions, exceptions and conditions of this Bill of Lading, including those on the back hereof）。

“为证明以上各节，承运人或其代理人已签署本提单，其中一份经完成提货手续后，其余各份失效。”（In witness whereof, the Carrier or his Agents has signed Bills of Lading all of this tenor and date, one of which being accomplished, the others to stand void）。

七、提单的背面条款

提单的背面印有各种条款，主要规定了承运人和货方之间的权利、义务和责任豁免。这些条款一般分为两类：一类属于强制性条款，其内容不能违反有关国家的海商法规、国际公约的规定，违反或不符合这些规定的条款是无效的。中国海商法第四章“海上货物运输合同”的第 44 条就规定“海上货物运输合同和作为合同凭证的提单或者其他运输单证中的条款，违反本章规定的，无效”。海牙规则第 3 条第 8 款也作了关于“运输契约中的任何条款、约定或协议，凡是解除承运人或船舶由于疏忽、过失或未履行本条规定的责任与义务，因而引起货物或与货物有关的灭失或损害，或以本规则规定以外的方式减轻这种责任的，都应作废并无效”的规定。不过，不论是《海牙规则》或各国有关提单的法规，都未对承运人扩大责任或放弃某些免责的条款加以限制。

除强制性条款外，列记于提单背面的另一类条款，则属于任意性条款。即上述法规、公约没有明确规定，允许承运人自拟的条款和承运人以印刷、刻制印章或打字、手写的形式在提单背面的印刷条款之外，加列的适用于某些特定港口或特种货物运输的条款，或托运人要求加列的条款。所有这些条款都是表明承运人与托运人、收货人、受货人或提单持有人之间承运货物的权利、义务、责任与免责的条款，是解决他们之间争议的依据。

现结合我国海商法和有关提单的国际公约中的规定，就提单的主要背面条款分述如下：

（一）首要条款

首要条款（Paramount Clause）主要规定提单所适用的法律受何种国际公约、法规的约束，说明提单内有关运输事项的解释权。首要条款是承运人按照自己意愿，规定提单所适用的法律，即规定该提单以什么法律为准，发生纠纷时根据哪一国法律解决争议。一般而言，航运公司都会在提单中明确规定以公司所在国的法律为准或者规定所适用的国际公约，以避免面对自己所不熟悉的异国法律，保护自身切身利益。

（二）定义条款

定义条款（Definition）对提单中所使用的关键词语如“货方”作出明确规定的条款，包括“提货人”“收货人”“提单持有人”“货物所有人”等。

如果只将托运人看作运输合同当事人的一方，就会出现收货人或第三方不是合同当事人，无权向承运人索赔的问题。为了解决这一矛盾，英国 1855 年提单法第一条规定，当提单经过背书转让给被背书人或收货人后，被背书人或收货人就应取代作为背书人的托运人的法律地位，而成为合同当事人的一方。我国海商法第 78 条规定：承运人同收货人、提单持有人之间的权利、义务关系，依据提单的规定确定。据此，各船公司都在提单中将“货方”列为定义条款，以补充国际公约关于合同当事人的规定的不足。

（三）承运人的责任

《海牙规则》确认的承运人的责任（Carrier’s Responsibilities）被各国广为接受，是带有强制性的规定，影响至今。根据《海牙规则》，承运人基本责任主要有两条：保证船舶适航的责任和管理货物的责任。

1. 保证船舶适航

承运人有义务在开航前和开航时恪尽职责使船舶适航；妥善配备船员，装备船舶，配备供应物资；使货舱、冷藏舱、冷气舱和该船其他载货处所适于并能安全收受、载运和保管货物。（The carrier shall be bound before and at the beginning of the voyage to exercise due diligence to (a) Make the ship seaworthy; (b) Properly man, equip and supply the ship; (c) Make the holds, refrigeration and cool chambers, and all other parts of the ship in which goods are carried, fit and safe for their reception, carriage and preservation. 《海牙规则》第三条第一款）

《海牙规则》关于承运人保证船舶适航的要求是有条件的，不是绝对的，这是《海牙规则》

区别于《哈特法》规定的重要特征之一，具体应理解为：

（1）适航（Sea worthiness）的内容

判断船舶是否适航的标准，并不是绝对的、划一的，而是随着货物种类、船舶特点、航线情况不同而有所不同。比如，装运粮食和装运铁矿，对船舶适航的要求就不相同；船舶航行于北大西洋和航行于我国沿海，对船体的强度和结构的要求也有很大差别。但承运人至少要在狭义的适航能力、航海能力和适货能力等三个方面，使船舶满足预定航次的要求。

1）需要船舶有狭义的适航能力，即指船体坚固、水密性好，船舶的结构、性能、船上的机器、部件能适应特定航线和特定时间所能遇到的一般风险的要求，使船舶处于安全行驶状态。这种状态要求船舶在海上航行应具有以下几种性能：①船舶浮性，就是在水面上具有浮起的性能；②船舶稳性，就是船舶因受到外力影响而倾斜，但在外力消失后，具有恢复原状的能力；③船舶抗沉性，就是船舶在破舱入水后，仍保持一定的浮性和稳性；④船舶操作性，就是船舶按驾驶员的意图保持或改变航向和航速的能力；⑤船舶快速性，就是船舶在已定主机功率下以较快速度航行的性能。同时，货物的积载也不能影响船舶的稳定、安全，否则同样可能导致船舶不适航。

2）需要船舶具有航海能力，即船员配备、船舶配备和船舶供应适当。

船员配备适当，是指船舶必须配备足够的合格船员。合格船员的含义是：①这些船员必须持有相应的职务证书，如船长持有船长证书、大副持有大副证书等；②船员除持有相应的合格证书外，还必须具有相应的知识技能和工作经验，也就是要能够胜任工作。船员只能担任职务证书指定的职务，或担任低于职务证书指定的职务。

船舶配备适当是指船舶要适当地备有航海所需要的雷达、回声探测仪、磁罗经或电罗经、通信信号灯、救生信号装置、引航员登船的绳梯等各种航行设备，及必要的文件如海图、灯塔表、航行通告等。船舶究竟应当装有哪些仪器和备有哪些文件才算适当，是一个技术性很强的问题。尽管科学技术的发展使船舶使用的各种仪器日臻完善，但法律并不要求船舶必须装有最新、最好的仪器设备。因此，即使船东没有使用最新、最好的设备，船舶仍然可以适航。例如，在20世纪60年代，船舶未装雷达，还不能说是船舶装备不适当，因为当时船舶使用雷达还处于过渡时期，但在“国际海事组织”提出的《1974年国际海上人命安全公约》修正案中有一项1984年9月1日生效的条款规定，从即日起，一切远洋商船都必须安装雷达。船舶在初次下水、试航阶段，邀请船检部门就船舶结构、性能、系统、装置、设备和材料等在安全质量方面做技术鉴定，并据以办理船舶入级，以后还要进行定期或临时检查，以使各种设备处于有效状态。

船舶供应适当是指船舶在航行中要备有适当的燃料、淡水、粮食、药品及其他供应品。燃料不足或燃料质量不合要求，都可视为不适航。在长途航行中，自然不可能将整个航程中所需的燃料一次备足，但至少要备足从起航港到下一个停靠港所需的燃料。承运人这时应在起航港安排好以后各航段燃料的补给事宜。在考虑燃油等供给时，短途可计算全程油量，长途可以以中途加油港为界分成几段计算所需的油量。在满足正常油耗的基础上还要根据本航次中的季节、风浪、燃油的质量等情况增加一个安全系数。

3）船舶一定要适货（Cargo Worthiness）。承运人应使货舱、冷藏舱、冷气舱和该船其他载货处所适于并能安全收受、载运和保管货物，就是《海牙规则》对承运人保证使船舶适货能力所提出的具体要求。如果船舶缺乏这种能力，就是不适航。

按照这个要求，承运人和船舶应根据不同货物的特性和它们对运输管理的要求，对货舱进行处理。比如，装运粮食应使货舱保持无异味、清洁、干燥、无虫鼠害；装杂货应事先做好衬垫；装重大件时，货舱内应有固定货物的设备；冷藏舱应保持无异味、清洁并使舱内温度符合冷藏货物的要求等。

（2）保证适航的时间是在开航前和开航时（before and at the beginning of the voyage）

《海牙规则》对承运人适航的义务的时间要求是在开航前和开航时。"开航前和开航时"指的不是两个时点，而是一个期间，至少指的是从开始装货到开航这一段时间。船舶应适于在港区安全浮泊、等待或进行装卸；开航时的适航主要指船舶应具有抵御该航线一般可预见的风险的要求。

开航前和开航时对承运人的要求不同，一方面是因为在不同时间船、货所承受的风险不同，另一方面也符合航运中的现实需要。因为在不影响货方利益的前提下对船舶的小修小补完全可以在货物装卸的同时完成。但在开航后则不同了，海上风险多种多样，即使在技术现代化的今天很多情况也是无法预料的，所以根本不可能要求船在航程的任何阶段都是既安全又适宜航行的，只要承运人在事故出现后能及时采取措施，尽快使船舶恢复适航状态就可以了。

（3）恪尽职责、谨慎处理（exercise due diligence）

在以前，普通法对承运人的要求是使船舶绝对适航，也就是说区别是否适航是以客观情况为标准，根本不去理睬船东是否有过失或者船东是否可以事前预见。1893 年，美国《哈特法》制定时考虑到当时的现实需要，为维护承运人的利益，将承运人的绝对适航义务放松为恪尽职责的相对适航义务，具有很大进步意义。《海牙规则》继承了《哈特法》的精神，也将承运人的适航责任限定在恪尽职责范围内，同时将承运人恪尽职责仍不能发现的潜在缺陷明确规定为承运人的免责事项。

如果承运人做到恪尽职责，即使货物受损，他也没有责任；反之，他就应对他的疏忽行为负责。

2．管理货物

承运人应当妥善而谨慎地装载、搬运、积载、运送、保管、照料和卸载所运货物。（…the carrier shall properly and carefully load, handle, stow, carry, keep, care for, and discharge the goods carried. 《海牙规则》第三条第 2 款）

在管理货物时，承运人必须做到"适当和谨慎"。"适当"和"谨慎"是两个不同的概念。"适当"是指从装货到卸货的各个作业环节中，承运人应对每一个环节建立一套良好的工作系统。比如，欧洲的一些班轮公司经常承运从北欧至远东地区的纸筒，装船时，当地气温可能很低，而航行中途要经过炎热地带。如果运输途中通风不良，常会因货舱内温度急剧变化而使纸筒表面产生大量汗湿，直接影响货运质量。在这种情况下，承运人要做到"适当"地保管和照料货物，就必须建立一整套调节温、湿度的通风和更换压舱水的作业程序，按照预先制定的图表，定时定点地进行通风和调换压舱水，以调节舱内的温、湿度，使舱内温、湿度逐渐变化，以保证货物质量。

而所谓"谨慎"，是指承运人应该采用通常合理的方法来处理货物。比如，在货物搬运、装卸过程中，使用手钩就不是通常合理的方法，如果使用了手钩，就不能算尽到"谨慎"的责任；再如，对已经发生的货损，即使承运人可以援引免责条款而不承担责任，但他如果没有采取可能的合理措施来防止损失扩大，也可以看作没有尽到"谨慎"的责任，而须对扩大损失的部分承担赔偿责任。

承运人管货责任的内容，从装货到卸货，包括以下作业环节：

（1）装载，指承运人要对货物的装船工作负责。

（2）搬运、积载，指承运人对货物在船上的放置要加以合理的注意。如果在不能承受重压的货物上堆放其他重物，或者在食品旁放置散发异味的货物，或者将只能放在舱内的货物搬至舱面等，都可视为承运人未适当和谨慎地搬运及积载货物。

（3）运送，是指从货物装船到卸船的整个运输过程中，承运人都需承担责任。至于船舶在运输途中作不合理的绕航，则无疑会视为不适当和不谨慎的运送。

（4）保管、照料，是指承运人在货物运输途中负有保管及照料货物的责任，保管主要在于防止货物失窃、遗失，照料主要在于防止货物变质、受损。

（5）卸货，承运人的卸货责任，按“钩到钩”惯例至货物卸下船舶脱离吊钩时为止。如果船舶抵达目的港后不能直接停靠码头卸货，而需将货物先卸到驳船，再由驳船运往岸边卸货，那么，只有当船上货物卸到驳船上而且驳船准备离开该船驶往码头时，承运人的卸货责任方告终止。

（四）承运人责任期间

承运人责任期间（Duration of Liability）规定承运人对货物运输承担责任的起止时间。大多提单根据《海牙规则》规定责任期间为从货物装上船舶时起到货物卸离船舶时为止。

中国《海商法》第46条中是将其分成集装箱运输和传统海上运输两种情况作出不同的规定。第一种情况是“承运人对集装箱装运的货物的责任期间，是指从装货港接收货物时起至卸货港交付货物时止，货物处于承运人掌管之下的全部期间”。第二种情况是“承运人对非集装箱装运的货物的责任期间，是指从货物装上船时起至卸下船时止，货物处于承运人掌管之下的全部期间”。这种情况的规定与《海牙规则》的规定相同。

（五）承运人的免责条款

《海牙规则》中规定了17条免责事项（Exceptions Clause），大体可归纳为四类，即因除外危险而免责、因除外责任而免责、因托运人责任而免责和因货物本身性质而免责。具体包括天灾，海难，战争，船长、船员、引水员或承运人雇佣人员驾驶或管理船舶行为免责，火灾，公敌，罢工免责等。

当所运送的货物出现灭失或损坏时，承运人可以援引这些条款要求责任豁免。这在一定程度上放宽了对承运人的要求。

（六）承运人赔偿责任限制条款

承运人赔偿责任限制条款（Limit of Liability）指已明确承运人对货物的灭失和损坏负有赔偿责任应支付赔偿金时，承运人对每件或每单位货物支付的最高赔偿金额。

有关提单的法规之所以要把承运人的赔偿责任限定在一定的水平上，一方面是为了减轻承运人的责任，避免承运人承担不堪负担的损失；另一方面也为了禁止承运人随意减轻应承担的赔偿责任。

《海牙规则》规定的赔偿责任限制为：每包或每单位不超过100英镑或与其等值的其他货币。由于英镑的贬值，显然已不合理。我国《海商法》第56条规定：承运人对货物的灭失或者损坏的赔偿限额，按照货物件数或者其他货运单位数计算，每件或者每个其他货运单位为666.67 计算单位，或者按照货物毛重计算，每公斤为 2 计算单位，以二者中赔偿限额较高的为准。

（七）特定货物条款

《海牙规则》所指的货物中不包括舱面货和活动物。《海牙规则》第六条还规定，在不违反国家政策的前提下，承运人对于任何特定货物应负的责任和义务，及所享受的权利与豁免，或他对船舶适航的责任等，可以自由订立任何协议，而且这种协议都具有完全的法律效力，即特定货物条款（Special Cargo）。

所以，在各船公司的提单中，对于诸如舱面货、活动物、危险货物和违禁品、冷藏货、木材、钢铁、散装货和重大件货物等，都订有减轻或免除责任的条款。有些提单规定舱面货、活动植物的装、运、卸均由货方承担风险，承运人对其灭失或损坏不负赔偿的责任；也有的提单仅规定承运人对舱面货和活动植物不承担风险的。

（八）共同海损

该条款规定发生共同海损（General Average）时将在什么地点、按照什么规则理算共同海损。国际上通常采用的是《约克—安特卫普理算规则》（York-Antwerp Rules）。中国的航运公司一般规定按“1975 年北京理算规则”办理。

（九）留置权条款

留置权条款（Lien Clause）规定承运人对应收未收的运费、空舱费、滞期费以及其他费用可将货物或任何单证行使留置权，并有权出售或处理货物以抵偿应收款项。如果出售货物的所得不足以抵偿应收款项和由此产生的费用，承运人还有权向货方收取差额。

（十）运费和其他费用

运费和其他费用（Freight and Other Charges）条款主要规定运费支付方式、时间、币种和计算方法。

运费支付主要有预付运费（Freight Prepaid）和到付运费（Freight to Collect）两种。预付运费一般要求托运人在货物装船之后，提单交付之前支付；到付运费则是在货物抵达目的港，承运人交付货物以前付清。无论是预付运费还是到付运费，如果船舶和货物或其中之一遭受任何灭失或损坏，运费均不予退还，也不得扣减。如果应支付给承运人的运费和 / 或其他费用未能付清，承运人还可以对货物及单证行使留置权（Lien），甚至变卖货物，以补偿自己的损失。

在师傅的帮助下，凭借对贸易合同、信用证的正确理解，赵悦了解提单的含义和流程，并缮制出以下的合格提单，见表 5-2。有关交易的合同、信用证、信用证修改书及货物装船的基础信息见项目二资料三、资料四和资料六及项目三的背景材料。

表 5-2　提单

BILL OF LADING

SHIPPER (COMPLETE NAME AND ADDRESS) GUANGXI GUIXIN TRADING CO., LTD.	BOOKING NO.	BILL OF LADING NO. FANLON2T0080
	EXPORT REFERENCES	
CONSIGNEE (COMPLETE NAME AND ADDRESS) TO ORDER	FORWARDING AGENT/F M C NO.	
	POINT AND COUNTRY OF ORIGIN	
NOTIFY PARTY (OMPLETE NAME AND ADDRESS) BROTHER TRADING CO., LTD. SHEEPCOTE ROAD, HARROW HA1 2JL, LONDON, ENGLAND, UK	ALSO NOTIFY - ROUTING & INSTRUCTIONS	
	FINAL DESTINATION (OF THE GOODS NOT THE SHIP)	

VESSEL VOY MEDEA V. FA19W	PORT OF TRANSHIPMENT	LOADING PIER/TERMINAL FANGCHENG PORT, CHINA	ORIGINAL(S) TO BE RELEASED AT FANGCHENG PORT, CHINA
PORT OF DISCHARGE LONDON, UK	PLACE OF DELIVERY BY ON-CARRIER	TYPE OF MOVE(IF MIXED, USE BLOCK 20 AS APPROPRIATE)	

PARTICULARS FURNISHED BY SHIPPER

MK. & NO./ CONT. NO.	NO. OF PKGS.	DESCRIPTION OF PACKAGES AND GOODS	GROSS WEIGHT	MEASUREMENT
N/M	2,200 SETS	SHIPPER'S LOAD & COUNT & SEAL 2X40'GP CY-CY S.T.C FASHIONAL DANDELION DESING PORCELAIN DINNERWARE SETS L/C NO. BOC1410006 CONTAINER NO. / SEAL NO. CAXU9122744 / 3589656 CRXU7413107 / 3589817	22000.00KGS	103.400CBM

DECLARED VALUE	IF SHIPPER ENTERS A VALUE, CARRIERS "ACKAGE LIMITATIONS OF LIABILITY DOES NOT APPLY AND THE AD VALOREM RATE WILL BE CHARGED.	FREIGHT PAYABLE AT/BY

FREIGHT CHARGES FREIGHT PREPAID	RATED AS PER	RATE	PREPAID	COLLECT	CURRENCY	RATE OF EXCHANGE
TOTAL				PREPAID AT FANGCHENG		

THE RECEIPT CUSTODY, CARRIAGE AND DELIVERY OF THE GOODS ARE SUBJECT TO THE TERMS APPEARING ON THE FACE AND BACK HEREOF AND TO CARRIER'S APPLICABLE TARIFF. In witness where of 3 original bills of lading all the same tenor and date one of which being accomplished the others to stand void, have been issued by Sea-land Service Inc. or its designated agent on behalf of itself, other participating carriers, the vessel, her master and owners or charters.	* APPLICABLE ONLY WHEN USED FOR MULTIMODEL OR THROUGH TRANSPORTATION. * INDICATE WHETHER ANY OF THE CARGO IS HAZARDOUS MATERIAL UNDER DOT. IMCO OF OTHER REGULATIONS AND INDICATE CORRECT COMMODITY NUMBER IN BOX 20.
PLACE AND DATE OF ISSUE FANGCHENG NO. OF ORIGINAL B(S)/L THREE (3)	SIGNED FOR THE CARRIER FANGCHENGGANG GOLDEN BRIDGE INTERNATIONAL AGENCY CO, LTD. AS AGENT FOR THE CARRIER

深化训练

请为广西诚鑫进出口有限公司与马来西亚客户交易的八角（见项目三深化训练背景材料、合同及你已修改正确的信用证）制作提单，见表 5-3。

表 5-3 八角交易提单

Shipper Name Code	RCL Regional Container Lines Above represents the trade name
Consignee (If "Order" State Notify Party) Code	Bill of Lading Multimodal Transport or Port to Port Shipment B/L NO.
Notify Party/Address - See Clause 18 Code	Received in apparent good order condition except as otherwise noted the total number of Containers or other packages or units enumerated below by the Merchant to comprise the Goods specified below for transportation from the place of Receipt or the Port of Loading, whichever is applicable, to the Place of Delivery or the Port of Discharge, whichever is applicable, subjected to the terms hereof, (including the terms of the reverse hereof and the terms of the Carrier's applicable Tariff). In accepting this bill of lading the Merchant expressly accepts and agrees to all its terms, conditions and exceptions, whether printed, stamped or written, or otherwise incorporated, notwithstanding the non-signing of this bill of lading by the Merchant. One of the signed Bills of Lading must be surrendered duly endorsed in exchange for the Goods or delivery order. On presentation of this document (duly endorsed) to the Carrier by or on behalf of the Holder, the rights and liabilities arising in accordance with the terms hereof shall (without prejudice to any rule of common law or statute rendering them binding on the Merchant) become binding in all respects between the Carrier and the Holder as though the contract evidenced hereby had been made between them.

Vessel	Voyage No.

Port of Loading	Port of Discharge	Place of Receipt (Applicable only when this document is used as a combined Transport Bill of Lading)	Place of Delivery (Applicable only when this document is used as a combined Transport Bill of Lading)

Item No.	Container No./Seal No. Marks & Numbers (For FCL must be stated)	No. of Packages	Description of Goods Said To Contain	Gross Cargo Weight (Kilos)	Measurement (Cu. Metres)

ABOVE PARTICULARS AS DECLARED BY SHIPPER	Total No. of Pkgs/Cntrs	Carrier
	Shipped on Board Date	
	Place & Date of Issue	
The present contract agreed upon is subject to the conditions printed at the back and governed by the Law and Jurisdiction of .... See clause 22 on reverse of this Bill of Lading.	In witness of the contract herein contained originals have been issued one of which being accomplished the other(s) to be void.	By .... As Agents

Toprint Computer Supplies Tel: 6477 8888 (02/09/12)

任务二　缮制航空货运单

任务背景

2013 年 11 月，赵悦所在公司出口 500 套高端瓷器餐具给英国的老客户兄弟公司，为赶圣诞节的销售期，双方确认采用航空运输。收到对方开来的信用证后，公司即刻备货、报关、出运，赵悦的任务则是向航空公司托运，准备相关单据，确保承运人及时安排出运，并且缮制航空运单，待承运人签署后取得合格的单据，安全结汇。

资料一：广西桂信贸易有限公司与英国兄弟公司签订的合同

广西桂信贸易有限公司

GUANGXI GUIXIN TRADING CO., LTD.

10 QIXING ROAD, NANNING , GUANGXI, CHINA

TEL.: 086-0771-5662188　　FAX: 086-0771-5662189

SALES CONTRACT

The Buyer: BROTHER TRADING CO., LTD.
SHEEPCOTE ROAD, HARROW HA1 2JL,
LONDON, ENGLAND, UK

No.: G628-2013
Date: NOV. 02, 2013

Telephone:0044-020-85994485
Fax: 0044-020-85258441

The Seller: GUANGXI GUIXIN TRADING CO., LTD.
10 QIXING ROAD, NANNING CITY, GUANGXI, CHINA

This contract is made by and between the Buyer and the Seller, whereby the Buyer agree to buy and the Seller agree to sell the under-mentioned commodity according to the terms and conditions stipulated below:

Name Of Commodity & Specifications	Unit Price USD/SET	Quantity	Amount & Price Terms
Fashionable dandelion design porcelain dinnerware sets 8pcs/set 10 " dinner plate - red× 6	USD132.5	480SETS	CPT LONDON USD63,600.00

Total Value: USD63,600.00 (SAY U.S. DOLLARS SIXTY-THREE THOUSAND SIX HUNDRED ONLY)

Packing: Normal color box packing, one set in one color box, a dozen in one carton, total 40 cartons

Time of Shipment: Before Nov. 20, 2013

Airport of Departure: Nanning, China

Airport of Destination: London, UK

Insurance: to be covered by the buyer

Payment: The Buyers shall open through a bank acceptable to the seller an irrevocable L/C at 30 days after B/L date to reach the Seller on or before Nov. 10th, 2013, valid for negotiation in China until 15th days after the date of shipment.

Shipping Marks: at Seller's option

The Signature of Buyers The Signature of Sellers

BROTHER TRADING CO., LTD. GUANGXI GUIXIN TRADING CO., LTD.

资料二：ABC银行开立的信用证

SEQUENCE OF TOTAL 27: 1/1

FORM OF DOC. CREDIT 40A: IRREVOCABLE

DOC. CREDIT NUMBER 20: BOC1211018

DATE OF ISSUE 31C: 131107

APPLICABLE RULES 40E: UCP 600

EXPIRY 31D: DATE 131212

PLACE IN BENEFICIARY'S COUNTRY

APPLICANT 50: BROTHER TRADING CO., LTD.

SHEEPCOTE ROAD, HARROW HA1 2JL, LONDON, ENGLAND, UK

BENEFICIARY 59: GUANGXI GUIXIN TRADING CO., LTD.

10 QIXING ROAD, NANNING CITY, GUANGXI, CHINA

AMOUNT 32B: CURRENCY USD AMOUNT 63600.00

AVAILABLE WITH/BY 41D: ANY BANK

BY NEGOTIATION

DRAFTS AT … 42C: 30 DAYS AFTER B/L DATE

DRAWEE 42D: BABCLONDON

PARTIAL SHIPMENTS 43P: NOT ALLOWED

TRANSSHIPMENT 43T: ALLOWED

AIRPORT OF DEPARTURE 44E: NANNING, CHINA

AIRPORT OF DESTINATION 44F: LONDON, UK

LATEST DATE OF SHIPMENT 44C: 131120

DESCRIPTION OF GOODS 45A: Porcelain Dinnerware

DOCUMENTS REQUIRED 46 A:

+ COMMERCIAL INVOICES IN TRIPLICATE.

+ CLEAN AIR WAYBILL MARKED FREIGHT PREPAID CONSIGNED TO APPLICANT.

PRESENTATION PERIOD 48: ALL DOCUMENTS MUST BE PRESENTED TO AND REACH OUR COUNTER IN UK WITHIN 15 DAYS AFTER B/L DATE

CONFIRMATION 49: WITHOUT

ADVISE THROUGH 57D: BANK OF CHINA , NANNING BRANCH

请阅读合同、信用证的内容，并填制航空货运单样本，见表 5-4：

表 5-4 航空货运单样本

AIR WAYBILL

999 | | 999-

Shipper's Name and Address	Shipper's Account Number	NOT NEGOTIABLE 中国民航 CAAC AIR WAYBILL (AIR CONSIGNMENT NOTE, ISSUED BY: THE CIVIL AVIATION ADMINISTRATION OF CHINA BEIJING CHINA Copies 1, 2 and 3 of this Air Waybill are originals and have the same validity
Consignee's Name and Address	Consignee's Account Number	It is agreed that the goods described herein are accepted in apparent good order and condition (except as noted) for carriage SUBJECT TO THE CONDITIONS OF CONTRACT ON THE REVERSE HEREOF. THE SHIPPER'S ATTENTION IS DRAWN TO THE NOTICE CONCERNING CARRIER'S LIMITATION OF LIABILITY. Shipper may increase such limitation of liability by declaring a higher value for carriage and paying a supplemental charge if required. ISSUING CARRIER MAINTAINS CARGO ACCIDENT LIABILITY INSURANCE
Issuing Carrier's Agent Name and City		Accounting Information
Agent's IATA Code	Account No.	
Airport of Departure (Addr. of First Carrier) and Requested Routing		

to	By First Carrier \ Routing and Destination /	to	by	to	by	Currrency	CHGS Code	WT/VAL PPD	WT/VAL COLL	Other PPD	Other COLL	Declared Value for Carriage

Airport Destination	Flight/Date \ For Carrier Use only / Flight/Date	Amount of Insurance	INSURANCE if carrier offers insurance, and such insurance is requested in accordance with conditions on reverse here of, indicate amount to be insured infigure in box marked amount of insurance.

Handling Information

(for USA only) Those commodities licensed by U. S. for ultimate destination......... Diversion contrary to U. S. law is prohibiteel

No. of Pieces RCP	Gross Weight	Kg Ib	Rate Class / Commodity Item No.	Chargeable Weight	Rate / Charge	Total	Nature and Quantity of Goods (incl. Dimensions or Volume)

Prepaid \ Weight Charge / Collect	Other Charge
Valuation Charge	
Tax	
Total Other Charges Due Agent	Shipper certifies that the particulars on the face hereof are correct and that insofar as any part of the consignment contains dangerous goods, such part is properly described by name and is in proper condition for carriage by air according to the applicable Dangerous Goods Regulations.
Total Other Charges Due Carrier	.... Signature of Shipper or his Agent
Total Prepaid / Total Collect	
Currency Conversion Rates / CC Charges in Dest. Currency	.... Executed on (date) at (place) Signature of Issuing Carrier or its Agent
For Carriers Use only at Destination / Charges at Destination	Total Collect Charges / 999-

一、航空货运单的性质和作用

航空货运单是指托运人和承运人之间在空运航线上运输货物所订立运输契约的凭证，航空货运单不可转让，由托运人或者以托运人的名义填制。航空货运单是托运人或其代理人所使用的最重要的货运文件，具有如下作用：是承运人与托运人之间缔结运输契约的凭证；是承运人收运货物的证明文件；是运费结算凭证及运费收据；是承运人在货物运输组织的全过程中运输货物的依据；是国际进出口货物办理清关的证明文件。

二、航空货运单的种类和份数

航空货运单通常包括有出票航空公司（Issue Carrier）标志的航空货运单和无承运人任何标志的中性货运单两种。航空货运单既可用于单一种类的货物运输，也可用于不同种类货物的集合运输，既可用于单程货物运输，也可用于联程货物运输。

我国国际航空货运单由一式十二联组成，包括三联正本，六联副本和三联额外副本。其中，正本 1 为浅绿色，交出票航空公司；正本 2 为粉红色，交收货人；正本 3 为浅蓝色，交托运人，作为托运货物及货物预付运费时交付运费的收据，也是托运人与承运人之间签订的有法律效力的运输文件。

三、航空货运单的填制

航空货运单正本背面印刷了有关涉及航空货物运输的条款，他们是解决航空运输中发生争议时的依据，其中涉及索赔、保险、承运人的权利义务等条款。

航空货运单正面的填制要求用英文打字机或计算机，用英文大写字母打印，各栏内容必须准确、清楚、齐全，不得随意涂改。如已填内容在运输过程中确需要修改时，必须在修改项目的近处盖章，注明修改货运单的空运企业名称、地址和日期。修改货运单时，应将所有剩余的各联一同修改。货运单的各栏目中，有些栏目印有阴影。其中，有标题的阴影栏目仅供承运人填写。使用没有标题的阴影栏目一般不需填写，除非承运人特殊需要。

各航空公司所使用的航空货运单则大多借鉴 IATA 所推荐的标准格式，不同的航空公司会有自己独特的航空运单格式，但差别并不大，见表 5-5。

表 5-5 航空货运单

<table>
<tr><td>1A</td><td>1</td><td>1B</td><td colspan="2"></td></tr>
<tr><td colspan="2">Shipper's Name and Address
2</td><td>Shipper's Account Number
3</td><td rowspan="2">NOT NEGOTIABLE
Air Waybill
Issued by UTi (HK) LIMITED
14/Floor, COL Tower, World Trade Square,
123 Hoi Bun Road, Kwun Tong, Kowloon, H.K.
Tel.: 2751 8380 Fax: 2795 4849</td><td rowspan="2">1C</td></tr>
<tr><td colspan="3"></td></tr>
<tr><td colspan="3"></td><td colspan="2">Copies 1, 2 and 3 of this Air Waybill are originals and have the same validity. 1D</td></tr>
<tr><td colspan="2">Consignee's Name and Address
4</td><td>Consignee's Account Number
5</td><td colspan="2">It is agreed that the goods described herein are accepted in apparent goods order and condition (except as noted) for carriage SUBJECT TO THE CONDITIONS OF CONTRACT ON THE REVERSE HEREOF. ALL GOODS MAY BE CARRIED BY AND OTHER MEANS INCLUDING ROAD OR ANY OTHER CARRIER UNLESS SPECIFIC CONTRARY INSTRUCTIONS ARE GIVEN HEREON BY THE SHIPPER, AND SHIPPER AGREES THAT THE SHIPMENT MAY BE CARRIED VIA INTERMEDIATE STOPPING PLACES WHICH THE CARRIER DEEMS APPROPRIATE. THE SHIPPER'S ATTENTION IS DRAWN TO THE NOTICE CONCERNING CARRIER'S LIMITATION OF LIABILITY. Shipper may increase such limitation of liability by declaring a higher value for carriage and paying a supplemental charge if required. 1E</td></tr>
<tr><td colspan="3">Issuing Carrier's Agent Name and City
6</td><td colspan="2" rowspan="3">Accounting Information
10</td></tr>
<tr><td colspan="2">Agent's IATA Code
7</td><td>Account No.
8</td></tr>
<tr><td colspan="3">Airport of Departure (Addr. of First Carrier) and Requested Routing
9</td></tr>
</table>

<table>
<tr><td rowspan="2">To
11A</td><td rowspan="2">By First Carrier Routing and Destination
11B</td><td rowspan="2">to
11C</td><td rowspan="2">by
11D</td><td rowspan="2">to
11E</td><td rowspan="2">by
11F</td><td rowspan="2">Currency
12</td><td rowspan="2">CHGS Code
13</td><td colspan="2">WT/VAL</td><td colspan="2">Other</td><td rowspan="2">Declared Value for Carriage
16</td><td rowspan="2">Declared Value for Customs
17</td></tr>
<tr><td>PPD
14A</td><td>COLL
14B</td><td>PPD
15A</td><td>COLL
15B</td></tr>
</table>

<table>
<tr><td>Airport of Destination
18</td><td colspan="2">Flight/Date</td><td rowspan="2">Amount of Insurance
20</td><td rowspan="2">INSURANCE - If Carrier offers insurance, and such insurance is requested in accordance with the conditions thereof, indicate amount to be insured in figures in box marked “Amount of Insurance.”</td></tr>
<tr><td></td><td>19A</td><td>19B</td></tr>
</table>

（续）

Handing Information	
21	SCI

No. of Pieces RCP	Gross Weight	Kg lb		Rate Class 22D / Commodity Item No.	Chargeable Weight	Rate Charge		Total		Nature and Quantity of Goods (incl. Dimensions or Volume)
22A	22B	22C		22E	22F	22G		22H		22I
22J	22K							22L		

Prepaid Weight Charge **Collect**		Other Charges
24A	24B	23
Valuation Charge		
25A	25B	
Tax		
26A	26B	
Total other Charges Due Agent		Shipper certifies that the particulars on the face hereof are correct and that **insofar as any part of the** consignment contains dangerous goods, such part is properly described by name and is in proper **condition for carriage by air according to the applicable Dangerous Goods Regulations.**
27A	27B	31
Total other Charges Due Carrier		
28A	28B	
29A	29B	Signature of Shipper or his Agent
Total Prepaid 30A	Total Collect 30B	32A 32B 32C
Currency Conversion Rates 33A	CC Charges in Dest. Currency 33B	Executed on (date) at(place) Signature of Issuing Carrier or its Agent
For Carrier's Use only at Destination 34	Charges at Destination 33C	Total Collect Charges 33D

各项填制栏目明细如下：

1. 货运单号码（The Air Waybill Number）

[1A]航空公司的数字代号 Airline Code Number。

[1B]货运单序号及检验号 Serial Number。注意：第八位数字是检验号，是前七位数字对 7 取模的结果；第四位数字与第五位数字之间应留有比其他数字之间较大的空间。例如：999-1234 5675。

2. 始发站机场（Airport of Departure）

[1]填制始发站机场的 IATA 三字代号（如果始发地机场名称不明确，可填制机场所在城市的 IATA 三字代号）。

3. 货运单所属承运人的名称及地址（Issuing Carrier's Name and Address）

[1C]此处一般印有航空公司的标志、名称和地址。

4. 正本联说明（Reference to Originals）

[1D]无须填写。

5. 契约条件（Reference to Conditions of Contract）

[1E]一般情况下无须填写，除非承运人需要。

6. 托运人栏（Shipper）

[2]托运人姓名和地址（Shipper's Name and Address）

填制托运人姓名（名称）、地址、国家（或国家两字代号）以及托运人的电话、传真、电传号码。

[3]托运人账号（Shippers Account Number）

此栏不需填写，除非承运人需要。

7. 收货人栏（Consignee）

[4]收货人姓名和地址（Consignees Name and Address）

填制收货人姓名（名称）、地址、国家（或国家两字代号）及收货人的电话、传真、电话号码。

[5]收货人账号（Consignees Account Number），此栏仅供承运人使用，一般不需填写，除非最后的承运人需要。

8. 开货运单的承运人的代理人栏（Issuing Carrier's Agent）

[6]名称和城市（Name and City）

填制向承运人收取佣金的国际航协代理人的名称和所在机场或城市；根据货物代理机构管理规则，该佣金必须支付给目的站国家的一个国际航协代理人，则该国际航协代理人的名称和所在机场或城市必须填入本栏。填入"收取佣金代理人"（Commissionable Agent）字样。

[7]国际航协代号（Agent's IATA Code）

代理人在非货账结算区（Non-CASS Areas），打印国际航协 7 位数字代号，如 14-30288；

代理人在货账结算区（CASS Areas），打印国际航协 7 位数字代号，后面是三位 CASS 地址代号和一个检验位，如 34-41234/5671。CASS 即 Cargo Accounts Settlement System，是货物财务结算系统。一些航空公司为便于内部系统管理，要求其代理人在此处填制相应的代码。

[8]账号（Account No.）

本栏一般不需填写，除非承运人需要。

9．运输路线（Routing）

[9]始发站机场（Airport of Departure and Requested Routing）

第一承运人地址和所要求的运输路线，此栏填制与栏中一致的始发站机场名称，以及所要求的运输路线。注意：此栏中应填制始发站机场或所在城市的全称。

[11A]至（第一承运人）To（by First Carrier）

填制目的站机场或第一个转运点的 IATA 三字代号（当该城市有多个机场，不知道机场名称时，可用城市代号）；

[11B]第一承运人（By First Carrier）

填制第一承运人的名称（全称与 IATA 两字代号皆可）；

[11C]至（第二承运人）To（by Second Carrier）

填制目的站机场或第二个转运点的 IATA 三字代号（当该城市有多个机场，不知道机场名称时，可用城市代号）；

[11D]由（第二承运人）by（Second Carrier）

填制第二承运人的 IATA 两字代号；

[11E]至（第三承运人）To（by Third Carrier）

填制目的站机场或第三转运点的 IATA 三字代号，（当该城市有多个机场，不知道机场名称时，可用城市代号）；

[11F]由（第三承运人）by（Third Carrier）

填制第三承运人的 IATA 两字代号。

[18]目的站机场（Airport of Destination）

填制最后承运人的目的地机场全称。（如果该城市有多个机场，不知道机场名称时，可用城市全称）。

[19A][19B]航班/日期（Flight/date）

仅供承运人用，本栏一般不需填写，除非参加运输各有关承运人需要。

10．财务说明（Accounting Information）

[10]此栏填制有关财务说明事项。注意：货物到达目的站无法交付收货人而需退运的，应将原始货运单号码填入新货运单的本栏内。

11．货币（Currency）

[12]填制始发国的 ISO（国际标准组织）的货币代号；除目的站“国家收费栏”[33A]-[33D]内的款项，货运单上所列明的金额均按上述货币支付。

12．运费代号（CHGS Code）（仅供承运人用）

[13]本栏一般不需填写，仅供电子传送货运单信息时使用。

13．运费（Charges）

[14A][14B]航空运费（WT/VAL，根据货物计费重量乘以适用的运价收取的运费）和声明的价值附加费的预付和到付

货运单上[24A]、[25A]或[24B]、[25B]两项费用必须全部预付或全部到付；

在[14A]中打“X”表示预付，在[14B]中打“X”表示到付。

[15A][15B]在始发站的其他费用预付和到付 Other（Charges at Origin）

货运单上[27A]、[28A]或[27B]、[28B]两项费用必须全部预付或全部到付；

在[15A]中打“X”表示预付，在[15B]中打“X”表示到付。

14．供运输用声明价值（Declared Value for Carriage）

[16]打印托运人向货物运输声明的价值金额；如果托运人没有声明价值，此栏必须打印“NVD”字样。

注意：NVD-No Value Declared 没有申明价值。

15．供海关用声明价值（Declared Value for Carriage）

[17]打印货物及通关时所需的商业价值金额；如果货物没有商业价值，此栏必须打印“NCV”字样。

注意：NCV - No Commercial Value，没有商业价值。

16．保险的金额（Amount of Insurance）

[20]如果承运人向托运人提供代办货物保险业务时，此栏打印托运人货物投保的金额；如果承运人不提供此项服务或托运人不要求投保时此栏内必须打印“XXX”符号。

17．运输处理注意事项处填制相应的代码票航空公司注意事项（Handling information）

[21]如果是危险货物，有两种情况，一种是需要附托运人危险品申报单的，则本栏内应打印“Dangerous Goods As Per Attached Shipper’s Declaration”字样，对于要求装货机上的危险货物，还应加上“Cargo Aircraft Only”字样。另一种是属于不要求附危险品申报单的危险货物，则应打印“Shipper’s Declaration not Required”字样。当一批货物中既有危险货物也有非危险货物时，应分别列明，危险货物必须列在第一项，此类货物不要求托运人附危险品申报单，且危险货物不是放射性物质且数量有限。

其他注意事项尽可能使用“货物交换电报程序”（CARGO-IMP）中的代号和简语，如：

——货物上的标志、号码及包装方法。

——货运单所附文件，如托运人的动物证明书“Shipper’s Certification for Live Animal”，装箱单“Packing List”，发票“Invoice”等。

——除收货人外，另请通知人的姓名、地址、国家及电话、电传或传真号码。

——货物所需要的特殊处理规定。

——海关规定等。

18．货物运价细目（Consignment Rating Details）

一票货物中如含有两种或两种以上不同运价类别计费的货物应分别填写，每填写一项另起一行，如果含有危险品，则该危险货物应列在第一项。

[22A]件数/运价组合点 No. of Pieces RCP

——打印货物的件数；

——如果使用非公布直达运价计算运费时，在件数的下面还应打印运价组合点城市的IATA 三字代号。

[22B]毛重 Gross Weight

适用于运价的货物实际毛重（以公斤为单位时可保留至小数后一位）。

[22C]重量单位 Kg/lb

——以公斤为单位用代号“K”；

——以磅为单位用代号“L”。

[22D]运价等级 Rate Class

根据需要打印下列代号：

M—最低运费 Minimum Charge；

N—45 公斤以下（或 100 公斤以下）运价 Normal Rate；

Q—45 公斤以上运价 Quantity Rate；

C—指定商品运价 Specific Commodity Rate；

R—等级货物附减运价 Class Rate Reduction;

S—等级货物附加运价 Class Rate Surcharge;

U—集装化设备基本运费或运价 Unit Load Device Basic Charge or Rate；

E—集装化设备附加运价 Unit load Device Additional Rate；

X—集装化设备附加说明 Unit load Device Additional Information；

Y—集装化设备折扣 Unit load Device Discount。

[22E]商品品名编号 Commodity Item No.

——使用指定商品运价时，此栏打印指定商品品名代号（打印位置应与运价代号 C，保持水平）；

——使用等级货物运价时，此栏打印附加或附减运价的比（百分比）；

——如果是集装货物，打印集装货物运价等级。

[22F]计费重量 Chargeable Weight

——打印与运价相应的货物计费重量；

——如果是集装货物则：

（a）与运价代号“U”对应打印适合集装货物基本运费的运价点重量；

（b）与运价代号“E”对应打印超过使用基本运费的重量；

（c）与运价代号“X”对应打印集装器空重。

[22G]运价/运费 Rate/Charge

——当使用最低运费时，此栏与运价代号“M”对应打印最低运费；

——打印与运价代号“N”、“Q”、“C”等相应的运价；

——当货物为等级货物时，此栏与运价代号“S”或“R”对应打印附加或附减后的运价；

——如果货物是集装货物则：

（a）与运价代号“U”对应打印集装货物的基本运费；

（b）与运价代号“E”对应打印超过基本运费的集装货物运价。

[22H]总计 Total

打印计费重量与适用运价相乘后的运费金额。如果是最低运费或集装货物基本运费时，本栏与[22G]内金额相同。

[22I]货物品名和数量 Nature and Quantity of Goods

本栏应按要求打印，尽可能地清楚、简明，以便涉及组织该批货物运输的所有工作人员能够一目了然。

（a）打印货物的品名（用英文大写字母）；

（b）当一票货物中含有危险货物时，应分列打印，危险货物应列在第一项；

（c）活动物运输，本栏内容应根据 IATA 活动物运输规定打印；

（d）对于集合货物，本栏应打印“Consolidation as Per Attached List”；

（e）打印货物的体积，用长×宽×高表示，如：“DIMS: 40cm×30cm×20cm”。

（f）可打印货物的产地国。

[22J]总件数

打印[22A]中各组货物的件数之和。

[22K]总毛重

打印[22B]中各组货物的毛重之和。

[22L]总计

打印[22H]中各组货物的运费之和。

19．其他费用（Other Charge）

[23]打印始发站运输中发生的其他费用，按全部预付或全部到付；

作为到付的其他费用，应视为“代垫付款”托运人应按代垫付款规定支付手续费，否则，对其他运费应办理到付业务；

打印“其他费用”金额时，应冠以下列代号：

AC—Animal Container 动物容器租费；

AS—Assembly Service Fee 集中货物服务费；

AT—Attendant 押运员服务费；

AW—Air Waybill 货运单费；

BR—Bank Release 银行放行；

DB—Disbursement Fee 代垫付款手续费；

DF—Distribution Service 分发服务费；

FC—Charges Collect Fee 运费到付手续费；

GT—Government Tax 政府捐税；

HR—Human Remains 尸体、骨灰附加费；

IN—Insurance Premium 代办保险服务费；

LA—Live Animals 动物处理费；

MA—Miscellaneous Due Agent 代理人收取的杂项费用；

MZ—Miscellaneous Due Carrier 填开货运单的承运人收取的杂项费用；

PK—Packaging 包装服务费；

RA—Dangerous Goods Surcharge 危险品处理费；

SD—Surface Charge Destination 目的站地面运输费；

SI—Stop in Transit 中途停运费；

SO—Storage Origin 始发站保管费；

SR—Storage Destination 目的站保管费；

SU—Surface Charge 地面运输费；

TR—Transit 过境费；

TX—Taxes 捐税；

UH—ULD Handling 集装设备操作费。

DDD.承运人收取的其他费用“C”表示；代理人收取的其他费用“A”表示。

例如：AWC 为承运人收取的货运单费；

AWA 为代理人收取的货运单费。

20．预付（Prepaid）

[24A]预付运费 Weight Charge

打印货物计费重量计得的货物运费，与[22H]中的金额一致。

[25A]预付声明价值附加费 Valuation Charge（Prepaid）

如果托运人向货物运输声明价值的话，此栏打印根据公式：

（声明价值一实际毛重×最高赔偿额）×0.5%

此项费用与[22H]中货物运费一起必须全部预付或全部到付。

[26A]预付税款（Prepaid）Tax

打印适用的税款。此项费用与[22H]中货物运费以及声明的价值附加费一起必须全部预付或全部到付。

Total Other Prepaid Charges 预付的其他费用总额。根据[23]内的其他费用打印

[27A]—预付由代理人收取的其他费用总额 Total Other Charges Due Agent

打印由代理人收取的其他费用总额。

[28A]—预付由承运人收取的其他费用 Total Other Charges Due Carrier

打印由承运人收取的其他费用总额。

[29A]无名称阴影栏目

本栏不需打印，除非承运人需要。

[30A]预付总计 Total Prepaid

打印[24A]至[28A]等栏有关预付款项之和。

21．到付（Collect）

[24B]到付运费 Weight Charge

打印货物计费重量计得的货物运费，与[22H]中的金额一致。

[25B]到付声明价值附加费 Valuation Charge（Collect）

如果托运人向货物运输声明价值的话，此栏打印根据公式：

（声明价值-实际毛重×最高赔偿额）×0.5%

此项费用与[22H]中货物运费一起必须全部预付或全部到付。

[26B]到付税款（Collect）Tax

本栏打印适用的税款。此项费用与[22H]中货物运费以及声明的价值附加费一起必须全部预付或全部到付。

[27B]—到付由代理人收取的其他费用总额 Total Other Charges Due Agent

本栏打印由代理人收取的其他费用总额；

[28B]—到付由承运人收取的其他费用 Total Other Charges Due Carrier

本栏打印由承运人收取的其他费用总额。

[29B]无名称阴影栏目

本栏不需打印，除非承运人需要。

[30B]到付总计 Total Collect

本栏打印[24B]至[28B]等栏有关到付款项之和。

22. 托运人证明栏（Shipper's Certification Box）

[31]本栏打印托运人名称并令其在本栏内签字或盖章。

23. 承运人填写栏（Carriers Execution Box）

[32A]填开日期 Executed on（Date）

按日、月、年的顺序打印货运单的填开日期（月份可用缩写），如“06SEP2000”。

[32B]填开地点 At（Place）

打印机场或城市的全称或缩写。

[32C]填开货运单的承运人或其代理人签字 Signature of Issuing Carrier or Its Agent

填开货运单的承运人或其代理人在本栏内签字。

24. 用目的站国家货币付费（仅供承运人使用）

[33A]货币兑换比价 Currency Conversion Rate

打印目的站国家货币代号，后面是兑换比率。

[33B]用目的站国家货币付费 CC Charges in Dest. Currency

将[30B]中所列到付总额，折算成目的站国家货币的金额，打印在本栏内。

[33C]在目的站的费用 Charges at Destination

最后承运人将目的站发生的费用金额包括利息（自然增长的）等打印在本栏。

[33D]到付费用总额 Total Collect Charges

25. For Carrier's Use Only at Destination 仅供承运人在目的站使用

[34]本栏不需打印。

任务实施

赵悦主动寻求师傅、同事的帮助，向南宁航空货运代理 HYCX CORP 订舱，取得相关信息后，凭借对贸易合同、信用证的正确理解，赵悦清楚了空运的流程，理解航空运单的要求，缮制出以下的合格航空运单，见表 5-6：

表 5-6　航空运单

999 | 8876 | 0034

Shipper's Name and Address	Shipper's Account Number	NOT NEGOTIABLE **Air Waybill** Issued by	UTi (HK) LIMITED 14/Floor, COL Tower, World Trade Square, 123 Hoi Bun Road, Kwun Tong, Kowloon, H.K. Tel.: 2751 8380　Fax: 2795 4849
GUANGXI GUIXIN TRADING CO., LTD. 10 QIXING ROAD, NANNING CITY, GUANGXI, CHINA		Copies 1, 2 and 3 of this Air Waybill are originals and have the same validity.	

Consignee's Name and Address	Consignee's Account Number	
BROTHER TRADING CO., LTD. SHEEPCOTE ROAD, HARROW HAI 2JL, LONDON, ENGLAND, UK		It is agreed that the goods described herein are accepted in apparent goods order and condition (except as noted) for carriage SUBJECT TO THE CONDITIONS OF CONTRACT ON THE REVERSE HEREOF. ALL GOODS MAY BE CARRIED BY AND OTHER MEANS INCLUDING ROAD OR ANY OTHER CARRIER UNLESS SPECIFIC CONTRARY INSTRUCTIONS ARE GIVEN HEREON BY THE SHIPPER, AND SHIPPER AGREES THAT THE SHIPMENT MAY BE CARRIED VIA INTERMEDIATE STOPPING PLACES WHICH THE CARRIER DEEMS APPROPRIATE. THE SHIPPER'S ATTENTION IS DRAWN TO THE NOTICE CONCERNING CARRIER'S LIMITATION OF LIABILITY. Shipper may increase such limitation of liability by declaring a higher value for carriage and paying a supplemental charge if required.

Issuing Carrier's Agent Name and City		Accounting Information
HYCX CORP, NANNING		
Agent's IATA Code 16-3 0030/0026	Account No.	
Airport of Departure (Addr. of First Carrier) and Requested Routing NANNING AIRPORT		

to	By First Carrier Routing and Destination	to	by	to	by	Currency	CHGS Code	WT/VAL PPD	WT/VAL COLL	Other PPD	Other COLL	Declared Value for Carriage	Declared Value for Customs
						RMB		X		X		NVD	

Airport of Destination	Flight/Date		Amount of Insurance	INSURANCE-If Carrier offers insurance, and such insurance is requested in accordance with the conditions thereof, indicate amount to be insured in figures in box marked "Amount of Insurance."
LONDON AIRPORT	CA905 12, NOV. 2013			

（续）

Handling Information
L/C NO. BOC 1211018

SCI

No. of Pieces RCP	Gross Weight	Kg lb		Rate Class / Commodity Item No.		Chargeable Weight		Rate Charge		Total		Nature and Quantity of Goods(incl. Dimensions or Volume)
40CTNS	720KGS	K										PORCELAIN DINNERWARE 60CM×21CM×22CM, TOTAL: 40CTNS

Prepaid	Weight Charge Collect	Other Charges
22500		
Valuation Charge		
Tax		
Total other Charges Due Agent		Shipper certifies that the particulars on the face hereof are correct and that **insofar as any part of the consignment contains dangerous goods, such part is properly described by name and is in proper condition for carriage by air according to the applicable Dangerous Goods Regulations.**
Total other Charges Due Carrier		
		……………………………… Signature of Shipper or his Agent
Total Prepaid	Total Collect	
22500		……………………………… Executed on (date) at(place) Signature of Issuing Carrier or its Agent
Currency Conversion Rates	CC Charges in Dest. Currency	
For Carrier's Use only at Destination	Charges at Destination	Total Collect Charges

请根据广西东华进出口有限公司与韩国客户签订的太阳眼镜的合同缮制航空运单，见表 5-7。

资料一：广西东华进出口有限公司与韩国客户签订的合同

广西东华进出口有限公司

GUANGXI DONGHUA IMP. & EXP. CO., LTD.

51 MINZU ROAD, NANNING, GUANGXI, CHINA

TEL.: 086-0771-5885541 FAX: 086-0771-5885542

SALES CONTRACT

The Buyer: CLOUD CO., LTD.
2106-2107, SUN PLAZA, WIND ROAD,
BUSAN, KOREA

No.: G317-2014
Date: SEP. 5,2014

The Seller: GUANGXI DONGHUA IMP. & EXP. CO., LTD.
51 MINZU ROAD, NANNING , GUANGXI, CHINA

This contract is made by and between the Buyer and the Seller, whereby the Buyer agree to buy and the Seller agree to sell the under-mentioned commodity according to the terms and conditions stipulated below:

Name Of Commodity & Specifications	Quantity	Unit Price USD/PAIR	Amount & Price Terms
SUN GLASSES	300PAIRS	30	FCA GUANGZHOU 9,000.00

Total Value: USD9,000.00(SAY U.S. DOLLARS NINE THOUSAND ONLY)

Packing: 20 pairs per carton

Time of Shipment: Before Oct.19, 2014

Airport of Departure: Guangzhou, China

Airport of Destination: Busan, Korea

Insurance: To be covered by the buyers.

Payment: 30% down payment，the remaining balance by T/T before shipment

The Signature of Buyers
CLOUD CO., LTD.

The Signature of Sellers
GUANGXI DONGHUA IMP. & EXP. CO., LTD.

补充资料：

1. ISSUING CARRIER'S AGENT: HYCX CORP
2. FLIGHT / DATE: MU562 / 28TH, SEPT. 2014
3. PACKING: TOTAL 100 CARTONS
   GROSS WEIGHT: 20KGS / CTN
   DIM: 61cm×32cm×22cm / CTN
4. AIR WAYBILL NO. 999 61394340
5. AIR FREIGHT: USD 2,000

表 5-7　航空运单

1A　1　　1B

<table>
<tr><td>Shipper's Name and Address
2</td><td>Shipper's Account Number
3</td><td rowspan="2">NOT NEGOTIABLE
Air Waybill
Issued by</td><td rowspan="2">**UTi (HK) LIMITED**
14/Floor, COL Tower, World Trade Square,
123 Hoi Bun Road, Kwun Tong, Kowloon, H.K.
Tel.: 2751 8380　Fax: 2795 4849</td><td rowspan="2">1C</td></tr>
<tr><td colspan="2" rowspan="2"></td></tr>
<tr><td colspan="3">Copies 1, 2 and 3 of this Air Waybill are originals and have the same validity. 1D</td></tr>
<tr><td>Consignee's Name and Address
4</td><td>Consignee's Account Number
5</td><td colspan="3" rowspan="2">It is agreed that the goods described herein are accepted in apparent goods order and condition (except as noted) for carriage SUBJECT TO THE CONDITIONS OF CONTRACT ON THE REVERSE HEREOF. ALL GOODS MAY BE CARRIED BY AND OTHER MEANS INCLUDING ROAD OR ANY OTHER CARRIER UNLESS SPECIFIC CONTRARY INSTRUCTIONS ARE GIVEN HEREON BY THE SHIPPER, AND SHIPPER AGREES THAT THE SHIPMENT MAY BE CARRIED VIA INTERMEDIATE STOPPING PLACES WHICH THE CARRIER DEEMS APPROPRIATE. THE SHIPPER'S ATTENTION IS DRAWN TO THE NOTICE CONCERNING CARRIER'S LIMITATION OF LIABILITY. Shipper may increase such limitation of liability by declaring a higher value for carriage and paying a supplemental charge if required. 1E</td></tr>
<tr><td colspan="2"></td></tr>
<tr><td colspan="2">Issuing Carrier's Agent Name and City
6</td><td colspan="3" rowspan="3">Accounting Information
10</td></tr>
<tr><td>Agent's IATA Code
7</td><td>Account No.
8</td></tr>
<tr><td colspan="2">Airport of Departure (Addr. of First Carrier) and Requested Routing
9</td></tr>
</table>

<table>
<tr><td rowspan="2">To
11A</td><td rowspan="2">By First Carrier　Routing and Destination
11B</td><td rowspan="2">to
11C</td><td rowspan="2">by
11D</td><td rowspan="2">to
11E</td><td rowspan="2">by
11F</td><td rowspan="2">Currency
12</td><td rowspan="2">CHGS
Code
13</td><td colspan="2">WT/VAL</td><td colspan="2">Other</td><td rowspan="2">Declared Value for Carriage
16</td><td rowspan="2">Declared Value for Customs
17</td></tr>
<tr><td>PPD
14A</td><td>COLL
14B</td><td>PPD
15A</td><td>COLL
15B</td></tr>
<tr><td colspan="2" rowspan="2">Airport of Destination
18</td><td colspan="4">Flight/Date</td><td colspan="3" rowspan="2">Amount of Insurance
20</td><td colspan="5" rowspan="2">INSURANCE-If Carrier offers insurance, and such insurance is requested in accordance with the conditions thereof, indicate amount to be insured in figures in box marked "Amount of Insurance."</td></tr>
<tr><td colspan="2">19A</td><td colspan="2">19B</td></tr>
</table>

（续）

Handing Information 21								SCI
No. of Pieces RCP	Gross Weight	Kg lb	Rate Class 22D Commodity Item No.	Chargeable Weight	Rate Charge	Total		Nature and Quantity of Goods (incl. Dimensions or Volume)
22A	22B	22C	22E	22F	22G	22H		22I
22J	22K					22L		

Prepaid	Weight Charge	Collect	Other Charges
24A		24B	23
Valuation Charge			
25A		25B	
Tax			
26A		26B	
Total other Charges Due Agent			Shipper certifies that the particulars on the face hereof are correct and that **insofar as any part of the** **consignment contains dangerous goods, such part is properly described by name and is in proper** **condition for carriage by air according to the applicable Dangerous Goods Regulations.**
27A		27B	
Total other Charges Due Carrier			31
28A		28B	…………………………
29A		29B	Signature of Shipper or his Agent
Total Prepaid 30A		Total Collect 30B	32A 32B 32C
Currency Conversion Rates 33A		CC Charges in Dest. Currency 33B	………………………… Executed on (date) at(place) Signature of Issuing Carrier or its Agent
For Carrier's Use only at Destination 34		Charges at Destination 33C	Total Collect Charges 33D

知识拓展

一、电放

电放（Telex Release）指根据托运人要求，承运人在收到货物后未签发提单，或收回全套正本提单，以电传形式通知卸货港代理将货物交付给托运人指定的收货人的交货方式。

电放通常在货物先于提单到港，或签发货代提单（House B/L）时采用。

随着航运技术的不断进步与发展，特别是集装箱运输的普及，装卸港口工作效率大幅度提高，从而货物先于其单据到达卸货港的情形极为常见。这种情形在近洋运输中表现得更为突出，由于航程较短而银行审单和处理单据的速度相对较慢，故经常出现货到而提单滞后的情况。另外，就远洋货物运输而言，在邮寄单据的过程中也可能出现意外，如寄单迟延、寄单错误，或者为了澄清单据的疑点而造成延误，单据晚于预定时间到达收货人等。在此情况下，若仍然坚持收货人凭正本提单提货，则可能导致货物在卸货港压船、压港，从而造成卸货港口阻塞，港口费用和仓储费用大幅增加，也可能造成使收货人丧失出售货物的良好时机等后果，故电放有利于加速货物周转，促进贸易。

当国际货运代理人以承运人身份参与海上运输，签发货代提单（House B/L）时，他实际上具有双重身份：对于船东（实际承运人）而言，货代是托运人；对于货主而言，货代又是承运人。货主（实际的托运人）凭货代提单显然无法向实际承运人提货，此时货代往往向实际承运人申请电放，以简化手续。

由于电放后发货人将不再掌握货权，因此办理电放前一定要确认发货人能够安全收款，否则极易造成钱货两空的局面。

二、海运单

海运单（Sea Waybill）指证明海上货物运输合同和承运人接收货物或者已将货物装船的不可转让的单证，是一种新兴的海运单据。与提单不同，海运单不能转让流通，不是物权凭证。

国际贸易的飞速发展，要求简化工作程序、加速商品和资金的流转，不可转让海运单与现代运输高速化相适应，具有简便、及时和安全等优点，特别是短程运输，提单的到达落后于货物，进口商收不到提单，只能凭银行担保向船公司提货，这需要支付担保手续费，增加了进口商的额外支出，而不可转让海运提单不须凭提单提货，对进口商来说提货及时、手续简便、费用节省。

另外，提单如在寄递过程中丢失，后果极为严重。海运单不能背书转让，收货人无需凭海运单，只需出示适当的身份证明，就可以提取货物。因此海运单迟延到达、灭失、失窃等均不影响收货人提货，这样可以有效地防止海运欺诈、错误交货的发生。

海运单在无转卖货物意图的贸易运输中焕发了勃勃生机。1990 年在国际海事委员会第 34 届大会上通过了《国际海事委员会海运单统一规则》，供当事人选择适用，当事人须订明“本海运单受 CMI 海运单统一规则制约”的文字。

技能强化

一、货物串味案

有一批茶叶交付船公司装运，提单清洁，适用海牙规则。货到目的港后，收货人在提货时，发现茶叶有异味。后经查实，是由于船公司将茶叶与生牛皮混装于同一船舱所致。

【问题】

1．船公司对该批变味茶叶是否应负责？为什么？

2．收货人可以向谁索赔？为什么？

3．发货人是否应承担责任？

二、海运提单的缮制

请根据广西工艺品进出口有限公司接到的印度尼西亚 MTA BROS CO.,LTD.的信用证及相关出口资料缮制提单，见表 5-8。

资料一：MTA BROS CO.,LTD.通过印度尼西亚银行开来的信用证部分条款

ISSUING BANK : PT BANK MANDIRI
JL. JENDERAL GATOT SUBROTO KAV. 36-38,
JAKARTA 12190 INDONESIA
FORM OF DOC. CREDIT : IRREVOCABLE
CREDIT NUMBER : PBM6309057
DATE OF ISSUE : 141208
APPLICABLE RULES : UCP 600
EXPIRY : DATE 141015
PLACE IN CHINA
APPLICANT : MTA BROS CO.,LTD.
PO. BOX 4916 JKT 10610
JL. GATOT GATOT SUBROTO, JAKARTA 10610
BENEFICIARY : GUANGXI ARTS & CRAFTS IMP. AND EXP. CO., LTD.
AMOUNT : CURRENCY AMOUNT USD 32630.00 (SAY US DOLLARS THIRTY TWO THOUSAND SIX HUNDRED AND THRITY)
PARTIAL SHIPMENTS : NOT ALLOWED
TRANSSHIPMENT : ALLOWED
PORT OF LOADING : BEIHAI, CHINA
PORT OF DISCHARGE : JAKARTA, INDONESIA
LATEST DATE OF SHIPMENT 44C: 091914 (MM/DD/YY)
DESCRIPTION OF GOODS: ARTIFICIAL FLOWERS

DOCUMENTS REQUIRED:

+ COMMERCIAL INVOICES IN TRIPLICATE

+FULL SET OF CLEAN ON BOARD OCEAN BILL OF LADING ISSUED TO ORDER OF PT BANK MANDIRI AND BLANK ENDORSED MARKED 'FREIGHT PREPAID' NOTIFYING APPLICANT

+PACKING LISTS IN TRIPLICATE SHOWING NUMBER OF CARTONS, GROSS WEIGHT, NET WEIGHT AND MEASURMENT

+CERTIFICATE OF ORIGIN IN DUPLICATE ISSUED BY COMETENT AUTHORITY

+INSURANCE POLICY OR CERTIFICATE IN TWO ORIGINALS

PRESENTATION PERIOD : 15 DAYS AFTER SHIPMENT

CONFIRMATION : WITHOUT

ADVISE THROUGH : BANK OF CHINA , NANNING BRANCH

资料二：广西工艺品进出口有限公司向海外代理托运，货物装箱后获取的信息

BILL OF LADING NO. COS1209030032

VESSEL NAME: MV SUMMIT II

VOYAGE NO. 0012S

NO. OF PACKAGES: 1600 CTNS IN 1×40'GP

GROSS WEIGHT: 16500KGS

MARKS: N/M

CONTAINER NO. CAIU8533923

SEAL NO. Y917401

ON BOARD DATE: 6TH, SEP. 2014

请根据上述资料填制表 5-8。

表 5-8 提单

1. Shipper Insert Name, Address and Phone		B/L No.
2. Consignee Insert Name, Address and Phone		中远集装箱运输有限公司 **COSCO CONTAINER LINES** TLX: 33057 COSCO CN FAX: +86(021) 6545 8984 **ORIGINAL** Port-to-Port or Combined Transport **BILL OF LADING**
3. Notify Party Insert Name, Address and Phone (It is agreed that no responsibility shall attach to the Carrier or his agents for failure to notify.)		RECEIVED in external apparent good order and condition except as otherwise noted. The total number of packages or unites stuffed in the container. The description of the goods and the weights shown in this Bill of Lading are Furnished by the Merchants, and which the carrier has no reasonable means Of checking and is not a part of this Bill of Lading contract. The carrier has issued the number of Bills of Lading stated below, all of this tenor and date, one of the original Bills of Lading must be surrendered and endorsed or signed against the delivery of the shipment and whereupon any other original Bills of Lading shall be void. The Merchants agree to be bound by the terms And conditions of this Bill of Lading as it each had personally signed this Bill of Lading. SEE clause 4 on the back of this Bill of Lading (Terms continued on the back Hereof, please read carefully). Applicable Only When Document Used as a Combined Transport Bill of Lading.
4. Combined Transport * Pre - carriage by	5. Combined Transport* Place of Receipt	

（续）

6. Ocean Vessel Voy. No.	7. Port of Loading
8. Port of Discharge	9. Combined Transport * Place of Delivery

Marks & Nos. Container / Seal No.	No. of Containers or Packages	Description of Goods (If Dangerous Goods, See Clause 20)	Gross Weight Kgs	Measurement
		Description of Contents for Shipper's Use Only (Not Part of this B/L Contract)		

10. Total Number of Containers and/or Packages (in words)
Subject to Clause 7
Limitation

11. Freight & Charges Declared Value Charge	Revenue Tons	Rate	Per	Prepaid	Collect

Ex. Rate:	Prepaid at	Payable at	Place and Date of Issue
	Total Prepaid	No. of Original B(s)/L	Signed for the Carrier, COSCO CONTAINER LINES

LADEN ON BOARD THE VESSEL
DATE BY

小 结

国际货物运输是国际贸易发展的必要条件，不同的运输方式使用不同的运输单据，其中提单在国际货物运输中使用最为广泛。

提单具有运输合同的证明、货物收据和物权凭证等特点。海运提单的种类繁多，从不同角度分为不同的种类：按照货物是否已装船可以分为已装船提单和备运提单；按照提单的不同抬头可划分为记名提单、指示提单、不记名提单；按照提单有无不良批注可以分为清洁提单和不清洁提单；按照运输方式不同可以分为直达提单、转船提单和联运提单；按照提单内容、条款的繁简划分可以分为全式提单和简式提单；按船舶营运方式的不同划分可分为班轮提单和租船提单；按签发提单的时间划分可分为倒签提单和预借提单；按提单签发人的不同划分可分为船东提单和运输代理行提单。此外，在运输实务当中还常见到舱面货提单、交换提单、电子提单等。

提单的签发和流转是一项非常重要工作，提单签发的正确与否，如何流转，关系到各当事方的切身利益。在提单的签发和流转过程中要特别注意提单的签发人、签发的时间、签发的地点、提单的正本以及如何背书转让。同时，凭保函签发清洁提单在运输实务中广泛存在，应清楚其形成的原因、保函的效力及实务操作。

提单的签发地或起运港和目的港又常分处不同的国家，提单的利害关系人常分属于不同的国籍，提单又是由各船公司根据本国有关提单的法规自行制定的，在国际上统一提单的法律规定非常重要，与提单有关的国际公约主要有《海牙规则》、《维斯比规则》和《汉堡规则》。我国也吸收了有关国际惯例的精髓，制定了《中华人民共和国海商法》。

提单分为正面内容和背面条款两部分。提单的正面内容主要是记载与货物和货物运输有关的事项，提单背面都是印就的条款，主要规定了承运人和货方之间的权利、义务和责任豁免。这些规定连同相关法律在双方出现争议时将成为处理的依据。

而航空货运单是托运人和承运人之间在空运航线上运输货物所订立运输契约的凭证，航空货运单不可转让，由托运人或者以托运人的名义填制。航空货运单是托运人或其代理人所使用的最重要的货运文件，是承运人与托运人之间缔结运输契约的凭证；是承运人收运货物的证明文件；是运费结算凭证及运费收据；是承运人在货物运输组织的全过程中运输货物的依据；是国际进出口货物办理清关的证明文件。

航空货运单通常包括有出票航空公司（ISSUE CARRIER）标志的航空货运单和无承运人任何标志的中性货运单两种。航空货运单既可用于单一种类的货物运输，也可用于不同种类货物的集合运输，既可用于单程货物运输，也可用于联程货物运输。

托运人有责任填制航空货运单。规定明确指出，托运人应自行填制航空货运单，也可以要求承运人或承运人授权的代理人代为填制。托运人对货运单所填各项内容的正确性、完备性负责。由于货运单所填内容不准确、不完全，致使承运人或其他人遭受损失，托运人负有责任。托运人在航空货运单上的签字，证明其接受航空货运单正本背面的运输条件。

项目六

缮制原产地证明书

熟悉原产地证书的含义、类型及其申领程序，掌握一般原产地证和普惠制证的内容及缮制方法，能够正确缮制一般原产地证和普惠制原产地证。

任务　缮制原产地证明书

在广西桂信公司与英国兄弟公司的交易中，赵悦认真、细致地把商业发票、包装单据、运输单据都缮制好之后，接下来就是根据信用证的要求缮制其他单据了，她要按照信用证修改书的要求提供普惠制原产地证明书一式两份。这是赵悦在工作中第一次接触原产地证明书，她要温习在学校学习过的原产地证明书知识，正确制作普惠制原产地证书。

一、原产地证明书的含义与类型

（一）含义

原产地证明书（Certificate of Origin，C/O）简称产地证，是出口商应进口商的要求而提供的、由公证机构或政府或出口商出具的证明货物原产地和制造地的一种证明文件。原产地证书是进口国确认货物原产地、实行差别关税待遇、进行贸易统计的主要依据，它还是进口国实行国别贸易政策和出口国享受配额待遇的通关凭证。

中华人民共和国出口货物原产地证明书是证明有关出口货物是在中国关境内获得或经过加工制造，并发生了实质性改变的证明文件。

（二）原产地证明书的类型

1．按用途划分

（1）优惠原产地证。优惠原产地证是根据相关国家的优惠原产地证规则和有关要求，由出口受惠国官方机构出具的，是具有法律效力的受惠国的出口产品在给惠国享受在最惠国税率基础上进一步减免进口关税的官方凭证，分为单向优惠和互惠原产地证书。单向优惠的优惠原产地证有普惠制原产地证（FORM A）、CEPA 原产地证等。互惠的优惠原产地证有亚太贸易协定及中国—东盟自由贸易区、中国—巴基斯坦自由贸易区、中国—智利自由贸易区、中国—新西兰自由贸易区、中国—新加坡自由贸易区等区域性经济集团互惠原产地证。

（2）非优惠原产地证。非优惠原产地证的作用是证明货物原产于某一特定国家或地区，享受进口国的正常关税（最惠国关税）待遇的证明文件，它的适用范围是征收关税、贸易统计、保障措施、歧视性数量限制、反倾销和反补贴等方面。证书主要有一般原产地证和《金伯利进程国际证书》等。

2．按签证人划分

（1）检验检疫机构出具的原产地证书。例如：中华人民共和国出入境检验检疫局（CIQ）出具的普惠制产地证格式 A（GSP FORM A）。

（2）商会或贸促会出具的产地证书。例如：中国国际贸易促进委员会（CCPIT），出具的一般原产地证书，简称贸促会产地证书（CCPIT Certificate of Origin）；从 2009 年 8 月 1 日起，全国贸促会系统开始实施签发亚太贸易协定原产地证、中国—新加坡自由贸易区优惠原产地证等。

（3）制造商或出口商出具的产地证书。如果合同或信用证没有规定具体的原产地证出具人，可由制造商或出口商出具产地证明。

上述（1）、（2）类产地证在进出口业务中经常见到，第（3）类最近几年已很少见到。

在国际贸易中，应该提供哪种产地证明书没有固定的规则，主要依据合同或信用证的要求。根据国际标准银行实务，如果信用证要求原产地证明，则提交经过签署、注明日期的证明货物原产地的单据即可。不管怎样，提供原产地证的最终目的应该是货物可以顺利通关，进口商可以获取最优惠进口关税待遇。

根据国际标准银行实务，原产地证明必须由信用证规定的人出具。但是，如果信用证要求原产地证明由受益人、出口商或厂商出具，则由商会出具的单据是可以接受的，只要该单据相应地注明受益人、出口商或厂商。如果信用证并未明确规定产地证书的出具人，那么银行应该接受任何一种产地证明书。现在我国多数出口商习惯于使用贸促会出具的证书。

二、原产地证明书的注册申办程序

（一）企业办理注册登记

凡申请办理原产地证书的单位，必须预先在当地检验检疫机构办理注册登记手续，准予注册后方可申领原产地证书。办理注册登记需提交以下资料：

（1）填写完整、规范的《产地证注册登记表》；

（2）工商营业执照复印件（同时交验原件）；
（3）组织机构代码证复印件（同时交验原件）；
（4）进出口经营权的文件（批准证书、资格证书或备案登记表）复印件（同时交验原件）；
（5）产品原材料来源的有关证明；
（6）产地证申报员身份证复印件；
（7）原产地证电子签证申请书申请表；
（8）签证机构认为必要的合同等其他文件。

（二）核准企业注册登记

签证机构受理申请后，审核申请单位提供的表格和资料，并根据情况派员到企业进行实地调查，以便确定其产品是否符合有关给惠国的普惠制原产地标准或《中华人民共和国出口原产地规则》所规定的标准。根据调查情况，由签证机构填写《原产地调查记录》，作为是否准予注册和对产品签证的依据。对审核合格的企业，签证机构给予注册登记。

（三）申请签发原产地证书

取得签证机构注册后，即可向该签证机构申请签发原产地证书，一般来说，申请单位应于货物出运前向签证机构提出申请。申请人申请签发产地证书时，申请人应提交下列文件：
（1）加盖申请人印章的产地证申请书；
（2）出口发票、装箱单副本；
（3）缮制好的产地证书一套（一正本三副本）（如果是网上申请，在系统通过后打印）；证书需要签字、盖章。签字人员应是取得产地证申领（手签）资格的人员。
（4）签证机构认为必要的其他证明文件。如含有进口成分的商品，需提供《含进口成分商品成本明细单》；如后发证书，需提供提单或运单和后发理由报告；如有必要，还需提供合同、信用证等。

（四）企业年审

经审核合格的企业及其产品在检验检疫机构注册的有效期满后，企业自注册之日起满二年需办理年审。年审业务需提供的资料包括：
（1）营业执照复印件；
（2）企业组织机构代码证复印件；
（3）进出口经营权批文复印件；
（4）出口注册产品成本明细单；
（5）产地证注册登记证；
（6）申报员证；
（7）签证机构认为必要的其他证明文件。

三、原产地申请书的填制

出口企业在向签证机构申领各种原产地证时都要填写原产地证明书申请书（见样单6-1）。主要内容有：
（1）申请单位：申请原产地证的出口企业。

（2）产地证注册号：“注册号”栏填写申请单位在检验检疫局产地证签证部门注册的注册号。如：广西桂信贸易有限公司的注册号为450000695。

（3）证书号码。检验检疫局的原产地证书号码由16个字符组成，第1位字符为英文大写字母，代表证书类别，一般原产地证为C，普惠产地证为G；第2～3位字符为阿拉伯数字，代表年份，如“12”代表2012年；第4～12位字符为企业注册号；第13～16位字符为该类证书企业当年出证的顺序号，如“0003”。例如，证书号“G134500006950003”是指注册号为“450000695”的单位（本书桂信贸易公司的注册号）2013年办理的第3份FORM A证书。

（4）申请证书类型：在此证书种类栏划“√”。

（5）发票号码：写正式出口发票的号码，并与随附发票相一致。

（6）最终目的国家/地区：货物即将运抵的最终销售国。

（7）报检单号：所有法检产品必须填报检单号。

（8）发票日期：填写发票签发日期。

（9）拟出运日期：填写货物拟离开起运口岸的当天日期（年、月、日）。东盟、亚太、智利、巴基斯坦、秘鲁、新加坡等区域优惠原产地证必须填写确切的船名航次、出运日期。

（10）商品FOB总值：根据申报的出口货物出口发票上所列的金额以FOB价格填写（以美元计），如出口货物不是以FOB价格成交的，应换算成FOB价格。

（11）贸易方式：据实际情况选择划“√”。

（12）船名航次及运输路线：填写本批货物的船名及航次号；运输路线填起运国、目的国及中转地，无中转地的填写“***”。

（13）商品名称：填写商品品名的中英文，并与发票的商品名称一致。

原产地证明申请书的式样见表6-1（以广西桂信贸易公司与英国兄弟公司交易的合同和信用证为例）：

表6-1　原产地证明申请书

原产地证明申请书

申请单位（盖章）：广西桂信贸易有限公司　　　　**产地证注册号**：450000695

证书号码：G134500006950003

申请人郑重声明：

本人是被正式授权代表单位办理原产地证明书和签署本申请书的。

本人所提供原产地申请书及所附单据内容正确无误，如发现弄虚作假，冒充证书所列货物，自愿接受签证机关的处罚及负法律责任。现将有关情况申报如下：

申请证书类型 （请在相应的“□”内处打钩）	☑ 普惠制原产地证明书（FORM A） □ 一般原产地证明书（CO） □ 亚太贸易协定原产地证明书（FORM B） □ 中国—东盟自由贸易区优惠原产地证明书（FORM E） □ 中国—巴基斯坦自由贸易区优惠原产地证明书（FORM P） □ 中国—智利自由贸易区优惠原产地证明书（FORM F） □ 中国—新加坡自由贸易区优惠原产地证明书 □ 中国—新西兰自由贸易区优惠原产地证明书 □ 中国—秘鲁自由贸易区优惠原产地证明书

（续）

发票号码	GX121006	最终目的国/地区	LONDON, UK	报检单号	
发票日期	SEP. 7，2014	拟出运日期	SEP. 12，2012	商品FOB总值(美元)	USD80,094.3

贸易方式	一般贸易√、来料加工贸易、进料加工贸易、外商投资、易货贸易、补偿贸易、边境贸易、展卖贸易、零售贸易、无偿援助、其他贸易方式（**请在对应的贸易方式上打钩**）
船名航次	MEDEA V. FA19W
运输路线	FROM FANGCHENG TO LONDON UK VIA *** BY SEA
进口商（CONSIGNEE）名称及地址	BROTHER TRADING CO., LTD. Sheepcote Road, Harrow HA1 2JL, London, England, UK Telephone:0044-020-85994485 Fax: 0044-020-85258441
出口商（SHIPPER）名称及地址	GUANGXI GUIXIN TRADING CO., LTD. 10 QIXING ROAD, NANNING CITY, GUANGXI, CHINA
唛头（MARK）	N/M

序号	HS编码	货物中英文名称	进口成分	生产企业/联系人/电话	数量/重量	箱数（CTNS）	FOB值（美元）
1	69111010	瓷器餐具 Fashionable dandelion design porcelain dinnerware sets	0%	广西新光陶瓷有限公司/李强/0773-2678966	22,200SETS/GW.22,000KGS	22,00CTNS	USD 80,094.3
2							
3							
4							
5							
6							
7							
8							

信用证或客户特殊要求：	申报员（签名）：张三 电话：0771-8462343 日期：2012年9月12日

注：1．所有法检产品必须填报检单号。

2．“进口成分”指产品含进口成分的情况，如不含进口成分，则填0%，若含进口成分，则填进口成分占产品出厂价的百分比。

3．东盟、亚太、智利、巴基斯坦、秘鲁、新加坡等区域优惠原产地证必须填写确切的船名、航次、出运日期。

四、原产地证明书的缮制

（一）一般原产地证明书的内容与缮制（见表 6-2）

表 6-2　一般原产地证明书

ORIGINAL

<table>
<tr><td colspan="2">1. Exporter（full name and address）</td><td colspan="3" rowspan="2">Certificate No.
CERTIFICATE OF ORIGIN OF
THE PEOPLE'S REPUBLIC OF CHINA</td></tr>
<tr><td colspan="2">2. Consignee（full name and address）</td></tr>
<tr><td colspan="2">3. Means of transport and route</td><td colspan="3" rowspan="2">5. For certifying authority use only</td></tr>
<tr><td colspan="2">4. Country/region of destination</td></tr>
<tr><td>6. Marks and numbers</td><td>7. Number and kind of packages; description of goods</td><td>8. H.S. CODE</td><td>9. Quantity</td><td>10. Number and date of invoices</td></tr>
<tr><td colspan="2">11. Declaration by the exporter
The undersigned hereby declares that the above details and statements are correct; that all the goods were produced in China and that they comply with the Rules of Origin of the People's Republic of China.</td><td colspan="3">12. Certification
It is hereby certified that the declaration by the exporter is correct.</td></tr>
<tr><td colspan="2">Place and date, signature and stamp of authorized signatory</td><td colspan="3">Place and date, signature and stamp of certifying authority</td></tr>
</table>

出口企业应在货物出运前向签证机构申请，签证机构审核无误即予签发。证书编号（Certificate No.）按签证机构的编码规则填写，与申请书上的编号要一致。此栏不得留空，否则证书无效（本书后面各种优惠原产地证书此栏要求相同）。

1．出口方（Exporter）

填写出口商详细地址、名称、国别。出口商名称必须是经出入境检验检疫局登记注册，其名称、地址必须与注册档案一致。必须填明在中国境内的出口商详细地址、国名。如果出口单位是其他国家或地区某公司的分公司，申请人要求填境外公司名称时可填写。但必须在中国境内的出口商名称后加上“ON BEHALF OF（O/B）”或“CARE OF（C/O）”，再加上境外公司名称。如经其他国家或地区需填写转口商名称时，可在出口商后面加英文“VIA”，然后再填写转口商名称、地址和国家。

2．收货方（Consignee）

填写收货人的名称、地址和国别，一般应填写最终收货人名称，即提单通知人或信用证上特别声明的收货人。根据国际标准银行审单实务，信用证项下的证书本栏目收货人的信息不能与运输单据中的收货人信息相矛盾。但是，如果信用证要求运输单据做成“凭指示”“凭托运人指示”“凭开证行指示”等抬头，则原产地证明可以信用证的申请人或信用证中具名的另外一人作为收货人。如果信用证已经转让，那么以第一受益人作为收货人也可以。

另外，如信用证规定所有单据收货人一栏留空，在这种情况下，此栏应加注“TO WHOM IT MAY CONCERN”或“TO ORDER”，但不得留空。若需填写转口商，可在收货人后面加填英文“VIA”，然后再填写转口商名称、地址和国家。

3．运输方式和路线（Means of transport and route）

填明装货港、目的港名称及运输方式（海运、空运或陆运）。若经转运，还应注明转运地。例如：通过海运，由上海港经香港转运至汉堡港，应填为“FROM SHANGHAI TO HAMBURG VIA HONG KONG BY VESSEL”。

4．目的地国家（地区）（Country/region of destination）

填写目的地国家或地区。一般应与最终收货人最终目的港（地）国别一致，不能填写中间商国家名称。

5．签证机构专用栏（For certifying authority use only）

证书申领单位应将此栏留空。特殊情况下，签证当局在此栏加注：

（1）货物已出口，签发“后发”证书时，此栏盖上“后发（Issued retrospectively）”的红色印章。

（2）证书遗失、被盗或损毁，签发“复本”证书时盖上“副本（Duplicate）”的红色印章，并在此栏注明原产地证书的编号和签证日期，并声明原发证书作废。

6．运输标志（Marks and numbers）

此栏应照实填写完整的图案、文字标记及包装号，不可简单填写“按照发票（AS PER INVOICE NO.）”或“按照提单（AS PER B/L NO.）”。如唛头多，本栏填不下，可填在第7、8、9栏的空白处，如还不够，可以附页填写。如图案文字无法缮制，可附复印件，但须加盖签证机构印章。如无唛头，应填N/M字样。此处不得出现“香港、台湾或其他国家和地区制造”等的字样。

7．商品名称、包装数量及种类（Number and kind of packages; description of goods）

此栏应填明商品总称和具体名称，以便进口国海关能对其进行归类，不能用概括性表述，如服装（GARMENT）。包装数量及种类要按具体单位填写，如货物为散装，在商品名称后加注“散装”（IN BULK），如果同批货物有不同品种则要有总包装箱数。最后应加上截止线（*************），以防持证人擅自添加内容。国外信用证有时要求填具合同、信用证号码等，可加在截止线下方空白处。

8．商品编码（H.S. Code）

此栏要求填写至少6位数的H.S.编码，应与报关单一致。若同一证书含有多种商品，应将相应的H.S.编码全部填写。此栏是产地证的核心栏目，是进口国海关据以征收最惠国关税的主要依据，不得留空。

9．数量和重量（Quantity）

此栏应填写出口货物包装内的总数量及计量单位。如果是重量单位，需注明是毛重（G.W.）还是净重（N.W.），如G.W.22,000kgs。

10．发票号与日期（Number and date of invoices）

此栏不得留空。为避免对月份、日期的误解，月份一律用英文表述，如“2013年12月10日”用英文表述为“DEC. 10，2013”。该栏日期应早于或同于第11栏和第12栏的申报和签发日期。

11．出口商声明（Declaration by the exporter）

填写出口商名称、申报地点及日期，由已在签证机构注册的申领（手签）人员签字并加盖企业中英文印章。该栏日期不得早于发票日期（第 10 栏）。

12．签证机构注明（Certification）

申请单位在此栏填写签证日期和地点，然后由签证机构已授权的签证人签名、盖章。签发日期不得早于发票日期（第 10 栏）和申请日期（第 11 栏）。如有信用证要求填写签证机关名称、地址、电话、传真以及签证人员姓名的，需仔细核对，要求准确无误。

注意：第 11 栏与第 12 栏的签字不能与盖章重叠。

（二）普惠制原产地证明书的内容与缮制

1．普惠制简介

普惠制（G.S.P.）全称为普遍优惠制（Generalized System of Preferences），是发达国家（给惠国）给予发展中国家或地区（受惠国）在经济、贸易方面的一种非互利的特别优惠待遇的关税制度。受惠国向给惠国出口工业制成品、半制成品和部分农产品时，给惠国海关凭受惠国有关当局出具的普惠制原产地证明书给予减免关税的优惠待遇。实施普惠制的目的是通过给惠国对受惠国产品给予减免关税优惠待遇，使发展中的受惠国增加出口收益，促进工业化，加速国民经济增长。

目前普惠制的给惠国有 41 个。这些国家是：欧洲联盟的 28 个成员（比利时、丹麦、英国、德国、法国、爱尔兰、意大利、卢森堡、荷兰、希腊、葡萄牙、西班牙、奥地利、芬兰、瑞典、波兰、捷克、斯洛伐克、拉脱维亚、爱沙尼亚、立陶宛、匈牙利、马耳他、塞浦路斯、斯洛文尼亚、保加利亚、罗马尼亚、克罗地亚）、挪威、瑞士、日本、加拿大、澳大利亚、新西兰、俄罗斯、白俄罗斯、乌克兰、哈萨克斯坦、土耳其、美国、列支敦士登公国。目前在这些给惠国中，除美国不对中国给惠外，其他 40 个国家均对中国给惠。

根据大多数给惠国的规定，享受普惠制必须持凭受惠国政府指定的机构签署的普惠制原产地证书以及符合直接运输规则的证明文件。

凡是对给予我国以普惠制关税待遇的国家出口的受惠产品，均可向我国出入境检验检疫局申请普惠制原产地证，作为进口国海关减免关税的依据。

2．普惠制原产地证明书的内容与缮制

普惠制原产地证书，属于优惠原产地证的一种，由出口受惠国官方出具，是具有法律效力的受惠国的出口产品在给惠国的最惠国税率的基础上进一步减免关税的官方凭证。其中主要书面格式为 G.S.P. FORM A（表格 A 产地证）。表格 A 产地证适用于一般商品。在我国，普惠制产地证书由出口人填写后连同普惠制产地证申请书和商业发票等单据资料一起送交中华人民共和国出入境检验检疫局签发。

普惠制产地证明书也有 12 栏（见表 6-3），普惠制产地证申报人员应按照证书中各栏要求，将本批货物的有关情况如实填制，保证所填的证书真实、准确。证书一律不得涂改，不得加盖更正章。证书号（Reference No.）处填写证书号，其类型代码为 G，证书编号要与申请书上的一致。具体各栏填制要求如下：

表 6-3 普惠制原产地证书

ORIGINAL

<table>
<tr><td colspan="3">1. Goods consigned from(Exporter's business name, address, country)</td><td colspan="3" rowspan="2">Reference No.

GENERALIZED SYSTEM OF PREFERENCE
CERTIFICATE OF ORIGIN
(Combined declaration and certificate)
FORM A
Issued in ____________________
(Country)
See Notes Overleaf</td></tr>
<tr><td colspan="3">2. Goods consigned to (Consignee's name, address, country)</td></tr>
<tr><td colspan="3">3. Means of transport and route(as far as known)</td><td colspan="3">4. For official use</td></tr>
<tr><td>5. Item number</td><td>6. Marks and numbers of packages</td><td>7. Number and kind of packages; description of goods</td><td>8. Origin criterion (See Notes Overleaf)</td><td>9. Gross weight or other quantity</td><td>10. Number and date of invoices</td></tr>
<tr><td colspan="3">11. Certification
It is hereby certified, on the basis of control carried out, that the declaration by the exporter is correct.

Place and date. signature and stamp of certifying authority</td><td colspan="3">12. Declaration by the exporter
The undersigned hereby declares that the above details and statements are correct; that all the goods were produced in ---------
------------------------and that they comply with the origin
(country)
requirements specified for those goods in the Generalized System of Preferences for goods exported to
----
(importing country)

Place and date, signature of authorized signatory</td></tr>
</table>

（1）出口商的名称、地址和国别（Goods consigned from）。此栏出口商公司名称应与注册时相同，与信用证的有关写法一致，必须填写地址、国名。如果是代理其他公司出口，可在出口商名称、地址、国别后加上“ON BEHALF OF（O/B）”“VIA”或“CARE OF（C/O）”和被代理公司的名称及地址，被代理公司含境外名称、地址的不得申报。此栏是带有强制性的。应填明中国境内出口单位的名称和详细地址。

（2）收货人的名称、地址和国别（Goods consigned to）。应根据信用证要求填写给惠国最终收货人。如果信用证未明确最终收货人，可以填写商业发票的抬头人，但不要填中间转口商的名称，此栏须填写国名，须与第 12 栏中声明的进口国一致。

欧盟 28 国、挪威对此栏是非强制性要求，若第 2 栏进口商国家和第 12 栏最终目的国都是欧盟国家，则可以与第 12 栏国家不同，也可以不填详细地址，只填上“To Order”，如最终收货人不明确或为中间商时可填“To Order”字样，但须填写收货人所在国家。

（3）运输方式及路线（就所知而言）（Means of transport and rout）。一般应填装货、到货地点（起运港、目的港等）及运输方式（如海运、陆运、空运、陆空运等），如“FROM SHANGHAI TO HAMBURG BY SEA”。如果是转运商品还应加上转运港，如“VIA HONGKONG”。

（4）供官方使用（For official use）。申请单位不填，检验检疫机构根据签证需要，如后发、重发等，在此栏加注、盖章。

1）货物已出口，签发后发证书时，此栏盖上“后发”（Issued retrospectively）的红色印章。

2）证书遗失、被盗或损毁，签发副本证书时盖上“副本”（Duplicate）的红色印章，并在此栏注明原产地证书的编号和签证日期，并声明原产地证书作废，其文字表述是这样的：此证书是某月某日签发的某证书（号码为……）的副本，原证书已作废（This certificate is in replacement of Certificate of Origin No …dated …which is cancelled）。

（5）商品顺序号（Item number）。按不同品种（不同税则号）的商品同时出口，在此栏内按不同税则号分列“1”“2”“3”……。若只是一种税则号的商品，此栏填“1”，单项商品，此栏可不填。

（6）唛头及包装号（Marks and numbers of packages）。商品唛头须与发票上显示的相同，不可简单填写“按照发票”（As per Invoice No.）或者“按照提单”（As per B/L No.），如唛头过多此栏缮制不下，可填写在第 7、8、9 栏结束符下面的空白处，如还不够，可另加附页，在第 6 栏填写“See attachment”，附页用 A4 纸，填写“Attached to GSP Form A NO.：TZG/×××××/04××××”，手签并盖印。附页手签的笔迹、地点、日期均与证书第 11、12 栏一致。如果货物无唛头，应填“N/M”。此栏不能留空。

（7）包装数量及种类、品名（Number and kind of packages; description of goods）。这一栏填写应注意以下几个问题：

1）包装数量必须用英文和阿拉伯数字同时表示。

2）应具体填明货物的包装种类（如 case、carton、bag 等），不能只填“package”。如果无包装，也应填明货物出运时的状态，如“裸装货”（Nude Cargo）、“散装货”（Bulk Cargo）、“挂装”（Hanging Garments）等。

3）商品品名必须具体填写，具体到能找到其相对应的 H.S.编码，如“女大衣”（Women's Overcoats）、“洗碟机”（Dish Washing Machines），不能笼统填“服装”（Garments）、“机器”（Machines）、“大宗货物”（General Merchandise）等。

4）如果信用证开过来的品名有误、不具体或采用英文以外的其他文字，应在该品名后的括号内补填正确、具体的英文品名。

5）一般情况下，商品的商标、牌名、货号可不填，商品名称等项列完后，应在末行或次行加上“*******”表示结束的符号，以防止加填或伪造内容，国外信用证有时要求填写合同、信用证号码等，可加在此栏空白处，如“REMARK：L/C NO. 21BC000384”。

此栏填写实例如：“ONE HUNDRED AND FIFTY（150）CARTONS OF WORKING GLOVES”。

（8）原产地标准（Origin criterion）。此栏是 FORM A 证书的核心栏，此栏填写正确与否，牵涉到产品是否可以享受普惠制待遇。各给惠国对第8栏的填写有不同的规定，具体要求如下：

1）如果本商品完全是出口国自产的，不含任何进口成分，出口到所有的给惠国一律填“P”。

2）含有进口成分，经过国内实质性加工，符合原产地标准的，按下列方法填写：

① 出口到欧盟、挪威、瑞士、列支敦士登、土耳其以及日本的，填“W”，其后加上该产品的H.S.品目号，如“W”94.05。

条件一：产品列入了上述给惠国的“加工清单”，符合其加工条件。

条件二：产品未列入“加工清单”，但产品生产过程中使用的进口原材料和零部件要经过充分加工，产品的H.S.税则号不同于所使用的原材料或零部件的H.S.税则号。

② 出口到加拿大的商品，含有的进口成分是来自两个或两个以上的加拿大受惠国的原料，填“G”（全球累计），其他国家进口成分填“F”。条件是进口成分的价值未超过产品出厂价的40%。

③ 出口到白俄罗斯、俄罗斯、乌克兰、哈萨克斯坦等国家的，填“Y”，其后填明进口原料和部件的价值在出口产品离岸价中所占的百分比，如“Y”45%。条件是进口成分的价值不得超过产品FOB价的50%。

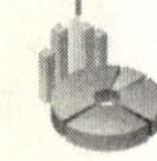

④ 出口到澳大利亚和新西兰的，不必填写，此栏可以留空或填“W”加商品的H.S.品目号。

（9）毛重或其他数量（Gross weight or other quantity）。此栏应按发票上计价的商品数量填写，如“只”“件”“匹”“双”“台”“打”等。以重量计算的，填毛重即可；只有净重，可填净重，但要填上“N.W.”（NET WEIGHT）。

（10）发票号及日期（Number and date of invoices）。按发票日期填写，此栏不得留空，为避免误解，月份一律用英文缩写“JAN、FEB、MAR”等表示，发票日期年份要填全，如“2013年10月5日”应写为“OCT. 05, 2013”。发票日期不能迟于提单日期和申报日期。

（11）签证当局的证明（Certification）。此栏填检验检疫局的签证地点、日期，如“HAIKOU HAINAN MAY 12, 2013”。检验检疫局签证人员经审核后在此栏手签并加盖签证章，此栏日期不得早于十栏的发票日期和十二栏的申报日期，而且应早于货物的出运日期。

（12）出口商的申明（Declaration by the exporter）。此栏有三项内容：进口国、生产国、出口商。在进口国横线上填最终进口国，进口国必须是给惠国，与第二栏国家及第三栏目的地一致。出口至欧盟的，进口国别不明确时可填“E.U.”。申请单位的申报员应在此栏签字，加盖已注册的中英文合璧签证章，填上申报地点、时间，印章应清晰，如“NINGBO，CHINA MAY 24，2013”。

注意：申报日期不要填法定休息日，日期不得早于发票日期。在证书正本和所有副本上盖章签字时避免覆盖进口国名称、原产国名称、申报地址和申报时间。更改证申报日期一般与原证一致，重发证申报日期应为当前日期。

任务实施

在师傅的帮助下，赵悦根据业务实际情况，填制出了普惠制原产地证书，见表6-4。

表 6-4　普惠制原产地证书

ORIGINAL

<table>
<tr><td colspan="3">1. Goods consigned from(Exporter's business name, address, country)
GUANGXI GUIXIN TRADING CO., LTD.
10 QIXING ROAD, NANNING CITY, GUANGXI, CHINA</td><td colspan="3" rowspan="2">Reference No.
GENERALIZED SYSTEM OF PREFERENCE
CERTIFICATE OF ORIGIN
(Combined declaration and certificate)
FORM A
Issued in <u>THE PEOPOE'S REPUBLIC OF CHINA</u>
(country)
See Notes Overleaf</td></tr>
<tr><td colspan="3">2. Goods consigned to (Consignee's name, address, country)
BROTHER TRADING CO., LTD.
SHEEPCOTE ROAD, HARROW HA1 2JL, LONDON ENGLAND, UK</td></tr>
<tr><td colspan="3">3. Means of transport and route(as far as known)
FROM FANGCHENG CHINA TO LONDON UK BY SEA</td><td colspan="3">4. For official use</td></tr>
<tr><td>5. Item number</td><td>6. Marks and numbers of packages</td><td>7. Number and kind of packages; description of goods</td><td>8. Origin criterion (See Notes Overleaf)</td><td>9. Gross weight or other quantity</td><td>10. Number and date of invoices</td></tr>
<tr><td>1</td><td>N/M</td><td>ONE THOUSAND AND ONE HUNDRED (1100) CARTONS OF FASHIONAL DANDELION DESIGN PORCELAIN DINNERWARE SETS
**************************</td><td>"p"</td><td>2,200 sets, 22,000 KGS G.W.</td><td>GX121006
SEP.10,2012</td></tr>
<tr><td colspan="3">11. Certification
It is hereby certified, on the basis of control carried out, that the declaration by the exporter is correct.
广西出入境检验检疫局（章）
王芳
NANNING, CHINA SEP..4, 2012
Place and date, signature and stamp of certifying authority</td><td colspan="3">12. Declaration by the exporter
The undersigned hereby declares that the above details and statements are correct; that all the goods were produced in CHINA
(country)
and that they comply with the origin requirements specified for those goods in the Generalized System of Preferences for goods exported to
UK
(importing country)　（章）（签字）
SEP.12, 2012 NANNING
Place and date, signature of authorized signatory</td></tr>
</table>

深化训练

请根据广西诚鑫进出口有限公司与马来西亚客户交易的背景材料（详见项目三深化训练），填制一般原产地证书，见表 6-5。

表 6-5 一般原产地证书

ORIGINAL

1. Exporter	CERTIFICATE No. **CERTIFICATE OF ORIGIN OF THE PEOPLE'S REPUBLIC OF CHINA**			
2. Consignee				
3. Means of transport and route	5. For certifying authority use only			
4. Country/region of destination				

6. Marks and numbers	7. Number and kind of packages; description of goods	8. H.S. CODE	9. Quantity	10. Number and date of invoices

11. Declaration by the exporter The undersigned hereby declares that the above details and statement are correct; that all the products were produced in China and that they comply with the Rules of Origin of the People's Republic of China.	12. Certification It is hereby certified that declaration by the exporter is correct.
Place and date, signature and stamp of authorized signatory	Place and date, signature and stamp of certifying authority

知识拓展

一、中国—东盟自由贸易区优惠原产地证明书（FORM E）的内容与缮制

（一）中国—东盟自由贸易区简介

中国—东盟自由贸易区成员包括中国、文莱、柬埔寨、印度尼西亚、老挝、马来西亚、缅甸、菲律宾、新加坡、泰国、越南等。中国企业和东盟成员国交易产品符合《货物贸易协定》项下关税优惠待遇的，凭借中国—东盟自由贸易区优惠原产地证明书（以下简称 FORM E）可以享受关税优惠。

自 2002 年中国—东盟自由贸易区开始建设以来，中国—东盟之间的贸易就不断快速增长，特别是自 2010 年中国—东盟自由贸易区正式建成后，双边贸易更是突飞猛进，2011 年中国与东盟贸易额创历史新高，达 3 629 亿美元，较上年增长 24%，东盟首次成为中国第三大贸易伙伴，而中国继续是东盟最大贸易伙伴。2012 年中国—东盟贸易额再创历史新高，突破 4 000 亿美元，同比增长 10.2%，高于同期中国对外贸易平均增幅（6.2%）。

为使我国出口到东盟的《货物贸易协定》项下的产品享受东盟给予的关税优惠待遇，自 2005 年 7 月 20 日起，国家质检总局设在各地的出入境检验检疫机构开始签发 FORM E。

FORM E 签发的产品范围，在早期收获（HS1-8 章产品）的基础上，增加了泰国、马来西亚、缅甸、新加坡、印度尼西亚和文莱等 6 个国家降税清单的产品。对菲律宾、老挝、越南和柬埔寨签证的产品范围仍限定在早期收获范围内。以上 4 国将在完成相关国内程序后，与中国相互实施降税计划。

企业如有出口到上述国家《货物贸易协定》项下的产品，可到当地的检验检疫机构申请签发 FORM E，享受关税优惠待遇。

签发 FORM E 的代码和国家：96 文莱 Brunei、16 柬埔寨 Cambodia、360 印度尼西亚

Indonesia、418 老挝 Laos PDR、458 马来西亚 Malaysia、104 缅甸 Myanmar、608 菲律宾 Philippines、702 新加坡 Singapore、764 泰国 Thailand、704 越南 Vietnam。

（二）FORM E 的内容与缮制

FORM E 产地证一式三份，包含一份正本及两份副本。正本米黄色，其作用是交给进口商，供其报关缴税用；第二副本浅绿色，由签证机构留存；第三副本浅绿色，由出口商留存。

FORM E 证书共有 13 栏，见表 6-6，右上角的证书编码填签证当局所规定的证书号，其首位字母为 E，其他填制规则见本章原产地申请书中证书号码的填制规则。如原签发的证书遗失，经签证当局同意重发证书，重发证的号码与新证的编码规则一致，但改变流水号。第 1、2、5、6、10 栏的内容及填制要求和普惠制产地证 FORM A 相应各栏一致，可参考 FORM A 的填制要求，其余各栏的填写方法如下：

表 6-6　中国—东盟自由贸易区优惠原产地证书

<table>
<tr><td colspan="3">1. Products consigned from(Exporter's business name, address , country)</td><td colspan="3" rowspan="2">Reference No.
**ASEAN-CHINA FREE TRADE AREA
PREFERENTIAL TARIFF
CERTIFICATE OF ORIGIN**
(Combined Declaration and Certificate)
FORM E
Issued in____________________
(Country)
See Overleaf Notes</td></tr>
<tr><td colspan="3">2. Products consigned to (consignee's name address , country)</td></tr>
<tr><td colspan="3">3. Means of transport and route (as far as known)
Departure date

Vessel's name/Aircraft etc.

Port of discharge</td><td colspan="3">4. For Official Use
☐ Preferential Treatment Given
☐ Preferential Treatment Not Given(Please state reasons)

Signature of Authorized Signatory of the Importing Party</td></tr>
<tr><td>5. Item number</td><td>6. Marks and numbers on packages</td><td>7. Number and type of packages, description of products(including quantity where appropriate and HS number of the Importing Party)</td><td>8. Origin criteria (See Overleaf Notes)</td><td>9. Gross weight or other quantity and value(FOB)</td><td>10. Number and date of invoices</td></tr>
<tr><td></td><td></td><td></td><td></td><td></td><td></td></tr>
<tr><td colspan="3">11. Declaration by the exporter
The undersigned hereby declares that the above details and statement are correct; that all the products were produced in
----
(Country)
and that they comply with the origin requirements specified for these products in the Rules of Origin for the ACFTA for the products exported to
----
(Importing Country)

(Place and date, signature of authorized signatory)</td><td colspan="3" rowspan="2">12. Certification
It is hereby certified, on the basis of control carried out, that the declaration by the exporter is correct.

Place and date, signature and stamp of certifying authority</td></tr>
<tr><td colspan="3">13.
☐ Issued Retroactively　☐ Exhibition
☐ Movement Certificate　☐ Third Party Invoicing</td></tr>
</table>

（1）第3栏：运输工具及路线（已知）。此栏除了注明运输方式以外，还要在栏内对应的英文后依次填上离港日期、运输工具名称、号次以及卸货港口。

（2）第4栏：供官方使用。与FORM A或一般原产地证的官方使用栏不一样的是，此栏是供进口国海关标注本证书项下货物享受关税优惠待遇情况，不管是否给予优惠待遇，进口国海关均须在本栏做出相应的标准，因此申请单位应将此栏留空。

（3）第7栏：包装件数及种类、货品名称（包括相应数量及H.S.编码）。货物品名必须详细，以便验货的海关官员可以识别。生产商的品名及任何商标也应列明；H.S.编码一律填写前6位，其余内容的填写和FORM A的第7栏相同。货物描述结束后，应在后面添加"******"（截止符）。

（4）第8栏：原产地标准。此栏用字最少，但却是国外海关审证的核心项目。对含有进口成分的商品，因情况复杂，国外要求严格，极易弄错而造成退证，应认真审核。现将一般情况说明如下：

1）货物为出口国完全生产的，不含任何非原产成分，填写"WO"。

2）货物在出口成员国加工但并非完全生产，未使用原产地累计规则判断原产地标准的，填写该国家成分百分比（非原产成分的总价值不能超过所获得或生产的产品FOB价值的60%），如"50%"（单一国家比例）。

3）非完全原产的，使用了原产地累计规则判断原产地标准的，应填写中国东盟累计的百分比（不低于产品FOB价值的40%），如"40%"。

4）符合特定产品原产地标准的，填写"PSR"（Product Specific Rule，产品特定原产地标准）。

（5）第9栏：毛重或其他数量及价格（FOB）。本栏按商品的正常计量单位填，如"只""件""匹""双""台""打"等。以重量计算的则填毛重；只有净重的，填净重也可，但要标上"N.W."（NET WEIGHT）。另外，此栏与FORM A相对应的栏目比，多了一个填写货物价值的要求，所以要同时加注出口商品FOB值，以美元计算。

（6）第11栏：出口人声明。生产国的横线上应填上"CHINA"（证书上已印制）。进口国横线上的国名一定要填写正确，进口国必须是中国—东盟自由贸易区的成员国，一般与最终收货人或目的港的国别一致。

申请单位的申报员应在此栏签字，加盖已注册的中英文合璧签证章，填上申报地点、时间，印章应清晰，如"NINGBO，CHINA，MAY 24，2014"。

注意：申报日期不要填法定休息日，日期不得早于发票日期，一般在货物出口前、出口时或出口后三天内，如迟于提单日期三天，则要申请后发证书。在证书正本和所有副本上盖章签字时避免覆盖进口国名称、原产国名称、申报地址和申报时间。重发证申报日期一般与原证一致。

（7）第12栏：签证当局证明。此栏填打签证地址和日期，一般情况下与出口商申报日期、地址一致，签证机构授权签证人员在此栏手签，并加盖签证当局印章，如"NANNING, CHINA, MAY 24，2014"。

注意：签证当局在证书正本和2个副本均需加盖印章。如属重发证书，签证机构在此栏加填"CERTIFIED TRUE COPY"。

（8）第13栏：此栏为后发、展览、流动证书和第三方发票四项内容的选择项目。

后发证书：申报日期迟于出运日期三天，"Issued Retroactively"前方格中打"√"。

展览证书：当产品由出口方运至另一方展览并在展览期间或展览后销售给一方时，“Exhibition”前方格中打“√”。展览的名称及地址应在第二栏中注明。

第三方发票：当发票是由第三方开具时，“Third Party Invoicing”前方格中打“√”。该发票号码应在第十栏中注明。开具发票的公司名称及所在国家等信息应在第七栏中注明。

其他说明如下：

① 凡申请办理 FORM E 证书的单位，必须预先在当地检验检疫机构办理注册登记手续。

② 在申报 FORM E 证书时，申报单位需提交商业发票（加盖公章及法人章）和一正二副的 FORM E 证书。

③ 如申报日期迟于出运日期三天，申请后发证书，需提供正本提单复印件。

④ FORM E 证书内容需要更改时，需提供更改申请书，由原签证人员审核后，将证书上错误项目以横线划去，在旁边空白处手写或打印正确的内容，在正确内容下面加截止符，签证人员签字，加盖签证印章。

⑤ FORM E 证书中所有内容除第 2 栏、第 6 栏不受文种限制，其余栏目要用英文表示。

⑥ 如果签发的证书正本遗失或损毁，申请单位可在产品出运后 1 年内向原签证机构申请重发，需在《国门时报》或在全国性经济类报纸上刊登作废声明，同时提供证书第 3 副本、申请单位和丢证方书面说明及原证的复印件，经检验检疫机构审核通过，予以重发。

（三）原产地标记介绍

原产地标记包括原产国标记和地理标志。因此，对产品或服务的来源地作出明确标示的标记，即为原产地标记。具体而言，原产国标记是指用于指示一项产品或服务来源于某个国家或地区的标识、标签、标示、文字、图案以及与产地有关的各种证书等；地理标志指一个国家、地区或特定地方的地理名称，用于指示一项产品，且该产品的质量特征完全或主要取决于地理环境、自然条件、人文背景等因素。

原产地标记是原产地规则的重要组成部分，是产品或某项服务来源地的重要证据之一，也是原产地工作不可分割的组成部分。世贸组织多边贸易规则中规定，如果本国产品未得到原产地标记保护，其他国家也没有对此保护的义务。由此可知，在我国开展对产品的原产地标记的保护工作十分必要，也是适应入世后国际贸易的需要。

原产地标记管理规定适用的范围有：

（1）标有“中国制造/生产”等字样的产品。

（2）名、优、特产品和传统的手工艺品。

（3）申请原产地认证标记的产品。

（4）涉及安全、卫生、环境保护及反欺诈行为的货物。

（5）涉及原产地标记的服务贸易和政府采购的商品。

（6）根据国家规定须表明来源地的产品。

技能强化

根据信用证有关资料和补充资料缮制普惠制产地证一份（表 6-7）。

1．信用证资料

ISSUING BANK: STANDARD CHARTERED BANK, LONDON

ADVISING BANK: BANK OF CHINA GUANGZHOU

APPLICANT: PETRICO INTERNATIONAL TRADING CORP. UO SHEPPARD ARENUE EAST SUITE 406 WILLOWDALE ONTARIO CANADA M2K W2

BENEFICIARY: XUWANG BUSINESS COMPUTING CO., LTD
RM. NA34. ZI JING YUAN HOTEL OF ZHONG SHAN UNIVERSITY,
GUANGZHOU. P. R. CHINA.

FORM OF L/C: IRREVOCABLE

L/C NO. : 002/13/14030X

ISSUE DATE: 130222

EXPIRY DATE/PLACE: 130430 IN COUNTRY OF BENEFICIARY

L/C AMOUNT: USD16000.00

TRADE TERM: CIF TORONTO

AVAILABLE WITH/BY: FREELY AVAILABLE BY NEGOTIATION

DRAFTS: AT SIGHT DRAWN ON OURSELVES

TRANSPORT DETAILS: FROM CHINESE PORT NOT LATER THAN 15TH APRIL 2013 TO TORONTO, CANADA

DESCRIPTION OF GOODS:
"RABBII" BRAND SHOVEL WITH METAL HANDLE, S501MH 210 DOZS AND
"RABBII" BRAND SHOVEL WITH METAL HANDLE, S502MH 200 DOZS FOR 20 FT CONTAINER. AS PER S/C NO. A9700250

SHIPPING MARKS: A9700250
TORONTO
NO.1-410

DOCUMENTS REQUIRED: CERTIFICATE OF ORIGIN FORM A DULY NOTARIZED IN SIX COPIES

CONDITIONS: CONSIGNEE-BIG TREE BUSINESS CO. LTD SUNRISE STREET EAST, TORONTO, CANADA

2．补充资料

（1）本信用证项下货物的运输方式为海运，在香港转船，所有货物均为中国自制。

（2）本信用证下的发票号码为 96XW20，开票日期为“MAR. 12，2013”。

（3）总毛重为 10,000KGS。

（4）普惠制产地证签证机构的签证日期为“MAR. 13，2013”，地点为广州，出口商签证日期为“MAR. 1，2013”。

3. 普惠制产地证

表 6-7　普惠制产地证

ORIGINAL

<table>
<tr><td colspan="3">1. Goods consigned from(Exporter's business name, address, country)</td><td colspan="3" rowspan="2">Reference No.
GENERALIZED SYSTEM OF PREFERENCE
CERTIFICATE OF ORIGIN
(Combined declaration and certificate)
FORM　A
Issued in <u>THE PEOPOE'S REPUBLIC OF CHINA</u>
(Country)
See Notes Overleaf</td></tr>
<tr><td colspan="3">2. Goods consigned to (Consignee's name, address, country)</td></tr>
<tr><td colspan="3">3. Means of transport and route(as far as known)</td><td colspan="3">4. For official use</td></tr>
<tr><td>5. Item number</td><td>6. Marks and numbers of packages</td><td>7. Number and kind of packages; description of goods</td><td>8. Origin criterion (See Notes Overleaf)</td><td>9. Gross weight or other quantity</td><td>10. Number and date of invoices</td></tr>
<tr><td colspan="3">11. Certification
It is hereby certified, on the basis of control carried out, that the declaration by the exporter is correct.

Place and date. signature and stamp of certifying authority</td><td colspan="3">12. Declaration by the exporter
The undersigned hereby declares that the above details and statements are correct; that all the goods were produced in ----------------------
(country)
and that they comply with the origin requirements specified for those goods in the Generalized System of Preferences for goods exported to
----
(importing country)　（章）（签字）

Place and date, signature of authorized signatory</td></tr>
</table>

小　　结

原产地证明书是出口商应进口商的要求而提供的、由公证机构或政府或出口商出具的证明货物原产地和制造地的一种证明文件。它是进口国确认货物原产地、实行差别关税待遇、进行贸易统计的主要依据，它还是进口国实行国别贸易政策和出口国享受配额待遇的通关凭证。

原产地证明书按用途可分为优惠原产地证和非优惠原产地证；按签证人可分为检验检疫机构出具的原产地证书、商会或贸促会出具的产地证书、制造商或出口商出具的产地证书。

普惠制原产地证书，属于优惠原产地证的一种，由出口受惠国官方出具的，是具有法律效力的受惠国的出口产品在给惠国的最惠国税率的基础上进一步减免关税的官方凭证。其中主要书面格式为 G.S.P. FORM A（普惠制产地证格式 A）。

本项目业务涉及的样单如下:

样单 6-1 普惠制原产地证（FORM A）

ORIGINAL

1. Goods consigned from (Exporter's business name, address, country)	Reference No. G134500006900017
CO.,LTD 48TH/F A INTERNATIONAL CHAMBER OF COMMERCE TOWER, NO.59 JINHU ROAD, NANNING, GUANGXI, CHINA	**GENERALIZED SYSTEM OF PREFERENCES** **CERTIFICATE OF ORIGIN** **(Combined declaration and certificate)** **FORM A** Issued in THE PEOPLE'S REPUBLIC OF CHINA (country) See Notes, overleaf
2. Goods consigned to (Consignee's name, address, country) CATZ INTERNATIONAL B.V. BLAKEBURG BUILDING BLAAK 22 3011 TA ROTTERDAM, THE NETHERLANDS	
3. Means of transport and route (as far as known) FROM SHENZHEN, CHINA TO ROTTERDAM, NETHERLAND BY SEA	4. For official use

5. Item number	6. Marks and numbers of packages	7. Number and kind of packages; description of goods	8. Origin criterion (see Notes overleaf)	9. Gross weight or other quantity	10. Number and date of invoices
1	STAR ANISE HPS 10KGN RDAM CT 427616	ONE THOUSAND FIVE HUNDRED (1500) CARTONS OF STAR ANISE *** *** *** *** *** ***	"P"	16200KGS G.W.	ZY-046 AUG 30, 2013

11. Certification	12. Declaration by the exporter
It is hereby certified, on the basis of control carried out, that the declaration by the exporter is correct. 00000337676541 NANNING, CHINA, SEP. 12, 2013 Place and date, signature and stamp of certifying authority	The undersigned hereby declares that the above details and statements are correct; that all the goods were produced in CHINA (country) and that they comply with the origin requirements specified for those goods in the Generalized System of Preferences for goods exported to [illegible] (importing country) NANNING, CHINA, SEP. 12, 2013 Place and date, signature of authorized signatory

S 086872742

样单 6-2　中国—东盟自由贸易区原产地证（泰国签发）

ORIGINAL

1. Products consigned from (Exporter's business name, address, country) PTT PUBLIC COMPANY LIMITED 555 VIBHAVADI RANGSIT ROAD, CHATUCHAK, BANGKOK 10900 THAILAND TEL: 025372000 TAX ID: 3030362957	Reference No. IF2012-0096409 ASEAN -CHINA FREE TRADE AREA PREFERENTIAL TARIFF CERTIFICATE OF ORIGIN (Combined Declaration and Certificate) FORM E Issued in THAILAND (Country) See Overleaf Notes
2. Products consigned to (Consignee's name, address, country) MAOMING TIANYUAN COMMERCE & TRADING DEVELOPMENT CO. LTD. NO.10 BUILDING, NO.168, SOUTH RENMIN ROAD, MAOMING CITY, GUANGDONG, P.R. CHINA	
3. Means of transport and route (as far as known) BY SEAFREIGHT Departure date 21/10/2012 Vessel's name / Aircraft etc. "SONGA OPAL" Port of Discharge DONGGUAN, CHINA	4. For Official Use ☐ Preferential Treatment Given ☐ Preferential Treatment Not Given (Please state reason/s) Signature of Authorised Signatory of the Importing Party

5. Item number	6. Marks and numbers on packages	7. Number and type of packages, description of products (including quantity where appropriate and HS number of the importing Party)	8. Origin criteria (see Overleaf Notes)	9. Gross weight or other quantity and value (FOB)	10. Number and date of invoices
		Page : 1 of 1			
1	NO MARK	HS. CODE: 2707.50.00 MIXED AROMATICS 9,500.000 METRIC TONS **** TOTAL: SEVENTY FOUR THOUSAND SIXTY (74,060) BARREL***	"41.73%"	74,060.00 BARREL 10,109,190 USD	GC-12100093 21/10/2012

11. Declaration by the exporter The undersigned hereby declares that the above details and statement are correct; that all the products were produced in THAILAND (Country) and that they comply with the origin requirements specified for these products in the Rules of Origin for the ACFTA for the products exported to for PTT Public Company Limited CHINA (Importing Country) BANGKOK 10900 22/10/2012 Place and date, signature of authorised signatory	12. Certification It is hereby certified, on the basis of control carried out, that the declaration by the exporter is correct. DEPARTMENT OF FOREIGN TRADE GOVERNMENT OF THAILAND BANGKOK PORT 22 OCT 2012 Place and date, signature and stamp of certifying authority MRS. VILAIRATH NIRANNOOT
13. ☐ Issued Retroactively ☐ Exhibition ☐ Movement Certificate ☐ Third Party Invoicing	

样单 6-3　中国—东盟自由贸易区产地证（中国签发）

Original

1. Products consigned from (Exporter's business name, address, country) 48TH/F A INTERNATIONAL CHAMBER OF COMMERCE TOWER, NO. 59 JINHU ROAD, NANNING, GUANGXI, CHINA	Reference No. E134500006990003 ASEAN-CHINA FREE TRADE AREA PREFERENTIAL TARIFF CERTIFICATE OF ORIGIN (Combined Declaration and Certificate) FORM E Issued in THE PEOPLE'S REPUBLIC OF CHINA (Country) See Overleaf Notes
2. Products consigned to (Consignee's name, address, country) OLAM VIETNAM LTD SUNG DUC, NGHIA TAN VILLAGE GIA NGHIA TOWN DAK NONG PROVINCE, VIETNAM	
3. Means of transport and route (as far as known) Departure date SEP. 01, 2013 Vessel's name / Aircraft etc. BY VESSEL Port of Discharge HO CHI MINH, VIETNAM	4. For Official Use ☐ Preferential Treatment Given ☐ Preferential Treatment Not Given (Please state reason/s) Signature of Authorised Signatory of the Importing Party

5. Item number	6. Marks and numbers on packages	7. Number and type of packages, description of products (including quantity where appropriate and HS number of the importing Party)	8. Origin criteria (see Overleaf Notes)	9. Gross weight or other quantity and value (FOB)	10. Number and date of invoices
1	OLAM # 13/P/00545/A CHINESE GINGER DRIED SLICE 30 KGS NET	SIX HUNDRED AND SEVENTY (670) BAGS OF CHINESE GINGER DRIED SLICE H.S. CODE: 0910.12 *** *** *** *** *** ***	"WO"	20234KGS G.W. USD: 56280	ZY-044 AUG. 30, 2013

11. Declaration by the exporter The undersigned hereby declares that the above details and statement are correct; that all the products were produced in CHINA (Country) and that they comply with the origin requirements specified for these products in the Rules of Origin for the ACFTA for the products exported to VIET NAM (Importing Country) NANNING, CHINA, AUG. 30, 2013 Place and date, signature of authorised signatory	12. Certification It is hereby certified, on the basis of control carried out, that the declaration by the exporter is correct. 中华人民共和国 广西 出入境检验检疫局 FORM A GUANGXI ENTRY-EXIT INSPECTION AND QUARANTINE BUREAU THE PEOPLE'S REPUBLIC OF CHINA NANNING, CHINA, AUG. 30, 2013 Place and date, signature and stamp of certifying authority
13. ☐ Issued Retroactively　☐ Exhibition ☐ Movement Certificate　☐ Third Party Invoicing 0000037347670	

CN 4328305

样单 **6-4**　中国—新西兰自由贸易区原产地证

CERTIFICATE OF ORIGIN

ORIGINAL

1. Exporter's name, address, country: Watson and Son Ltd 17 Edwin Feist Place Masterton Wairarapa 5810 New Zealand	Certificate No.: 22.2012.00806 CERTIFICATE OF ORIGIN Form for the Free Trade Agreement between the Government of the People's Republic of China and the Government of New Zealand Issued in New Zealand (see Instruction overleaf)
2. Producer's name and address, if known: Watson and Son Ltd 17 Edwin Fesit Place Masterton Wairarapa 5810 New Zealand	
3. Consignee's name, address, country: Luohu Districu Shenzhen 519000 China	5. For official use only ☐ Preferential Tariff Treatment Given Under ________ ☐ Preferential Treatment Not Given (Please state reasons) .... Signature of Authorized Signatory of the Importing Country
4. Means of transport and route (as far as known) Departure date: 09/03/2012 Vessel/Flight/Train/Vehicle No.: China Airlines FLight C154 Port of loading: Auckland Port of discharge: Shenzhan	6. Remarks

7. Item number (Max 20)	8. Marks and numbers on packages	9. Number and kind of packages; description of goods	10. HS code (Six digit code)	11. Origin criterion	12. Gross weight, quantity (quantity unit) or other measures (litres, m³, etc)	13. Number, date of invoice and invoiced value
1	89 x Cartons, 1 Pallet	Manuka Honey 5+ 250gr, 30 x 12pks Manuka Honey 5+ 500gr, 50 x 12pks Manuka Honey 10+ 500gr, 6 x 12pks Manuka Honey 20+ 250gr, 3 x 12pks***	040900	WO	515.000 KGM 0.700 MTQ	Inv 1386 05/03/2012 NZD 9,917.66

14. Declaration by the exporter	15. Certification
The undersigned hereby declares that the above details and statement are correct, that all the goods were produced in New Zealand (Country) and that they comply with the origin requirements specified in the FTA for the goods exported to China (Importing country) Watson & Son Ltd. New Zealand Mar 14, 2012 Dainis Watson Place and date, signature of authorized signatory	*On the basis of control carried out, it is hereby certified that the information herein is correct and that the goods described comply with the origin requirements specified in the Free Trade Agreement between the Government of the People's Republic of China and the Government of New Zealand.* NEW ZEALAND CHAMBERS OF COMMERCE INC. 14 MAR 2012 WELLINGTON 4 Place and date, signature and stamp of authorized body

Page 1 of 1

（续）

Overleaf Instruction

Box 1: State the full legal name, address (including country) of the exporter.

Box 2: State the full legal name, address (including country) of the producer. If more than one producer's good is included in the certificate, list the additional producers, including name, address (including country). If the exporter or the producer wishes the information to be confidential, it is acceptable to state "Available to the authorized body upon request". If the producer and the exporter are the same, please complete field with "SAME". If the producer is unknown, it is acceptable to state "UNKNOWN".

Box 3: State the full legal name, address (including country) of the consignee.

Box 4: Complete the means of transport and route and specify the departure date, transport vehicle No., port of loading and discharge.

Box 5: The customs administration of the importing country must indicate (√) in the relevant boxes whether or not preferential tariff treatment is accorded.

Box 6: Any additional information such as Customer's Order Number, Letter of Credit Number, etc. may be included.

Box 7: State the item number, and item number should not exceed 20.

Box 8: State the shipping marks and numbers on the packages.

Box 9: Number and kind of package shall be specified. Provide a full description of each good. The description should be sufficiently detailed to enable the products to be identified by the Customs Officers examining them and relate it to the invoice description and to the HS description of the good. If goods are not packed, state "in bulk". When the description of the goods is finished, add "***" (three stars) or " \ " (finishing slash).

Box 10: For each good described in Box 9, identify the HS tariff classification to six digits.

Box 11: If the goods qualify under the Rules of Origin, the exporter must indicate in Box 11 of this form the origin criteria on the basis of which he claims that his goods qualify for preferential tariff treatment, in the manner shown in the following table:

The origin criteria on the basis of which the exporter claims that his goods qualify for preferential tariff treatment	Insert in Box 11
The good is wholly obtained or produced in the territory of a Party as set out and defined in Article 20, including where required to be so under Annex 5	WO
The good is produced entirely in the territory of one or both Parties, exclusively from materials whose origin conforms to the provisions of Section 1 of Chapter 4.	WP
The good is produced in the territory of one or both Parties, using non-originating materials that conform to a change in tariff classification, a regional value content, a process requirement or other requirements specified in Annex 5, and the good meets the other applicable provisions of Section 1 of Chapter 4.	PSR[1]

Box 12: Gross weight in kilograms should be shown here. Other units of measurement e.g. volume or number of items which would indicate exact quantities may be used when customary.

Box 13: Invoice number, date of invoices and invoiced value should be shown here.

Box 14: The field must be completed, signed and dated by the exporter for exports from China. It is not required for New Zealand exports to China. Insert the place, date of signature.

Box 15: The field must be completed, signed, dated and stamped by the authorized person of the authorized body.

[1] When the good is subject to a regional value content (RVC) requirement stipulated in Annex 5, indicate the percentage

样单 6-5 CEPA 原产地证（香港签发）

出口商（名稱及香港地址）Exporter (full name and Hong Kong address)

證書編號 CERTIFICATE NO. 0M10A003699

簽證日期 DATE OF ISSUE 06 May 2010

證書有效截止日期 VALID UPTO 02 Sep 2010

收貨人（名稱及內地地址）Consignee (full name and Mainland address)

收貨人:

受通知人:

原產地證書

【內地與香港關於建立更緊密經貿關係的安排】

CERTIFICATE OF HONG KONG ORIGIN

(CLOSER ECONOMIC PARTNERSHIP ARRANGEMENT)

(CEPA)

離港日期 Departure Date: 31/05/2010

工廠登記編號 Factory Number: 41313

船隻／飛機／火車／貨車編號 Vessel/Flight/Train/Vehicle No.: 汽車運輸

裝貨地 Place of Loading: 香港

內部專用 For Internal Use Only

到貨口岸 Port of Discharge: 深圳海關

包裝標誌，數量及貨櫃編號；包裹件數及種類；貨物摘要及產品內地協制編號；離岸價（港元）Marks, Nos. and Container No.; No. and Kind of Packages; Description of Goods and Mainland HS Code; FOB Value (HK$)		數量（計量單位）Quantity (Quantity Unit)	商標名稱或標籤 Brand Names or Labels (if any)
NIL	樓上XO醬(調味品)(200克/瓶) 產品內地協制編號： 21039090 包裹件數及種類： 200 圓柱形瓶,不受保護的 離岸價(港元): 9,400	40 千克	樓上
NIL	樓上金絲燕窩飲品(220克/瓶) 產品內地協制編號： 21069090 包裹件數及種類： 50 圓柱形瓶,不受保護的 離岸價(港元): 9,750	11 千克	樓上
NIL	樓上金絲白燕窩飲品(220克/瓶) 產品內地協制編號： 21069090 包裹件數及種類： 50 圓柱形瓶,不受保護的 離岸價(港元): 14,250	11 千克	樓上

本人謹證明以上描述之貨物均符合《內地與香港關於建立更緊密經貿關係的安排》下貨物貿易的原產地規則的要求。

I HEREBY CERTIFY THAT THE GOODS DESCRIBED ABOVE COMPLY WITH THE REQUIREMENTS OF THE RULES OF ORIGIN FOR TRADE IN GOODS UNDER CEPA.

HONG KONG
TRADE AND INDUSTRY DEPARTMENT
27 MAY 2010

【原產地證書發證機構印章】

【原產地證書發證機構簽署】

TID 330

样单 6-6　亚太贸易协定产地证

ORIGINAL

1. Goods consigned from (Exporter's business name, address, country) NINGBO ELECTRIC & CONSUMER GOODS IMPORT & EXPORT CORPORATION NINGBO CHINA	Reference No. B07380000230001 **CERTIFICATE OF ORIGIN** Asia-Pacific Trade Agreement (Combined Declaration and Certificate) Issued in The People's Republic of China (Country)
2. Goods consigned to (Consignee's name, address, country) A.B.C.INDUSTRIAL CO.,LTD. 12543 SEOUL PLAZA SEOUL,KOREA	3.For Official use
4. Means of transport and route FROM SHANGHAI TO BUSAN BY SEA	

5.Tariff item number	6. Marks and number of Packages	7.Number and kind of packages/description of goods	8.Origin criterion (see notes overleaf)	9.Gross weight or other quantity	10.Number and date of invoices
3204	N/M	EIGHT HUNDRED AND FORTY (840) DRUMS OF DISPERSE BLACK EX-SF 200PCT LIQUID ** REMARKS COUNTRY OF ORIGIN:P.R.CHINA	"A"	17976KGS	206DZCY001 JAN.04,2007

11.Declaration by the exporter The un[…] statements are cor[…] 宁波[…]有限公司 NINGBO ELECTRIC AND CONSUMER GOODS IMPORT & EXPORT CORPORATION CHINA (Country) and that they comply with the origin requirements specified for these goods in the Asia - Pacific Trade Agreement for goods exported to REPUBLIC OF KOREA (Importing Country) NINGBO, CHINA, JAN 04, 2007 Place and date, signature of authorized Signatory	12. Certificate It is hereby certified on the basis of control carried out, that the declaration by the exporter is correct. NINGBO, CHINA, JAN 04, 2007 Place and date, signature and Stamp of Certifying Authority

AQSIQ 070278421

样单 **6-7**　中国—巴基斯坦产地证

ORIGINAL

1. Exporter's Name and Address, Country NINGBO ELECTRIC & CONSUMER GOODS IMPORT & EXPORT CORPORATION NINGBO CHINA	CERTIFICATE NO. P063800000230001
2. Consignee's Name and Address, Country A. B. C. CO. LTD SONG BUILDING 1153 LSLAMIC STREET KARACHI PAKISTAN	**CERTIFICATE OF ORIGIN** **CHINA-PAKISTAN FTA** **(Combined Declaration and Certificate)** Issued in THE PEOPLE'S REPUBLIC OF CHINA (Country) See Instructions Overleaf
3. Producer's Name and Address, Country NINGBO FARM 25 MINGZHOU ROAD NINGBO CHINA	
4. Means of transport and route (as far as known) Departure Date NOV. 21, 2006 Vessel /Flight/Train/Vehicle No. SONG HE 023 Port of loading SHANGHAI Port of discharge KARACHI	5. For Official Use Only ☐ Preferential Treatment Given Under China-Pakistan FTA Free Trade Area Preferential Tariff ☐ Preferential Treatment Not Given (Please state reason/s) Signature of Authorized Signatory of the importing Country

6. Item number	7. Marks and numbers on packages; Number and kind of packages; description of goods; HS code of the importing country	8.Origin Criterion	9. Gross Weight, Quantity and FOB value	10. Number and date of invoices	11.Remarks
1	ONE HUNDRED AND FIFTY TWO (152) CTNS OF MUSHROOM HS:070959 *** *** *** *** *** Marks and numbers on packages: N/M	"P"	4323KGS USD 31925.70	26DZCY001 NOV. 17, 2006	L/C NO. BOC56_364213SH_00253

12.Declaration by the exporter The undersigned hereby declares that the above details and statement are correct ... NINGBO ELECTRIC AND CONSUMER GOODS IMPORT & EXPORT CORPORATION CHINA (Country) and that they comply with the origin requirements specified for these goods in the China-Pakistan Free Trade Area Preferential Tariff for the goods exported to PAKISTAN (Importing country) NINGBO, CHINA, NOV. 17, 2006 Place and date, signature and stamp of authorized signatory	13. Certification It is hereby certified, on the basis of control carried out, that the declaration by the exporter is correct. NINGBO, CHINA, NOV. 17, 2006 Place and date, signature and stamp of certifying authority

AQSIQ 060043582

样单 **6-8** 一般原产地证书（C/O）

ORIGINAL

1. Exporter SHENZHEN CHINA VIA BOUNDLESS INTERCONTINENTAL GROUP CO.,LTD ADD: C5-05,ASIA INTERNATIONAL FURNITURE MATERIAL TRADING CENTER, LONGJIANG COUNTY, SHUNDE DISTRICT,FOSHAN,GUANGDONG, CHINA 528318	Certificate No. CCPIT131615385 13C4403B5933/02650X CERTIFICATE OF ORIGIN OF THE PEOPLE' S REPUBLIC OF CHINA
2. Consignee AV.MAXIMIANO VILLA RIOS,560-VILA JOEST-CEP:13.614-110 LEME-SP BRAZIL CNPJ-03.988.811/0001-30	
3. Means of transport and route FROM CHIWAN,CHINA TO SANTOS,BRAZIL BY SEA	5. For certifying authority use only
4. Country / region of destination SANTOS,BRAZIL	

6. Marks and numbers	7. Number and kind of packages; description of goods	8. H.S.Code	9. Quantity	10. Number and date of invoices
N/M	3-FOLD 45MM WIDTH ZINC PLATED SLIDE TOTAL:TWO THOUSAND NINE HUNDRED AND FIFTEEN(2915) CARTONS ONLY **	8302.42	2915CARTONS	BFF20130627C3 JUN.17,2013

11. Declaration by the exporter The undersigned hereby declares that the above details and statements are correct, that all the goods were produced in China and that they comply with the Rules of Origin of the People's Republic of China. SHENZHEN KINGRAND TRADING CO.,LTD. ……有限公司 中国 深圳 SHENZHEN CHINA SHENZHEN,CHINA OCT.14,2013 Place and date, signature and stamp of authorized signatory	12. Certification It is hereby certified that the declaration by the exporter is correct. 中国国际贸易促进委员会 单据证明专用章 （深） CHINA COUNCIL FOR THE PROMOTION OF INTERNATIONAL TRADE (SHEN ZHEN) SHENZHEN,CHINA OCT.14,2013 Place and date, signature and stamp of certifying authority

样单 6-9　中国东盟自由贸易区原产地证

WXJ　ZL　2191

Original

1. Products consigned from (Exporter's business name, address, country)	Reference No. E134702C21913904
CO.,LTD B50B, ZHONGSHAN GARDEN, FENGHUANG ROAD, HUANGBEI, LUOHU DISTRICT, SHENZHEN, CHINA	**ASEAN-CHINA FREE TRADE AREA PREFERENTIAL TARIFF CERTIFICATE OF ORIGIN (Combined Declaration and Certificate)** **FORM E** Issued in THE PEOPLE'S REPUBLIC OF CHINA (Country) See Overleaf Notes
2. Products consigned to (Consignee's name, address, country) RE CORE TRADING SDN BHD NO 12-3-3, JALAN 3/62D MEDAN PBC BANDAR SRI MANJALARA KEPONG 52200 KUALA LUMPUR WP MALAYSIA TEL:016 3192426	
3. Means of transport and route (as far as known) Departure date　Sep. 30, 2013 Vessel's name / Aircraft etc.　BY SEA/ APL CHARLESTON/001W Port of Discharge　PENANG, MALAYSIA	4. For Official Use ☐ Preferential Treatment Given ☐ Preferential Treatment Not Given (Please state reason/s) Signature of Authorised Signatory of the Importing Party

5. Item number	6. Marks and numbers on packages	7. Number and type of packages, description of products (including quantity where appropriate and HS number of the importing Party)	8. Origin criteria (see Overleaf Notes)	9. Gross weight or other quantity and value (FOB)	10. Number and date of invoices
1	N/M	CUP H.S. CODE 7013.49	"WO"	1615.00KGS USD:913.20	YD0360 SEP. 28, 2013
2		CLOCK H.S. CODE 9105.29	80%	7297.00KGS USD:11008.80	
3		VASE H.S. CODE 7013.49 TOTAL: SIX HUNDRED AND SEVENTY THREE (673) CARTONS ONLY. *** *** *** *** *** *** O/B YIWU SHENHUA INTERNATIONAL TRADING CO.,LIMITED ROOM405, GONGREN NORTH ROAD NO.861, YIWU, ZHEJIANG, CHINA	"WO"	2088.00KGS USD:1134.60	

11. Declaration by the exporter	12. Certification
The undersigned hereby declares that the above details and statement are correct; that all the products were produced in CHINA (Country) and that they comply with the origin requirements specified for these products in the Rules of Origin for the ACFTA for the products exported to MALAYSIA (Importing Country) SHENZHEN, OCT. 11, 2013 Place and date, signature of authorised signatory	It is hereby certified, on the basis of control carried out, that the declaration by the exporter is correct. SHENZHEN, OCT. 11, 2013 Place and date, signature and stamp of certifying authority
13. ☑ Issued Retroactively　☐ Exhibition ☐ Movement Certificate　☐ Third Party Invoicing	

AOSI0132076563

项目七

缮制保险单据

熟悉出口货物办理保险的流程及注意事项，掌握与货物保险有关的基本知识，学会填制出口投保单和保险单。

任务一　缮制投保单

广西桂信公司与英国兄弟公司的交易，货物已经完成订舱的相关手续，将要装船。师傅提醒赵悦要联系中国人民财产保险股份有限公司办理投保事宜。由于保险一旦投保就生效和产生费用，赵悦第一次负责办理投保的业务，在师傅的指导下，她花了一些时间研究中国人民财产保险股份有限公司的保险单样本，并根据合同与信用证的要求，填制投保单，向保险公司投保。

一、办理货物保险的意义

保险业务与外贸进出口业务关系非常密切，因为出口货物从卖方所在地运输到买方所在地，在经过长途的运输、装卸和储存等物流环节时有可能会遇到意想不到的自然灾害或意外事故而导致损坏或丢失，为了避免货物在运输途中有可能存在的损坏或丢失的风险，货主一般都会在货物出运前就及时向保险公司办理货物保险。保险公司同意承保货物的保险后，要给投保人签发保险单或保险凭证。在实际操作中，保险公司签发给投保人的保险单是保险人（保险公司或承保人）与被保人（投保人）之间订立的保险合同。如果在保险合同的有效期内，被保险的标的物（货物）遭受合同责任范围内的损失时，货主必须凭保险单或保险凭证并附上与发生损失的相关文件向保险公司提出相应的赔偿，而保险公司在经过核实后会根据自己承保的险别进行理赔。

二、保险与货物运输保险的定义

根据我国保险法对保险的定义："投保人根据合同的约定，向保险人支付保险费。保险人对于合同约定的可能发生的事故因其发生所造成的财产损失承担赔偿保险金责任，或者当被保险人死亡、伤残、疾病或者达到合同约定的年龄、期限时承担给付保险金责任的商业保险行为。"由此可见，保险是一种商业保险行为，按照不同的标的物来分类，保险种类分别有财产保险与人寿保险两种，我们所投保的货物运输保险属于财产保险。

货物的运输保险是指：投保人（The Insured，在 FOB、CFR、FCA、CPT 术语下为买方，在 CIF、CIP 术语下为卖方）对一批或若干批货物向保险人（The Insurer，保险公司），按一定的金额投保一定的险别，并缴纳保险费；保险人承保后签发保单作为承保的凭证，如果所保的货物在运输过程中发生承保风险造成的损失，则保险公司应按投保人出具的保单的规定给予被保险人经济上的补偿。例如，买卖双方以 CIF 贸易术语成交，则卖方将作为投保人向保险公司投保货运保险，并从保险公司处取得以其自身为被保险人（保险受益人）的保险单据。在向进口商或通过银行交单时，出口商要在保险单的背面作必要的背书（Endorsement），以便将保险单项下的保险利益，即在货物发生了承保风险造成的损失时获得保险公司赔偿的权利，转让给进口商。这样，一旦货物在运输途中发生了承保风险造成的损失，进口商就可以向保险单上列明的保险代理要求赔偿。

需要注意的是，卖方应在装运前向保险公司投保，而保险单据的出单日期也就不应迟于装运的日期（一般为提单日期）。对此，《UCP600》第 34 条 e 款也规定："除非信用证另有规定，或除非在保险单据上表明保险责任最迟于货物装船或发运或接受监管之日起生效外，银行将不接受出单日期迟于装船或发运或接受监管的保险单据。"

在实务中，保险公司对海洋运输保险承保责任的起讫期限均采用"仓至仓条款"（Warehouse to Warehouse Clause），即保险责任自被保险货物运离保险单所载明的起运地发货人仓库时生效，包括正常的运输过程中的海上运输以及与海运有关的陆上、内河、驳船运输，直至该货物运交保险单所载明的目的地收货人的仓库，或运至用作分配、分派等场所时为止。

三、中外保险条款及险别的介绍

（一）中国保险条款的险别

在进出口业务中，我国外贸企业一般采用中国保险条款，中国保险条款包括主险条款、一般附加险和特别附加险条款。投保人不论已投保何种基本险别，都可以加保某种特殊附加险。

1. 主险条款

（1）海洋运输货物保险条款（包括平安险、水渍险和　切险）（Ocean Marine Cargo Clauses）

（2）海洋运输冷藏货物保险条款（Ocean Marine Insurance Clauses Used in Frozen Products）

（3）海洋运输散装桐油保险条款（Ocean Marine Insurance Clauses Used in Wood Oil Bulk）

（4）陆上运输货物保险条款（包括陆运险、陆运一切险）（Overland Transportation Cargo Insurance Clauses, Transported by Train or by Truck）

（5）陆上运输冷藏货物保险条款（Overland Transportation Cargo Insurance Clauses Used in Frozen Products）

（6）航空运输货物保险条款（包括航空运输险和航空一切险）（Air Transportation Cargo Insurance Clauses）

（7）邮包险条款（包括邮包险和邮包一切险）（Parcel Post Insurance Clauses）

（8）活牲畜、家禽的海上、陆上、航空运输保险条款（Livestock & Poultry Insurance Clauses, by Sea, Land or Air）

2．一般附加险条款

（1）偷窃、提货不着险条款（Theft, Pilferage & Non-delivery Clauses, Insured Value）

（2）淡水、雨淋险条款（Fresh Water &/or Rain Damage Clause）

（3）短量险条款（Shortage Clause）

（4）混杂、沾污险条款（Intermixture & Contamination Clause）

（5）渗漏险条款（Leakage Clause）

（6）碰损、破碎险条款（Clash & Breakage Clause）

（7）串味险条款（Taint of Odor Clause）

（8）受潮受热险条款（Sweat & Heating Clause）

（9）钩损险条款（Hook Damage Clause）

（10）包装破裂险条款（Breakage of Packing Clause）

（11）锈损险条款（Rust Clause）

3．特别附加险条款

（1）进口关税条款（Import Duty Clause）

（2）舱面货物条款（On Deck Clause）

（3）拒收险条款（Refection Clause）

（4）黄曲霉素险条款（Aflatoxin Clause）

（5）易腐货物条款（Perishable Goods Clause）

（6）交货不到条款（Failure to Deliver Clause）

（7）出口货物到香港（包括九龙在内）或澳门存仓火险责任扩展条款（Fire Risk Extension Clause, or Storage of Cargo at Destination Hong Kong Including Kowloon or Cacao）

（8）海关检验条款（Survey in Customs Clause）

（9）码头检验条款（Survey at Jetty Clause）

4．特殊附加险条款

（1）战争险条款（War Risk）

（2）战争险的附加费用（Additional Expenses War Risks）

（3）罢工险条款（Strikes Risk）

（二）国外保险条款的险别

国际上常用的货物运输保险条款包括英国协会条款和美国协会条款，其中，“伦敦保险协会”所制定的“协会货物条款”（Institute Cargo Clause, ICC）是国际上具有较大影响力和代表性并被世界各国经常采用的保险条款。

1. 伦敦协会货物险条款

（1）协会货物（A）险条款[Institute Cargo Clauses (A), ICC (A)]

（2）协会货物（B）险条款[Institute Cargo Clauses (B), ICC (B)]

（3）协会货物（C）险条款[Institute Cargo Clauses (C), ICC (C)]

另外，还有协会战争险条款（Institute War Clause-Cargo）、协会罢工险条款（Institute Strike Clause-Cargo）、恶意损害险条款（Malicious Damage Clause）。

2. 美国协会条款

（1）美国协会货物条款（American Institute Cargo Clause，AICC）

（2）美国散装油条款（Bulk Oil Clauses）

在实务中，信用证上对保险类别和附加险别都会有明确要求，但如果保险单上对保险类别却使用了含意不明的词语—— 通常险别（Usual Risks）或惯例险别（Customary Risks），那么银行将接受所提示的任何保单而不负任何漏保的责任。当信用证规定投保一切险时，银行将接受任何与一切险批注或条款的保险单据而不用负任何漏保的责任。因此，信用证规定用哪一种保险条款必须在投保时注明—— 中国保险条款 CIC 或伦敦保险协会条款 ICC。如果信用证上要求投保一切险，那么银行可以接受注明按 A 条款投保的保险单。

保险公司在承保大宗商品时，他们在保险条款中会根据不同的产品有可能会作出“免赔率”或“免赔额”的规定，但只有在信用证文件上没有明确规定时，银行才会接受标明有“免赔率”（Franchise）或“免赔额（An Excess Deductible）的保险单，如果信用证要求保险是“不计免赔率”（Irrespective of Percentage, I.O.P.），则保险单不能标明“免赔率”“免赔额”的条款。

四、办理出口货物运输保险的流程及投保单据的填制

（一）以 CIF 为例办理货物运输保险的具体流程

在以 CIF 术语成交时，一般是由出口商作为投保人向保险公司办理投保手续，具体流程如下：

（1）根据合同或信用证规定，在备齐货物确定装运、办理托运手续后（一般是指收到船公司有关配船的资料，如船公司签署的配舱回单后），出口公司必须在装船前向保险公司填制“海运出口货物投保单”。

（2）保险公司收到出口公司递交的投保单后，根据有关规定，经审核确定是否承保。

（3）保险公司同意承保则向投保人发回承保回执并列明保单号码、保单日期、投保日期等，并向其收保费。

（4）保险公司签发保险单或者由出口商凭承保回执缮制保险单，并将保险单送交保险公司确认签署。

（5）出口商办理货物运输保险投保流程图如图 7-1 所示：

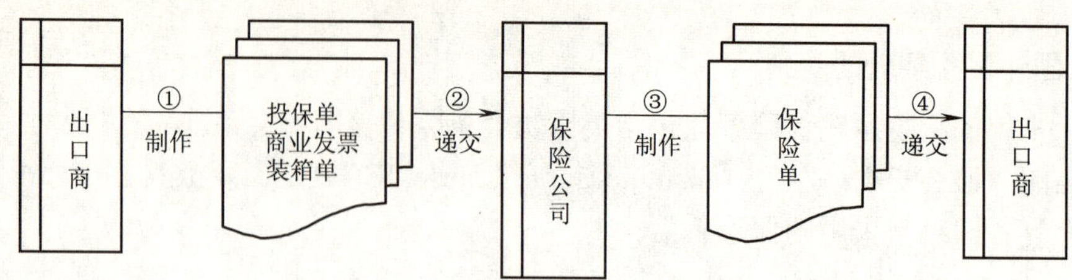

图 7-1 运输保险投保流程

图表说明如下：

① 出口商按信用证规定填制投保单，确定保险金额，随附发票、装箱单向当地保险公司办理保险手续。

② 保险公司按约定的保险费率收讫保险费后，依据投保单出具保险单并交至出口商。

③ 保险单是保险人与被保险人之间订立保险合同的法定文件，是保险公司出具的承保证明，也是被保险人凭此向保险公司索赔的法定依据。

④ 出口商按信用证规定在保险单上作背书转让。

（二）投保单的填制（表 7-1）

表 7-1 投保单

PICC 中国人民财产保险股份有限公司

PICC Property and Casualty Company Limited

货物运输保险投保单

APPLICATION FORM FOR CARGO TRANSPORTATION INSURANCE

被保险人（INSURED）：（1）

发票号（INVOICE NO.）：（2）

合同号（CONTRACT NO.）：（3）

信用证号（L/C NO.）：（4）

发票金额（INVOICE AMOUNT）：（5）　　　　投保加成（PLUS）：（6）

兹有下列物品向中保财险××分公司投保。（INSURANCE IS REQUIRED ON THE FOLLOWING COMMODITIES:）

标记 MARKS & NOS.	包装及数量 QUANTITY	保险货物项目 DESCRIPTION OF GOODS	保险金额 AMOUNT INSURED
⑦	⑧	⑨	⑩

起运日期：　　　　装载运输工具：

DATE OF COMMENCEMENT: ⑪　　PER CONVEYANCE: ⑫

自　　经　　至

FROM ⑬　　VIA ⑭　　TO ⑮

提单号：　　　　赔款偿付地点：

（续）

B/L NO.: ______⑯______ CLAIM PAYABLE AT ______⑰______

投保险别：（PLEASE INDICATE THE CONDITIONS &/OR SPECIAL COVERAGES: ） ______⑱______

请如实告知下列情况：（如“是”在 [ ] 中打“√”，“不是”打“×”）IF ANY, PLEASE MARK “√” OR “×”:

1．货物各类：袋装 [ ]　散装 [ ]　冷藏 [ ]　液体 [ ]　活动物 [ ]　机器/汽车 [ ]　危险品等级 [ ]
GOODS: BAG/JUMBO　BULK　REEFERR　LEQUID　LIVE ANIMAL　MACHINE/AUTO　DANGEROUS CLASS

2．集装箱种类：普通 [ ]　开顶 [ ]　框架 [ ]　平板 [ ]　冷藏 [ ]
CONTAINER: ORDINARY　OPEN　FRAME　FLAT　REFRIGERATOR

3．转运工具：海轮 [ ]　飞机 [ ]　驳船 [ ]　火车 [ ]　汽车 [ ]
BY TRANSIT: SHIP　PLANE　BARGE　TRAIN　TRUCK

4．船舶资料：船籍 [ ]　船龄：[ ]
PARTICULAR OF SHIP: RIGISTRY　AGE

备注：被保险人确认本保险合同条款和内容已经完全了解。
THE ASSURED CONFIRMS HEREWITH THE TERMS AND CONDITIONS OF THIS INSURANCE CONTRACTS FULLY UNDERSTOOD.

投保人（签名盖章）
APPLICANT'S SIGNATURE ______⑲______

投保日期：（DATE） ______⑳______

电话：（TEL.）

地址：（ADD.） ______㉑______

本公司自用（FOR OFFICE USE ONLY）

费率：　　保费：
RATE: ______________ PREMIUM: ______________

经办人：　　核保人：　　负责人：
BY ******　　******　　******

备注：
REMARKS: NO. ****

投保单的填制说明如下：

（1）被保险人（INSURED）：投保人的抬头，一般填写信用证的受益人即出口商的名称。

（2）发票号（INVOICE NO.）：本批投保货物所对应的商业发票号码，要与所随附发票的发票号码一致。

（3）合同号（CONTRACT NO.）：本批投保货物所对应的销售合同号码。

（4）信用证号（L/C NO.）：本批投保货物所对应的信用证号码。

（5）发票金额（INVOICE AMOUNT）：本批次所投保货物的发票金额。

（6）投保加成（PLUS）：参照信用证或销售合同规定的加成率。

（7）标记（MARKS & NOS.）：具体唛头或填写“as per Invoice No.×××”。

（8）数量及包装（QUANTITY）：参照发票、提单，填写货物最大包装件数和种类，如果是裸装货物就填写货物本身件数，散装货填净重。

（9）保险货物项目（DESCRIPTION OF GOODS）：参照发票、提单填写，可用商品统称。

（10）保险金额（AMOUNT INSURED）：按照信用证或合同规定的加成比例投保，如果信用证和合同没有规定，按照国际保险业务惯例按照发票金额的 110%投保。

（11）起运日期（DATE OF COMMENCEMENT）：填写提单上的签发日期。

（12）装载运输工具（PER CONVEYANCE）：直达船填写船名、航次；中途转船，就填上第一程船名，后再以/符号间隔加填第二程船名。

（13）自（FROM）：填写装运港名称。

（14）经（VIA）：填写转运港的名称。

（15）至（TO）：填写目的港的名称。

（16）提单号（B/L NO.）：填写船公司签发的提单号码。

（17）赔款偿付地点（CLAIM PAYABLE AT）：填写保险赔款的支付地点和赔付的货币名称。

（18）投保险别（CONDITIONS）：填写合同或信用证规定的险别。

（19）投保人签名盖章（APPLICANTS' SIGNATURE）：填写投保人的姓名及盖上投名人单位公章。

（20）投保日期（DATE）：填写签发保险单的日期。

（21）电话和地址（TEL. & ADD.）：填写投保人的电话和地址。

赵悦根据广西桂信贸易有限公司与英国兄弟公司签订的合同和苏格兰皇家银行开立的信用证及信用证修改书，开始填写投保单见表 7-2。（合同及信用证请查阅项目二任务二）

表 7-2　填写后的投保单

PICC 中国人民财产保险股份有限公司

PICC Property and Casualty Company Limited

货物运输保险投保单

APPLICATION FORM FOR CARGO TRANSPORTATION INSURANCE

被保险人（INSURED）：GUANGXI GUIXIN TRADING CO., LTD.

发票号（INVOICE NO.）：GX121006

合同号（CONTRACT NO.）：G528-2012

信用证号（L/C NO.）：BOC1210006

发票金额（INVOICE AMOUNT）：USD93, 500.00　　投保加成（PLUS）：10%

（续）

兹有下列物品向中国人民保险公司南宁市分公司投保。（INSURANCE IS REQUIRED ON THE FOLLOWING COMMODITTES:）

标记 MARKS & NOS.	包装及数量 QUANTITY	保险货物项目 DESCRIPTION OF GOODS	保险金额 AMOUNT INSURED
N/M	2,200SETS	FASHIONABLE DANDELION DESIGN PORCELAIN DINNERWARE SETS	USD102,850.00

起运日期：　　　　装载运输工具：

DATE OF COMMENCEMENT: BEFORE SEPT.14 PER CONVEYANCE: MEDEA Voy. FA19W

自　　　　经　　　　至

FROM FANGCHENG PORT VIA ______ TO LONDON

提单号：　　　　赔款偿付地点：

B/L NO.: FANLON2T0080 CLAIM PAYABLE AT LONDON, UK

投保险别：（PLEASE INDICATE THE CONDITIONS &/OR SPECIAL COVERAGES: ）

TO BE COVERED BY THE SELLER AGAINST ALL RISKS FOR 110% OF INVOICE VALUE.

请如实告知下列情况：（如“是”在[ ]中打“√”，“不是”打“×”）（IF ANY, PLEASE MARK “√” OR “×”:）

1. 货物各类：袋装 [√]　散装 [×]　冷藏 [×]　液体 [×]　活动物 [×]
   机器/汽车 [×]　危险品等级 [×]
   GOODS: BAG/JUMBO　BULK　REEFERR　LEQUID　LIVE ANIMAL
   MACHINE/AUTO　DANGEROUS CLASS
2. 集装箱种类：普通 [√]　开顶 [×]　框架 [×]　平板 [×]　冷藏 [×]
   CONTAINER: ORDINARY　OPEN　FRAME　FLAT　REFRIGERATOR
3. 转运工具：海轮 [√]　飞机 [×]　驳船 [×]　火车 [×]　汽车 [×]
   BY TRANSIT: SHIP　PLANE　BARGE　TRAIN　TRUCK
4. 船舶资料：船籍 [ ]　船龄：[ ]
   PARTICULAR OF SHIP: RIGISTRY　AGE

备注：被保险人确认本保险合同条款和内容已经完全了解。
THE ASSURED CONFIRMS HEREWITH THE TERMS AND CONDITIONS OF THESE INSURANCE CONTRACTS FULLY UNDERSTOOD.

投保人（签名盖章）
APPLICANT’S IGNATURE
×××

投保日期：（DATE）
SEP.8, 2014

电话：（TEL.）
地址：（ADD）

本公司自用（FOR OFFICE USE ONLY）

费率：　　　　保费：

RATE: ______ PREMIUM: ______

经办人：　　　　核保人：　　　　负责人：

BY　****　******　******

备注：

REMARKS: NO. PICC0614309

深化训练

若广西诚鑫进出口有限公司与马来西压客户交易的八角采用 CIF Penang，其他条件不变，请为广西诚鑫进出口有限公司与马来西亚客户交易的八角（见项目三深化训练背景材料）填制八角交易投保单（表 7-3）。

表 7-3　八角交易投保单

PICC 中国人民财产保险股份有限公司

PICC Property and Casualty Company Limited

货物运输保险投保单

APPLICATION FORM FOR CARGO TRANSPORTATION INSURANCE

被保险人（INSURED）：

发票号（INVOICE NO.）：

合同号（CONTRACT NO.）：

信用证号（L/C NO.）：

发票金额（INVOICE AMOUNT）：　　　　投保加成（PLUS）：

兹有下列物品向中国人民保险公司南宁市分公司投保。（INSURANCE IS REQUIRED ON THE FOLLOWING COMMODITIES：）

标记 MARKS & NOS.	包装及数量 QUANTITY	保险货物项目 DESCRIPTION OF GOODS	保险金额 AMOUNT INSURED

起运日期：　　　　装载运输工具：

DATE OF COMMENCEMENT ：________________PER CONVEYANCE: ________________

自　　　　经　　　　至

FROM______________________VIA______________________TO______________________

提单号：　　　　赔款偿付地点：

B/L NO.: ____________________CLAIM PAYABLE AT______________________________

投保险别：（PLEASE INDICATE THE CONDITIONS &/OR SPECIAL COVERAGES：）

请如实告知下列情况：（如“是”在 [ ] 中打“√”，“不是”打“×”）（IF ANY, PLEASE MARK “√” OR “×”：）

1. 货物各类：袋装 [ ]　散装 [ ]　冷藏 [ ]　液体 [ ]　活动物 [ ]
   机器/汽车 [ ]　危险品等级 [ ]
   GOODS: BAG/JUMBO　BULK　REEFERR　LEQUID　LIVE ANIMAL
   MACHINE/ AUTO　DANGEROUS CLASS

（续）

2．集装箱种类：普通［　］　开顶［　］　框架［　］　平板［　］　冷藏［　］

CONTAINER: ORDINARY　OPEN　FRAME　FLAT　REFRIGERATOR

3．转运工具：海轮［　］　飞机［　］　驳船［　］　火车［　］　汽车［　］

BY TRANSIT: SHIP　PLANE　BARGE　TRAIN　TRUCK

4．船舶资料：船籍［　］　船龄：［　］

PARTICULAR OF SHIP: RIGISTRY　AGE

备注：被保险人确认本保险合同条款和内容已经完全了解。

THE ASSURED CONFIRMS HEREWITH THE TERMS AND CONDITIONS OF THESE INSURANCE CONTRACTS FULLY UNDERSTOOD.

投保人（签名盖章）

APPLICANT'S SIGNATURE ×××

投保日期：（DATE）________

电话：（TEL.）

地址：（ADD）________

本公司自用（FOR OFFICE USE ONLY）

费率：　保费：

RATE: ________ PREMIUM ________

经办人：　核保人：　负责人：

BY ***** 　****** 　******

备注：

REMARKS: NO.PICC0614301

任务二　缮制出口货物运输保险单

任务背景

赵悦把投保单填写好后交给中国人民财产保险股份有限公司，等待保险公司签发保险单。工作之余，赵悦认真研究了中国人民财产保险股份有限公司保险单样本上的各项目特点，保险单应当如何缮制呢？

知识介绍

一、保险单据的种类

在外贸业务中常见的保险单据有：

（一）保险单

保险单（Insurance Policy）俗称为“大保单”，一般是由保险人根据投保人的投保申请而逐笔签发的，它是一种正规的保险合同，承保在保单中所指定的经由指定船舶承运的货物在运输途中的风险。保单除载明被保险人（投保人）的名称、发票号码（唛头）、数量或重量、被保险货物（标的物）、保险金额、运输工具、保险的起讫地点、承保险别、检验理赔代理人、赔偿地点、出单日期等基本项目外，还在其背面列明了保险条款等。货运险保险单可由被保险人背书随物权的转移而转让，货物安全抵达目的地或保险单规定的地点后，保险单的效力即告终止。进出口货运险保险单一般由三份正本和二份副本组成，也可根据投保人的要求增设正本或副本保单的份数。保险单是海上保险单据中最有代表性、承保形式最完整的一种。

（二）保险凭证

保险凭证（Insurance Certificate）俗称“小保单”，它是一种简化了的保险单，它同正式保险单具有同样的效力。保险凭证的正面依然载明了保险的基本项目，但背面未列保险条款。

（三）联合保险凭证

联合保险凭证（Combined Insurance Certificate）也称为“联合发票”，是一种发票和保险单相结合，与正式保险单具有同等的效力但比保险凭证更为简明的保险单据。这种凭证只适用于我国特别是对港、澳地区中资银行的信用证项下的出口业务且不能转让。

（四）预约保险单

预约保险单（Open Policy）是一种定期统保契约，也称预保合同或预保协议，是保险人与被保险人事先约定在一定时期内对指定范围内的货物进行统一承保的协议，适用于经常有大批货物出运的投保人。预约保险单应对保险公司承保的标的、期限、预计承保金额，每一保险单位的责任限额，承保的航运路线等作出明确规定，被保险人如有超出此规定的货物需要运输，必须另行申请投保。被保险人在拥有预约保险单后，每批货物一经装运，就要将该批货物的名称、数量、保险金额、船名、航线等内容以投保声明书的形式及时通知保险人。

（五）保险批单

上述各种保险单据签发生效后，若保险合同内容需要变动，被保险人应向保险公司申请批改，由其出具保险批单（Endorsement），对原保险单的内容进行补充或变更。批单是原保险单据的组成部分，它与上述保险单据具有同样的法律效力，如原保险单据的内容与之有不相符之处，则以批单的内容为准。

二、缮制保险单应注意的事项

在进出口业务中，使用 CIF 贸易术语成交时，保险单是基本结汇单据之一，保险单的填制可以参照投保单，但是还应注意以下几点：

（1）缮制保单前应先核对合同及信用证中有关保险的条款。如果合同以 CIF 贸易术语计价，出口制单才需要制作保险单；如果是以 CFR 或 FOB 条件成交，来证又规定要我方出口公司出保单时，应该请客户修改信用证。

（2）保险单上的投保人应与来证的受益人一致。

（3）保险单上的唛头、数量、货名、币制、船名等必须与发票一致。

（4）承保金额计算方法。通常按发票金额的 110%计算，而不是按扣了佣金或折扣后的净值来计算。但如果来证金额是已扣佣的净值，则可按净值加成。

（5）保险单上的船名、起运港、目的港必须与提单及发票上的一致，如有转船的也要照填上。

（6）投保的险别必须与合同及信用证上规定的相对应。如来证规定的险别与合同的有出入，投保后不增加费用的，就按来证规定的打；如出入太大，则应改证。一定要投保基本险，才可选投附加险而不可只投附加险。

（7）保险单的签发日期必须早于提单日期。

（8）要按来证规定正确背书。

（9）保单上“开航日期”一栏一般填预计开航日期。

（10）不同国家（地区）投保有差别。我方出口报价时，可先报 CIF 价，力争在我国内投保。如以托收方式成交，出口公司应加保卖方利益险，以维护自身利益。

三、保险单的背书

保险单一经出口人（投保人）背书后，即随同被保险货物权利的转移而自动转让给受让人，保险单背书时只在正本保险单的背面背书即可，背书有两种形式：

1. 空白背书

在保险单的背面只注明被保险人的公司名称和经办人的签名。

2. 记名背书

在正本保险单的背面打上“Delivery to (the order of) ××× Bank (Co.)”，即“交由×××银行或公司（的指示）”。然后在下面盖上出口公司英文章，经办人员签字即可。

四、保险单的背书与海运提单的背书的区别

保险单与海运提单一样经过背书可以转让。在 CIF 条件成交下，提单的背书关系到货物所有权的归属，而保险单的背书关系到在被保险货物出险后对保险公司（或其代理人）的索赔权和合理的补偿权。提单的背书是为了转让货物所有权，而保险单的背书是为了便于被保险货物权利的转移，把保险单转让给受让人。有了货物所有权不等于有了对保险公司的索赔权。只有在掌握了提单而又掌握了保险单的情况下，才是真正地掌握了货物所有权。一般提单的背书应与保险单的背书一致，要么空白背书，要么都记名背书。在 FOB 及 CFR 条件下，由买方投保，如买方需要转让提单，保险单也需同时转让，且两者都应是空白背书方可转让。

在赵悦所在公司与英国兄弟公司的交易中，请根据项目二资料三、资料四和资料六及项目三的背景材料缮制一份保险单，见表 7-4。

表 7-4 保险单

PICC 中国人民财产保险股份有限公司
PICC PROPERTY AND CASUALTY COMPANY LIMITED

货物运输保险单

CARGO TRANSPORTATION INSURANCE POLICY

提单号（B/L No.）：FANLON2T0080 保险单号（Policy No.）：

合同号（Contract No.）：G528-2012

发票号（Invoice No.）：GX121006

信用证号（L/C No.）：BOC1210006

被保险人（Insured）：GUANGXI GUIXIN TRADING CO., LTD.

中国人民财产保险股份有限公司（以下简称本公司）根据被保险人要求，以被保险人向本公司缴付约定的保险费为对价，按照本保险单列明条款承保下述货物运输保险，特订立本保险单。

THIS POLICY OF INSURANCE WITNESSES THAT PICC PROPERTY AND CASUALTY COMPANY LIMITED (HEREINAFTER CALLED “THE COMPANY”) AT THE REQUEST OF THE INSURED AND IN CONSIDERATION OF THE AGREED PREMIUM PAID TO THE COMPANY BY THE INSURED, UNDERTAKES TO INSURE THE UNDERMENTIONED GOODS IN TRANSPORTATION SUBJECT TO THE CONDITIONS OF THIS POLICY AS PER THE CLAUSES PRINTED BELOW.

标记 (Marks & Nos.)	包装及数量 (Packing & Quantity)	保险货物项目 (Insured Goods)	保险金额 (Amount Insured)
N/M	2,200SETS	Fashionable dandelion design porcelain dinnerware sets	USD102,850.00

总保险金额：

Total Amount Insured: U.S. DOLLARS ONE HUNDRED AND TWO THOUSAND EIGHT HUNDRED FIFTY ONLY

保费（**Premium**）：AS ARRANGED 起运日期（**Date of Commencement**）：AS PER B/L

装载运输工具（**Per Conveyance**）：MEDEA Voy. FA19W

自（**From**）：FANGCHENG PORT 经（**Via**）：____ 至（**To**）：LONDON, UK

承保险别（**Conditions**）：

COVERING FOR 110 PCT OF INVOICE VALUE WITH CLAIMS PAYABLE AT DESTINATION IN CURRENCY OF DRAFT COVERING ALL RISKS AS PER OCEAN MARINE CARGO CLAUSES OF PICC DATED 1981/01/01.

所保货物，如发生保险单项下可能引起索赔的损失或损坏，应立即通知本公司下述代理人查勘。如有索赔，应向本公司提交正本保险单（本保险单共 二 有份正本）及有关文件。如一份正本已用于索赔，其余正本自动失效。

IN THE EVENT OF LOSS OR DAMAGE WHICH MAY RESULT IN A CLAIM UNDER THIS POLICY, IMMEDIATE NOTICE MUST BE GIVEN TO THE COMPANY OR AGENT AS MENTIONED. CLAIMS, IF ANY, ONE OF THE ORIGINAL POLICY WHICH HAS BEEN ISSUED IN TWO ORIGINAL(S) TOGETHER WITH THE RELEVANT DOCUMENTS SHALL BE SURRENDERED TO THE COMPANY. IF ONE OF THE ORIGINAL POLICY HAS BEEN ACCOMPLISHED, THE OTHERS TO BE VOID.

保险人：

UNDERWRITER:

地址/ADD.:

电话/TEL.:

传真/FAX:

EMAIL:

赔款偿付地点

Claim Payable at LONDON IN USD 授权人签字：

签单日期（**Issuing Date**） SEPT. 10 2012 **Authorized Signature:** ______

核保人： 制单人： 经办人：

深化训练

请为广西诚鑫进出口有限公司与马来西亚客户交易的八角（见项目三深化训练背景材料）填制保险单，见表 7-5。

表 7-5 保险单

PICC 中国人民财产保险股份有限公司
PICC PROPERTY AND CASUALTY COMPANY LIMITED

货物运输保险单

CARGO TRANSPORTATION INSURANCE POLICY

提单号（B/L No.）： 保险单号（Policy No.）：

合同号（Contract No.）：

发票号（Invoice No.）：

信用证号（L/C No.）：

被保险人（Insured）：____

中国人民财产保险股份有限公司（以下简称本公司）根据被保险人要求，以被保险人向本公司缴付约定的保险费为对价，按照本保险单列明条款承保下述货物运输保险，特订立本保险单。

THIS POLICY OF INSURANCE WITNESSES THAT PICC PROPERTY AND CASUALTY COMPANY LIMITED (HEREINAFTER CALLED "THE COMPANY") AT THE REQUEST OF THE INSURED AND IN CONSIDERATION OF THE AGREED PREMIUM PAID TO THE COMPANY BY THE INSURED, UNDERTAKES TO INSURE THE UNDERMENTIONED GOODS IN TRANSPORTATION SUBJECT TO THE CONDITIONS OF THIS POLICY AS PER THE CLAUSES PRINTED BELOW.

标记 (Marks & Nos.)	包装及数量 (Packing & Quantity)	保险货物项目 (Insured Goods)	保险金额 (Amount Insured)

总保险金额：

Total Amount Insured: ____

保费（Premium）： ____________ **起运日期（Date of Commencement）：** ____________

装载运输工具（Per Conveyance）： ____

自（From）： ____________ **经（Via）：** ____________ **至（To）：** ____________

承保险别（Conditions）：

所保货物，如发生保险单项下可能引起索赔的损失或损坏，应立即通知本公司下述代理人查勘。如有索赔，应向本公司提交正本保险单（本保险单共____有份正本）及有关文件。如一份正本已用于索赔，其余正本自动失效。

IN THE EVENT OF LOSS OR DAMAGE WHICH MAY RESULT IN A CLAIM UNDER THIS POLICY, IMMEDIATE NOTICE MUST BE GIVEN TO THE COMPANY OR AGENT AS MENTIONED. CLAIMS, IF ANY, ONE OF THE ORIGINAL POLICY WHICH HAS BEEN ISSUED IN____ORIGINAL (S) TOGETHER WITH THE RELEVANT DOCUMENTS SHALL BE SURRENDERED TO THE COMPANY. IF ONE OF THE ORIGINAL POLICY HAS BEEN ACCOMPLISHED, THE OTHERS TO BE VOID.

保险人：
UNDERWRITER:
地址/ADD.:
电话/TEL.:
传真/FAX:
EMAIL:

赔款偿付地点
Claim Payable at____________ **授权人签字：**
签单日期（Issuing Date） ____________ **Authorized Signature:** ____________
核保人： **制单人：** **经办人：**

缮制保险单常见的问题

一、如果出口合同以CFR条件成交，但来证要我方出具保险单时，应如何处理？

当出口合同以CFR贸易术语成交，已规定由买方投保，我方的责任是在装船前一天应及时电告买方装船的详细项目即可，便于买方及时投保。若来证要求我方出具保单，又没有提出保费由买方支付或从来证金额中支付的说明文句的，则应请对方改证。

二、如果来证只规定投保某种附加险而不投基本险别时，我出口方应该如何处理？

按照国际贸易惯例，对每笔进口货物投保时，应根据货物实际性质最少选投一种或两种基本险。如果来证规定只投附加险，我方不应接受，且保险公司无法承保，应让对方改证。投保附加险的目的在于扩大原有基本险别的责任范围，附加险不可单独投保。

三、如果来证提出把保险责任扩展到内陆仓库，我方能否接受，这事应该如何处理？

按照一般惯例，航程和保险责任期限可根据信用证的附加规定向保险公司投保加以扩展，但扩展保险费在来证中明确由买方负担者可以接受。例如：目的港为马来西亚的巴生港（Poklang），来证要求"Covering Marine Risk, All Risks & War Risk Up to Applicant's Warehouse in Kuala Lumpur"，并在来证上注明"Extra Insurance Premium Drawn in Excess of Letter of Credit Amount Acceptable"，我们在办理投保时把扩展保险要求向保险公司提出，并要求保险公司出具扩展保费收据，把此保费列在发票上一并向买方收取。

四、缮制保险单时常见的差错有哪些？

（一）保险单的出单日期迟于提单日期。

（二）保险单未加列不计免赔率条款。不计免赔率（Irrespective of Percentage，I.O.P.）是指不论货损比率多少，保险公司均照单赔付，而破碎险（Risk of Breakage）、短量险（Risk of Shortage）的责任范围一般都有一定比例的免赔率，在此比例以内的损失保险公司不赔，只赔超出部分。所以如来证有I.O.P.者，应加列在保单内。

（三）保险单未加按汇票货币（In the Currency of the Draft）说明。

（四）保险单上的目的港和理赔地点不在同一地点。

根据背景资料，填制保险单

广西电动工具制造有限公司与新加坡进出口贸易公司经过友好洽商就出口双向扳手达成一份出口合同，数量5 600件，CIF Singapore，付款方式为电汇加托收（T/T + D/P AT SIGHT）。

其后广西电动工具制造有限公司向中国人民财产保险公司投保，提交保单。保险公司接受其投保后，向广西电动工具制造有限公司出具了保险单。请你根据合同 GS228（见表 7-6）缮制保险单，见表 7-7。

表 7-6　双向扳手销售合同

发票号：ES20131010

保险单号：CN201318

提单日期：NOV. 16，2013/10/19

船名航次：REDSTAR V629

保险代理人：PING AN INSURANCE COMPANY OF CHINA LTD. NANNING BRANCH
137 ROAD, 18 FLOOR FOREIGN TRADE BUILDING

SALES CONTRACT

S/C NO.: GS228

Date: Sept. 20, 2013

The Seller: Guangxi Power Tools Manufacture Co., Ltd.

Add.: 137 Qixing Road, Nanning, Guangxi, China

The Buyer: Singapore Import & Export Trading Co., Ltd.

Add.: 108 Sunshine, 22 Business Building Singapore

The Seller agrees to sell and the Buyer agrees to buy the undermentioned goods on the terms and conditions stated as follows:

(1) Marks & Nos.	(2) Name of Commodity Specification	(3) Quantity (Piece)	(4) Unit Price (USD)	(5)Total Amount (USD)
SIE GS228 Singapore No.1-100	Double Open and Spanner	5, 600pcs	CIF Singapore USD2.43/pc	USD13, 608.00

Total Value: U.S. DOLLARS THIRTEEN THOUSAND SIX HUNDRED AND EIGHT ONLY

(6) Time of Shipment: BEFORE Nov. 30, 2013

(7) Port of Loading: Fangcheng Port, China

(8) Port of Destination: Singapore

(9) Insurance: To be covered by the seller for 110% of CIF value covering all risks and war risk as per ocean marine cargo clauses of PICC dated 1/1/1981.

(10) Terms of Payment: 30% by T/T in advance, 70% by D/P at sight

(11) Packing: 56 pcs to a carton

(12) Remarks: 5% more or less both in quantity and amount allowed

Seller (Signature):　　　　**Buyer (Signature):**

表 7-7 保险单

PICC 中国人民财产保险股份有限公司
PICC PROPERTY AND CASUALTY COMPANY LIMITED

货物运输保险单

CARGO TRANSPORTATION INSURANCE POLICY

提单号（B/L No.）： 保险单号（Policy No.）：

合同号（Contract No.）：

发票号（Invoice No.）：

信用证号（L/C No.）：

被保险人（Insured）：______

中国人民财产保险股份有限公司（以下简称本公司）根据被保险人要求，以被保险人向本公司缴付约定的保险费为对价，按照本保险单列明条款承保下述货物运输保险，特订立本保险单。

THIS POLICY OF INSURANCE WITNESSES THAT PICC PROPERTY AND CASUALTY COMPANY LIMITED (HEREINAFTER CALLED "THE COMPANY") AT THE REQUEST OF THE INSURED AND IN CONSIDERATION OF THE AGREED PREMIUM PAID TO THE COMPANY BY THE INSURED, UNDERTAKES TO INSURE THE UNDERMENTIONED GOODS IN TRANSPORTATION SUBJECT TO THE CONDITIONS OF THIS POLICY AS PER THE CLAUSES PRINTED BELOW.

标记 (Marks & Nos.)	包装及数量 (Packing & Quantity)	保险货物项目 (Insured Goods)	保险金额 (Amount Insured)

总保险金额：

Total Amount Insured: ______

保费（Premium）：______**起运日期（Date of Commencement）：**______

装载运输工具（Per Conveyance）：______

自（From）：______**经（Via）：**______**至（To）：**______

承保险别（Conditions）：

所保货物，如发生保险单项下可能引起索赔的损失或损坏，应立即通知本公司下述代理人查勘。如有索赔，应向本公司提交正本保险单（本保险单共___有份正本）及有关文件。如一份正本已用于索赔，其余正本自动失效。

IN THE EVENT OF LOSS OR DAMAGE WHICH MAY RESULT IN A CLAIM UNDER THIS POLICY, IMMEDIATE NOTICE MUST BE GIVEN TO THE COMPANY OR AGENT AS MENTIONED. CLAIMS, IF ANY, ONE OF THE ORIGINAL POLICY WHICH HAS BEEN ISSUED IN___ORIGINAL (S) TOGETHER WITH THE RELEVANT DOCUMENTS SHALL BE SURRENDERED TO THE COMPANY. IF ONE OF THE ORIGINAL POLICY HAS BEEN ACCOMPLISHED, THE OTHERS TO BE VOID.

保险人：
UNDERWRITER:
地址/ADD.:
电话/TEL.:
传真/FAX:
EMAIL:

赔款偿付地点

Claim Payable at______**授权人签字：**

签单日期（Issuing Date）______**Authorized Signature:** ______

核保人： 制单人： 经办人：

小 结

在我国的对外贸易运输中，海洋运输是最为重要的一种方式。在各种运输货物保险中，起源最早、历史最悠久的是海上货物运输保险，其他运输方式的货物保险都是借鉴海运货物保险的基本做法。因此，海运保险单也越来越频繁地出现在贸易的全套单据中。

保险单（Insurance Policy）是保险人与被保险人之间订立保险合同的证明文件，它反映了保险人与被保险人之间的权利和义务关系，也是保险人的承保证明。当发生保险责任范围内的损失时，它又是保险索赔和理赔的主要依据。目前，在保险业务中，我国绝大多数企业采用中国人民财产保险公司出具的海洋货物运输保险单，也有部分企业采用英国伦敦保险业协会海运货物保险条款。

在国际贸易中是否使用保险单取决于 L/C 的规定。在确定以 FOB 、CFR 价格成交时，出口方无须提交保险单。在以 CIF 价格成交时，出口方须办理保险手续，填写保险单。

本项目涉及的样单如下：

样单 保险单样本

PICC 中国人民财产保险股份有限公司 PICC Property and Casualty Company Limited

货物运输保险单
CARGO TRANSPORTATION INSURANCE POLICY

AEYIEE2008Z01

印刷号(Printed Number) 53000900005754　　保险单号(Policy No.) PY1E20105301760100050

合同号(Contract No.) YLP100110

发票号(Invoice No.) YLP100110

信用证号(L/C No.)

被保险人(Insured)：YUNNAN LULIANG PEACE TECHNOLOGY CO., LTD.

中国人民财产保险股份有限公司(以下简称本公司)根据被保险人要求，以被保险人向本公司缴付约定的保险费为对价，按照本保险单列明条款承保下述货物运输保险，特订立本保险单。

THIS POLICY OF INSURANCE WITNESSES THAT PICC PROPERTY AND CASUALTY COMPANY LIMITED (HEREINAFTER CALLED "THE COMPANY") AT THE REQUEST OF THE INSURED AND IN CONSIDERATION OF THE AGREED PREMIUM PAID TO THE COMPANY BY THE INSURED, UNDERTAKES TO INSURE THE UNDERMENTIONED GOODS IN TRANSPORTATION SUBJECT TO THE CONDITIONS OF THIS POLICY AS PER THE CLAUSES PRINTED BELOW.

标记 MARKS & NOS.	包装及数量 QUANTITY	保险货物项目 GOODS	保险金额 AMOUNT INSURED
N/M	TOTAL:2PALLETS	VITAMIN K3 MSB 96%	USD8,415.00

总保险金额 Total Amount Insured：US DOLLARS EIGHT THOUSAND FOUR HUNDRED AND FIFTEEN ONLY

保费(Premium)：AS ARRANGED　　启运日期(Date of Commencement)：Jan. 21, 2010

装载运输工具(Per Conveyance)：PANCON CHALLENGE V.1003E

自 From NINGBO, CHINA　　经 Via　　至 To BUSAN, KOREA

承保险别(Conditions)：

COVERING ALL RISKS AS PER OCEAN MARINE CARGO CLAUSES OF THE PICC PROPERTY AND CASUALTY COMPANY LIMITED DATED 1/1/81.

ORIGINAL

所保货物如发生保险单项下可能引起索赔的损失，应立即通知本公司或下述代理人查勘。如有索赔，应向本公司提交正本保险单（本保险单共有 二 份正本）及有关文件。如一份正本已用于索赔，其余正本自动失效。

IN THE EVENT OF LOSS OR DAMAGE WHICH MAY RESULT IN A CLAIM UNDER THIS POLICY, IMMEDIATE NOTICE MUST BE GIVEN TO THE COMPANY OR AGENT AS MENTIONED. CLAIMS, IF ANY, ONE OF THE ORIGINAL POLICY WHICH HAS BEEN ISSUED IN TWO ORIGINAL (S) TOGETHER WITH THE RELEVENT DOCUMENTS SHALL BE SURRENDERED TO THE COMPANY. IF ONE OF THE ORIGINAL POLICY HAS BEEN ACCOMPLISHED, THE OTHERS TO BE VOID.

HYOPSUNG SHIPPING CORPORATION BUSAN (HEAD OFFICE) 7TH FLOOR, YUCHANG BLDG NO.25-2, 4-KA, CHUNGANG-DONG CHUNG-KU, BUSAN, KOREA (P.O. BOX NO.75 BUSAN, KOREA) POST CODE:600719
TEL:82-51-4636551/5 FAX:82-51-4623492
EMAIL:MAILHEAD@HYOPSUNG.CO.KR

保险人 Underwriter：云南省昆明市分公司国际部 Kunming Branch, International Dept. PICC

电话(TEL)：0871-3648039

传真(FAX)：0871-3648047

地址(ADD)：Jinmabiji Plaza, Kunming, Yunnan, China.

赔款偿付地点 Claim Payable at BUSAN, KOREA IN USD

签单日期(Issuing Date) Jan. 20, 2010

授权人签字 Authorized Signature：PICC PROPERTY AND CASUALTY COMPANY LIMITED. KUNMING BRANCH INTERNATIONAL DEPT.

杨萍 GENERAL MANAGER

核保人：角年英　　制单人：蒲婕　　经办人：琬诗

www.piccnet.com.cn

项目八

缮制其他单据

熟悉包括受益人证明、装船通知和船公司证明的制作要点，能够正确缮制受益人证明、装船通知和船公司证明等单证。

任务一　缮制受益人证明

赵悦在单证部的工作完成得很好，对各种单证的制作都逐渐熟练。在与英国兄弟贸易公司就双方的 2 200 套瓷器餐具出口业务中，根据信用证的要求需要开具一份证明一套非议付单据已在装货后 48 小时内发给申请人的受益人证明，这份证明应当怎么做呢？

一、受益人证明

受益人证明（Beneficiary’s Certificate），是指在信用证支付方式下，由出口商（信用证受益人）按合同、信用证要求出具的说明已履行了某些规定义务、完成了某工作或行为符合进口商和进口国的要求的书面证明。受益人证明一般用于不方便或者无法用官方文件证明的，客户要求做到的事宜，或其他一些类似于保函（保证承担某些责任或某些可能产生的责任的证明）的内容。受益人证明一般没有固定的格式，内容多种多样，以英文制作，通常签发一份，受益人证明可以是一份单独的文件，也可以和商业发票合并，只需要在商业发票上加注证明就可以了。

二、受益人证明的类型

实务中常见的受益人证明有：

1. 关于商品品质的证明

例如，证明商品属于一流品质（quality of first class）等。

2. 关于商品包装的证明

例如，包装未使用木材的证明，见表 8-1。

表 8-1 受益人证明

BENEFICIARY CERTIFICATE

TO: WHOM IT MAY CONCERN   DATE:×××
RE: L/C No.×××
Inv. No.:×××
B/L No.:×××   B/L DATE:×××

WE DECLARE THIS SHIPMENT DOES NOT CONTAIN WOOD PACKING MATERIALS.

××× COMPANY (beneficiary's name)
(SIGNATURE)

3. 关于商品原产地的证明

例如，证明出口货物的原产地为中国，见表 8-2。

表 8-2 受益人证明

BENEFICIARY CERTIFICATE

TO: WHOM IT MAY CONCERN   DATE:×××
RE: L/C No.×××
Inv. No.:×××
B/L No.:×××   B/L DATE:×××

WE DECLARE THAT THE GOODS ARE OF CHINESE ORIGIN.

××× COMPANY (beneficiary's name)
(SIGNATURE)

4. 关于已发装船通知、已寄样品或已寄副本单据的证明

例如，有些信用证规定出口商装船后寄一套副本单据给开证申请人并出具已寄出副本单据的证明，见表 8-3。

表 8-3 受益人证明

BENEFICIARY CERTIFICATE

TO: WHOM IT MAY CONCERN   DATE:×××
RE: L/C No.×××
Inv. No.:×××
B/L No.:×××   B/L DATE:×××

WE HEREBY CERTIFY THAT WE HAVE AIRMAILED ONE SET OF NON-NEGOTIABLE DOCUMENT TO THE APPLICANT.

××× COMPANY (beneficiary's name)
(SIGNATURE)

三、受益人证明的缮制

受益人证明无固定的格式，一般来说其基本内容包括：

1．出口公司的名称

2．单据名称

具体的单据名称应以信用证规定为准。单据的名称因所证明的事项不同而不同。

3．参考号

受益人证明上通常会显示发票号、合同号、信用证号等。如果信用证要求所有单据必须有 LC 号、发票号、合同号，那么受益人证明中就同样需要加上这些号码，用来表明和其他单据的关系。

4．内容

受益人声明的内容应与信用证的有关规定相符。

5．证明人（受益人）必须签字

受益人证明由于是属于证明性质的文件，按有关规定，落款就是受益人的名字，按信用证的内容出具，然后盖章，如果其他单据是由受益人手签的，那么就应该同样手签。

6．单据应注意格式，在规定的时间内做出

受益人证明文字通常不会很多，一般都不到一个 A4 页面，但必须使用 A4 的纸张，不要用其他纸张；尤其要注意格式的规范，选好字体字号、考虑版面平衡美观，另外留空部分不能太多；一定要注意的是受益人证明的出单时间，必须晚于信用证规定的其所需证明事件发生的时间；还有就是注意应该先于信用证规定的交单时间及时发出。

四、信用证受益人证明条款的举例

1．寄单证明

寄单证明（Beneficiary’s Certificate for Despatch of Documents）是外贸业务中最常见的一种受益人证明，是指受益人根据规定，在货物装运前后的一定时期之内把全套或部分副本单据，通过邮寄、传真、快递的方式发给规定的收受人，然后将证明随其他单据一起交银行议付。

例如：CERTIFICATE FROM THE BENEFICIARY STATING THAT ONE COPY OF THE DOCUMENTS CALLED FOR UNDER THE L/C HAS BEEN DISPATCHED BY COURIER SERVICE DIRECT TO THE APPLICANT WITHIN 3 DAYS AFTER SHIPMENT.

2．寄样证明（Beneficiary’s Certificate for Despatch of Shipment Sample）

例如：CERTIFICATE TO SHOW THAT THE REQUIRED SHIPMENT SAMPLES HAVE BEEN SENT BY DHL TO THE APPLICANT ON JULY 10, 2013.（受益人只需要按规定出单即可）。兹证明样品已于 2013 年 7 月 10 日通过 DHL 寄交开证申请人。

3．包装和标签证明

例如：A CERTIFICATE FROM THE BENEFICIARY TO THE EFFECT THAT ONE SET OF INVOICE AND PACKING LIST HAS BEEN PLACED ON THE INNER SIDE OF THE DOOR OF EACH CONTAINER IN CASE OF FCL CARGO OR ATTACHED TO THE GOODS OR

PACKAGES AT AN OBVIOUS PLACE IN CASE OF LCL CARGO.（受益人应证明已经把一套发票和箱单贴在集装箱箱门内侧（整箱货）或拼箱货的显眼的地方）

又如：BENEFICIARY CERTIFICATE IN TRIPLICATE STATING THE SHIPMENT DOES NOT INCLUDE NON-MANUFACTURED WOOD DUNNAGE, PALLETS, CRATING OR OTHER PACKAGING MATERIALS; THE SHIPMENT IS COMPLETELY FREE OF WOOD BARK, VISIBLE PESTS AND SIGNS OF LIVING PESTS.（要求三份单据，证明货物未再加工、非木制包装、无树皮、无肉眼可见虫害、无活虫）

4. 其他规定

（1）CERTIFICATE CONFIRMING THAT ALL GOODS ARE LABELLED IN ENGLISH（货物加贴英文标签）; BENEFICIARY'S CERTIFICATE STATING ORIGINAL B/L OF 1 SET CARRIED BY THE CAPTAIN OF THE VESSEL（一套正本提单已交由船长携带）。

（2）A STATEMENT FROM THE BENEFICARY EVIDENCING THAT PACKING EFFECTED IN 25KGS CTN（货物 25 公斤箱装）。

（3）CERTIFICATE TO SHOW GOODS ARE NOT OF ISRAELI ORIGIN AND DO NOT CONTAIN ANY ISRAELI MATERIAL.（货物须保证非以色列产并且不含以色列的材料）

（4）BENEFICIARY'S CERTIFICATE CERTIFYING THAT BENEFICIARY HAS FAXED THE SHIPPING DOCS (B/L, INVOICE, PACKING LIST, PHYTOSANITARY CERTIFICATE) WITHIN 2 WORKING DAYS AFTER SHIPMENT DATE TO APPLICANT AND THE RELATE CERTIFIED TRUE COPY OF FAX.（对这样的受益人证明应做到：发货后两日内传真发送有关单据给申请人，传真报告应证实并向银行提交）

（5）TWO SETS OF SHIPPING SAMPLES AND ONE SET OF NON-NEGOTIABLE SHIPPING DOCUMENTS MUST BE SENT TO APPLICANT BY SPEED POST/COURIER SERVICE WITHIN 5 DAYS FROM THE DATE OF BILL OF LADING AND A CERTIFICATE TO THIS EFFECT FROM BENEFICIARY TOGETHER WITH RELATIVE SPEED POST/COURIER RECEIPT MUST ACCOMPANY THE DOCUMENTS.（两套船样和一套不可议付的装运单据须在提单日后 5 日内通过邮局快递寄给开证人，受益人证明应表明已照此行事，相应的邮政快递收据必须随议付单据提交，应注意要提交两样单据——受益人证明和邮政快递收据）

（6）BENEFICIARY'S CERTIFICATE STATING THAT INTEREST CHARGES IF ANY FOR USANCE PERIOD INCLUDED IN INVOICE VALUE ARE NOT MORE THAN THE PREVAILING LIBOR FOR USD ON THE DATE OF SHIPMENT PLUS 0.50 PER CENT P.A. AND SEPARATE INVOICES TO BE PREPARED FOR CIF VALUE AND INTEREST, SUCH LIBOR SHOULD BE CERTIFIED BY THE NEGOTIATING BANK ON THEIR COVERING SCHEDULE TO THE DOCUMENTS, HOWEBER, TOTAL DRAWINGS UNDER THE CREDIT NOT TO EXCEED THE LETTER OF CREDIT VALUE, IF NO INTEREST CHARGES ARE INCLUDED IN THE INVOICE, BENEFICIARY'S CERTIFICATE CONFIRMING THE SAME IS REQUIRED. [这份受益人证明要求，如需要支付远期利息，发票金额应包括两部分（CIF 金额和利息），利息按货物装运当天美元 LIBOR 加 50 个点支付，议付行还需在交单面函上对 LIBOR 加以确认，如果索偿金额不超过信用证金额，则无远期贴息产生，受益人也要出证说明]

在师傅的帮助下，赵悦应对方要求按照信用证的规定开出了这份受益人证明，苏格兰皇家银行开来的信用证中对受益人证明的要求如下：

DOCUMENTS REQUIRED 46 A:

+BENEFICIARY'S CERTIFICATE CERTIFYING THAT ONE FULL SET OF NON-NEGOTIABLE DOCUMENTS HAVE BEEN SENT TO APPLICANT DIRECTLY WITHIN 48 HOURS AFTER SHIPMENT.

赵悦制作的受益人证明见表 8-4：

表 8-4　受益人证明

BENEFICIARY CERTIFICATE

TO: BROTHER TRADING CO., LTD. DATE: SEP 13, 2012
RE: L/C No.: LC BOC1210006
Inv. No.: GX121006
B/L No.: FANLON2T0080
B/L DATE: SEP 12，2012

WE HEREBY CERTIFY THAT ONE FULL SET OF NON-NEGOTIABLE DOCUMENTS HAVE BEEN SENT TO APPLICANT DIRECTLY WITHIN 48 HOURS AFTER SHIPMENT.

GUANGXI GUIXIN TRADING CO., LTD.
ZHAO YUE

2013 年 9 月 5 日，广西诚鑫进出口有限公司与马来西亚 DYNAMIC EXCELLENCE TRADING CO., LTD.签订了出口 60 公吨八角的合同，国外开来的信用证有如下要求，请制作受益人证明，见表 8-5：

DOCUMENTS REQUIRED 46 A:

+BENEFICIARY'S CERTIFICATE CERTIFYING THAT ONE FULL SET OF NON-NEGOTIABLE DOCUMENTS HAVE BEEN SENT TO APPLICANT DIRECTLY WITHIN 24 HOURS AFTER SHIPMENT.

表 8-5　受益人证明

BENEFICIARY'S CERTIFICATE

TO: DATE:
RE: L/C No.:
Inv. No.:
B/L No.:
B/L DATE:
WE HEREBY CERTIFY THAT ______________________________

____

____

GUANGXI CHENGXIN IMP. & EXP. CO., LTD.
(SIGNATURE)

任务二 装船通知

任务背景

货物装船后，根据双方的约定，货物在装船后赵悦还需要给英国兄弟公司及时发出装船通知。装船通知应当怎么做呢？

知识介绍

一、装船通知

装船通知，也叫装运通知，是卖方应买方的要求，在货物装船后通过传真、电报或电传等方式，将货物装运情况通知开证申请人、收货人等相关当事人。装运通知的作用在于，让收货人等相关当事人及时获知货物装运情况，做好资金筹措、及时付款和办理保险、申请进口许可和安排货物接收等事宜的准备和安排。装船通知应该以英文制作，并无统一格式，内容一定要符合信用证的规定，主要内容一般包括合同号、商品名称和数量、载货船舶名称和开航日期等相关内容，一般来说只提供一份。

在以 FOB、CFR 价格条件成交出口贸易合同时，发货人在货物装船完毕后向收货人发出装船通知则作为合同的一项要件。按照惯例，这些交易条件下由买方负责办理货物的保险。如果未能及时收到货物装船通知，则可能影响到买方及时办理保险，进口方为了督促出口方履行通知的义务，以防止出现装运和投保在时间上的脱节，就在信用证中要求受益人在交单时提交装运通知副本作为议付单据之一。如果货物的丢失、损害系由于发货人在货物装船完毕后没有向收货人发出装船通知，致使收货人未能及时投保，该货物的丢失、损害则由发货人负责赔偿。在进口方派船接货的交易条件下，进口商为了使船、货衔接得当也会向出口方发出有关通知。信用证条款中对装船通知的出单日无明确要求，出口商也须在最迟不超过装船后 3 天之内将该通知发出。因而在这些交易条件下，卖方一定要及时按规定发出装运通知。

二、装船通知的主要内容及其缮制

（一）单据名称

单据名称主要体现为“Shipping/Shipment Advice”“Advice of Shipment”等，也有人将其称为“Shipping Statement/Declaration”，如信用证有具体要求，从其规定。

（二）通知对象

通知对象应按信用证规定填写，具体讲可以是开证申请人、申请人的指定人或保险公司等。

（三）通知内容

通知内容主要包括所发运货物的合同号或信用证号、品名、数量、金额、运输工具名称、开航日期、起运地和目的地、提运单号码、运输标志等，并且要与其他相关单据保持一致，如信用证提出具体项目要求，应严格按规定出单。此外，通知中还可能出现包装说明、ETD（船舶预离港时间）、ETA（船舶预抵港时间）、ETC（预计开始装船时间）等内容。

（四）制作和发出日期

发出日期不能超过信用证约定的时间，常见的有以小时为准（如 within 24/48 hours）和以天（如 within 2 days after shipment date）为准两种情形。信用证没有具体规定应在装船后立即发出，如信用证规定“immediately after shipment”（装船后立即通知），应掌握在提单后三天之内。

（五）签署

一般可以不签署，如果信用证要求“certified copy of shipping advice”，则通常加盖受益人条形章。

三、缮制装船通知应注意的事项

（1）CFR/CPT 交易条件下发装运通知的必要性。因货物运输和保险分别由不同的当事人操作，所以受益人有义务向申请人对货物装运情况给予及时、充分的通知，以便进口商保险，否则如漏发通知，则货物越过船舷后的风险仍由受益人承担。

（2）通知应按规定的方式、时间、内容、份数发出。

（3）几个近似概念的区别。“Shipping Advice”（装运通知）是由出口商（受益人）发给进口商（申请人）的；“Shipping Instructions”意思是“装运须知”，一般是进口商发给出口商的；“Shipping Note/ Bill”指装货通知单/船货清单；“Shipping Order”简称“S/O”，含义是装货单/关单/下货纸（是海关放行和船方将单据上载明的货物装船的文件）。

四、信用证中有关装船通知条款分析

（1）ORIGINAL FAX FROM BENEFICIARY TO OUR APPLICANT EVIDENCING B/L NO., NAME OF SHIP, SHIPMENT DATE, QUANTITY AND VALUE OF GOODS.

其要求应向申请人提交正本通知一份，通知上列明提单号、船名、装运日期、货物的数量和金额。制作单据时只要按所列项目操作即可。

（2）INSURANCE EFFECTED IN IRAN BY IRAN INSURANCE CO., THE NAME OF INSURANCE CO. AND THE POLICY NO. XXX DD.— HAVE TO BE MENTIONED ON B/L, SHIPMENT ADVICE TO BE MADE TO SAID INSURANCE CO. VIA TLX NO. XXX INDICATING POLICY NO. AND DETAILS OF SHIPMENT, A COPY OF WHICH IS TO BE ACCOMPANIED BY THE ORIGINAL DOCS.

该条款要求货物的保险由伊朗保险公司办理，提单上应明确保险公司的名称、保单号码和出单日期，所出的装运通知则应标明保险公司名称、电传号码、保单号码和货物的详细情况，电抄副本随正本单据向银行提交。

（3）SHIPMENT ADVICE WITH FULL DETAILS INCLUDING SHIPPING MARKS, CTN NUMBERS, VESSEL'S NAME, B/L NUMBER, VALUE AND QUANTITY OF GOODS MUST BE SENT ON THE DATE OF SHIPMENT TO US.

该项规定要求装运通知应列明包括运输标志、箱号、船名、提单号、货物金额和数量在内的详细情况，并在货物发运当天寄开证行。

（4）BENEFICIARY MUST FAX ADVISE TO THE APPLICANT FOR THE PARTICULARS BEFORE SHIPMENT EFFECTED AND A COPY OF THE ADVICE SHOULD BE PRESENTED FOR NEGOTIATION.

根据这条规定，受益人发出的装运通知的方式是传真，发出时间是在货物装运前，传真副本作为议付单据提交。

（5）INSURANCE COVERED BY OPENERS. ALL SHIPMENTS UNDER THIS CREDIT MUST BE ADVISED BY YOU IMMEDIATELY AFTER SHIPMENT DIRECT TO M/S ABC INSURANCE CO. AND TO THE OPENERS REFERING TO COVER NOTE NO. CA364 GIVING FULL DETAILS OF SHIPMENT. A COPY OF THIS ADVICE TO ACCOMPANY EACH SET OF DOCUMENTS.

该条款要求保险由申请人负责，货物装运后由受益人直接发通知给 ABC 保险公司和申请人，通知上应注明号码为 CA364 的暂保单，并说明货物的详细情况。每次交单都应随附该通知副本。

（6）BENEFICIARYS CERTIFIED COPY OF FAX SENT TO APPLICANT WITHIN 48 HOURS AFTER SHIPMENT INDICATING CONTRACT NO.,L/C NO.,GOODS NAME, QUANTITY, INVOICE VALUE, VESSEL'S NAME, PACKAGE/CONTAINER NO., LOADING PORT, SHIPPING DATE AND ETA.

按这条信用证要求，受益人出具的装运通知必须签署，通知应在发货后 48 小时内发出，具体通知内容为合同号、信用证号、品名、数量、发票金额、船名、箱/集装箱号、装货港、装运日期和船舶预抵港时间。受益人应严格按所要求的内容缮制。

（7）SHIPMENT ADVICE QUOTING THE NAME OF THE CARRYING VESSEL, DATE OF SHIPMENT, NUMBER OF PACKAGES, SHIPPING MARKS, AMOUNT, LETTER OF CREDIT NUMBER, POLICY NUMBER MUST BE SENT TO APPLICANT BY FAX, COPIES OF TRANSMITTED SHIPMENT ADVICE ACCOMPANIED BY FAX TRANSMISSION REPORT MUST ACCOMPANY THE DOCUMENTS.

表明船名、装船日期、包装号、唛头、金额、信用证号、保险单号的装船通知必须由受益人传真给开证人，装船通知和传真副本以及发送传真的电讯报告必须随附议付单据提交。

（8）BENEFICIARY'S CERTIFICATE CERTIFYING THAT THEY HAVE DESPATCHED THE SHIPMENT ADVICE TO APPLICANT BY FAX (FAX NO. XXXX) WITHIN 1 DAY AFTER B/L DATE ADVISING SHIPMENT DETAILS INCLUDING CONTRACT NO., INVOICE VALUE, NAME OF THE VESSEL, LOAD PORT, QUANTITY GOODS LOADED, B/L DATE, THE VESSEL MOVEMENT INCLUDING TIME OF ARRIVAL, TIME OF BERTHED, TIME OF START

LOADING, TIME OF FINISH LOADING AND DEPARTURE TIME FROM DALIAN AND THIS CREDIT NO.

这条规定来自香港的某份信用证，其对装船通知的要求是：装运货物后一天内受益人通过传真加以通知，内容包括合同号、发票金额、船名、装港、货物数量、提单日，以及抵达时间、靠泊时间、开始装货时间、装货完毕时间和驶离大连港的时间等船舶的航行轨迹和本信用证号码等。

任务实施

赵悦根据合同、信用证和提单，及时地按照买方的要求向对方发出了装船通知（表 8-6）。

表 8-6　装船通知

Contract No. : G528-2012

L/C No. : BOC1210006

SHIPPING ADVICE

To	BROTHER TRADING CO., LTD. SHEEPCOTE ROAD HARROW HA1 2JL LONDON ENGLAND UK
From	GUANGXI GUIXIN TRADING CO., LTD. 10 QIXING ROAD NANNING CITY, GUANGXI CHINA
Commodity	porcelain dinner-ware
Packing Conditions	As called for by the contract Normal color box packing, 1 set/color box, then one color box into one carton, total in two 40' container
Quantity	2,200SETS
Gross Weight	22,000.00KGS
Net Weight	19,800.00KGS
Total Value	USD93,500.00

Please be informed that these goods have been shipped from FANGCHENG PORT, CHINA to LONDON, UK with mv MEDEA.

Shipment Date: September 12, 2012

B/L No.

We herewith certify this message to be true and correct.

GUANGXI GUIXIN TRADING CO., LTD.

as beneficiary

NANNING, September 12, 2012.

深化训练

请代表广西诚鑫进出口有限公司向马来西亚客户发出装船通知，见表 8-7。

表 8-7　装船通知

Contract No.　　: G317-2014
L/C No.　　: PB1209006

SHIPPING ADVICE

To
From
Commodity
Packing Conditions
Quantity
Gross Weight
Net Weight
Total Value
Please be informed that these goods have been shipped from
________to________with________________________________
Shipment Date: ________________________
B/L No.
We herewith certify this message to be true and correct.

____
as beneficiary

________________,________________________

知识拓展

国际贸易中常见的几种证明

（1）船龄证明（Certificate of Vessel's Age）：有些国家、地区来证规定装载货物的船舶的船龄不得超过 15 年，很多保险公司规定 15 年以上的船为超龄船，不予承保，25 年以上的船则为报废船。还有些国家规定 15 年以上船龄的船不准停泊卸货。买方为了保证船货在运输途中的安全，要求卖方禁止使用老龄船，受益人因而要求船公司或代理公司出具载货船只的船龄证明书（Certificate to evidence the ship is not over 15 years old or is under 15 years of age）。

（2）船籍证明（Certificate of Registry）：用于证明载货船舶所属国籍，有时买方会提出要求只接受装某些国家或者不允许装某些国家的船舶，这通常是买方出于政治上的原因，对装货船舶的国籍有所限制，因而要求卖方出具相应的船舶所属国籍的证明。

（3）船级证明（Confirmation of Class）：船级是表示船舶技术状态的一种指标。在国际航运界，凡注册总吨在 100 吨以上的海运船舶，必须在某船级社或船舶检验机构监督之下进行监造。在船舶开始建造之前，船舶各部分的规格须经船级社或船舶检验机构批准。每艘船建造完毕，由船级社或船舶检验局对船体、船上机器设备、吃水标志等项目和性能进行鉴定，发给船级证书。证书有效期一般为 4 年，期满后需重新予以鉴定。船舶入级可保证船舶航行安全，有利于国家对船舶进行技术监督，便于租船人和托运人选择适当的船只，以满足进出口货物运输的需要，便于保险公司决定船、货的保险费用。

（4）航程证明（Certificate of Itinerary）：主要说明航程中船舶停靠的港口，一些阿拉伯中东国家和地区的进口商，往往要求在提单上随附证明一份，明确船籍、船名、船东及途中所经港口顺序，出口方须按要求签发此类证明并按证明中所述线路行驶、操作船舶。

（5）转船证明书（Certificate of Transshipment）：出口方出具的转船证明书，说明出口货物将在中途转船且已联系妥当，并由托运人负责将有关转船事项通知收货人。

（6）班轮公会证明（Conference Line Certificate）：有些信用证规定货物须装班轮公会船只，则向银行所交单据中应包括船公司或其代理公司出具的证明，可以单独开出一份证明，也可以缮制于提单上。

（7）黑名单证明（Black List Certificate）：典型的是阿拉伯国家抵制以色列证明（Certificate of Boycott Israel）。其通常规定为：THE VESSEL CARRYING THE GOODS IS NOT ISRAELI AND WILL NOT CALL ON ANY ISRAELI PORTS WHILE CARRYING THE GOODS AND THAT THE VESSEL IS NOT BANNED ENTRY TO THE PORT OF THE ARAB STATES FOR ANY REASONS WHATEVER UNDER LAW AND THE LAWS AND REGULATIONS OF SUCH STATES ALLOWED.（船上所装货物为非以色列原产，船不经停任何以色列港口，船只可依法自由进入阿拉伯国家法律和规则所容许进出的港口。）有时候这些内容已在船籍证明中包含，则不需要单独再出具。

（8）SMC、DOC 和 SOLAS：这几个缩略语近年来常出现在信用证的要求中，SMC（Safety Management Certificate，船舶安全管理证书）和 DOC（Document of Compliance，安全符合证书，也有人称其为船/港保安符合证书）是按照国际安全管理规则（ISM）的规定载货船舶应在船上拥有的必要证书。我国海事局按 ISM 的规章发给船公司 DOC，如船公司没有相应证书，那么就没有办法按信用证要求来出具此类证明。SOLAS 指的是《1974 年国际海上人命安全公约》（简称 SOLAS 公约）。“9 · 11”事件后国际海事组织于 2002 年 12 月召开缔约国大会，通过对 SOLAS 公约的修正案，并在 2004 年 7 月 1 日起开始实施。按上述有关规定，船舶应持有“安全管理证书”正本，其船名与国籍证书应一致，所载公司名称与“符合证明”中的公司名称应一致。

技能强化

1. 按照下列信用证条款，分别撰写受益人证明

（1）A STATEMENT FROM THE BENEFICIARY EVIDENCING THAT PACKING EFFECTED IN 25KGS/CTN BOX.

（2）COPY OF LETTER FROM BENEFICIARY TO OUR APPLICANT EVIDENCING A NON-NEGOTIABLE BILL OF LADING TOGETHER WITH COPY OF OTHER DOCUMENTS WERE SENT DIRECTLY TO THEM AFTER ONE DAY FROM SHIPMENT DATE.

（3）BENEFICIARY'S DECLARATION CERTIFICATE THAT THE ORIGINAL EXPORT LICENSE HAS BEEN SENT TO THE APPLICANT BY EXPRESS COURIER BEFORE SHIPMENT EFFECTED.

BENEFICIARY CERTIFICATE

TO:____________________________ DATE:________________
RE: L/C No.: ____________________________
Inv. No.: ____________________________
B/L No.:____________________________ B/L DATE: ________________

WE HEREBY CERTIFY THAT ____

____

____

____________________TRADING CO., LTD.
(SIGNATURE)

2．按照下列中文提示资料撰写装船通知

（1）信用证号码：CNHL123456　　开证日期：130402

（2）发票编号：ICED052006　　金额：USD13,500.00

（3）数量：600 个纸箱，共装 2,400 套咖啡杯碟（cup and saucer）

（4）总毛重：8MT　　总体积 27CBM

（5）承运人：COSCO　　船名：Victoria　　航次：V. 011

（6）提单编号：B/L No. COS0604588　　签发日期：June 10, 2013

（7）APPLICANT：ABC TRADING Co., LTD.

（8）BENEFICIARY：CHINA HUALIAN INTERNATIONAL CO.

（9）预期到达时间：EARLY JULY

（10）SHIPMENT ADVICET TO BE SENT TO APPLICANT WITHIN 48HRS AFTER THE SHIPMENT.

Contract No. : G317-2013
L/C No. : PB1309006

SHIPPING ADVICE

To

From

Commodity

Packing Conditions

Quantity

Gross Weight

Net Weight

Total Value

Please be informed that these goods have been shipped from ________to________with______________________________

Shipment Date ________________________

B/L No.

We herewith certify this message to be true and correct.

____
as beneficiary

__________,____________________

小　结

受益人证明，是指在信用证支付方式下，由出口商（信用证受益人）按合同、信用证要求出具的说明已履行了某些规定义务、完成了某工作或行为符合进口商和进口国的要求的书面证明。受益人证明一般没有固定格式，内容多种多样，业务中常见的包括关于商品品质的证明、关于商品包装的证明、关于商品原产地的证明以及关于已发装船通知、已寄样品或已寄副本单据的证明。受益人证明的要求主要体现在单据名称、证明内容与合同和信用证一致，必须签字盖章，以及注意格式并在规定时间内发出。

装船通知，也叫装运通知，是卖方应买方要求，根据信用证的规定在货物装船后通过传真、邮寄或电传等方式，将货物装运情况通知开证申请人、申请人的指定人或保险公司等，以便让进口商做好筹措资金、付款和及时办理保险、申请进口许可和安排货物接收等事宜。主要内容包括单据名称、通知对象、通知内容和发出日期等。

项目九

缮制汇票

学习目标

熟悉汇票的流转过程，掌握汇票的制作要点，能够正确填制汇票。

任务　缮 制 汇 票

任务背景

赵悦在处理公司与英国兄弟公司的交易中，注意到国外开来的信用证是远期信用证，同时也是一份可自由议付的信用证，在完成其他单证的制作后，她还应当制作汇票。可是什么是汇票呢，汇票又应当如何制作呢？

知识介绍

一、汇票的含义及内容

汇票（Bill of Exchange /Draft）是一个人（出票人）签发给另一个人（受票人）的，要求受票人见票时或在将来固定的时间或可以确定的时间，对某人或其指定人或持票人支付一定金额的无条件书面支付命令。

各国票据法对汇票内容的规定不同，一般认为应包括下列基本内容：

① 应载明“汇票”字样。

② 无条件支付命令。

③ 一定金额。

④ 付款期限。

⑤ 付款地点。

⑥ 受票人（Drawee），又称付款人（Payer），即接受支付命令付款的人。在进出口业务中，通常是进口人或其指定的银行。

⑦ 受款人（Payee），即受领汇票所规定金额的人。在进出口业务中，通常是出口人或其指定的银行。

⑧ 出票日期。

⑨ 出票地点。

⑩ 出票人签字。

我国《票据法》第22条规定：汇票必须记载下列事项：

① 表明“汇票”字样。

② 无条件支付委托。

③ 确定的金额。

④ 付款人的名称。

⑤ 收款人的名称。

⑥ 出票日期。

⑦ 出票人签章。

汇票上未记载规定事项之一的，汇票无效。

上述基本内容，一般为汇票的要项，但并不是汇票的全部内容。按照各国票据法的规定，汇票的要项必须齐全，否则受票人有权拒付。

二、汇票的主要当事人

1. 出票人（Drawer）

出票人，即签发汇票的人，在进出口业务中，出票人通常是出口商或银行。

2. 受票人（Drawee）

受票人，即汇票的付款人，即接受支付命令而付款的人。在进出口业务中，通常是指进口商或其指定的银行。

3. 受款人（Payee）

受款人即汇票规定的可受领金额的人，也称为汇票的抬头人。在进出口业务中，如果信用证没有特别指定，则受款人通常是出口商本人或其指定的银行。

三、汇票的类型

1. 按是否附带货运单据分

（1）光票（Clean Bill）。光票是指汇票本身不附带货运单据。

（2）跟单汇票（Documentary Bill）。跟单汇票是指需用附带提单、商业发票、装箱单等货运单据才能进行付款的汇票。

2. 按汇票付款时间分

（1）即期汇票（Sight Bill）。即期汇票是指汇票上规定付款人见票后立即付款的汇票。

（2）远期汇票（Time Bill）。远期汇票是指汇票上规定付款人于将来的一定日期内付款的汇票。

3．按出票人的不同分

（1）商业汇票（Commercial Bill）。商业汇票是指汇票的出票人为商业企业的汇票。

（2）银行汇票（Banker's Bill）。银行汇票是指汇票的出票人为银行的汇票。

4．按付款人的不同分

（1）商业承兑汇票（Commercial Acceptance Bill）。商业承兑汇票是指商业企业出票而以另一商人为付款人，并经付款人承兑后的远期汇票。

（2）银行承兑汇票（Banker's Acceptance Bill）。银行承兑汇票是指商业企业出票而以银行为付款人，并经付款银行承兑的远期汇票。

四、汇票的使用

1．出票

出票（Issue）是指出票人签发票据并将其交付给受益人的票据行为。出票行为包括开票和交付。开票（To Draw）是指出票人按照汇票上必须填写的项目开立汇票，并签字盖章；交付（Delivery）是指将开立的汇票交付给收款人（持票人）。汇票经过交付才算完成出票行为。在出票时，对受款人通常有三种写法：

（1）限制性抬头。例如，"仅付 A 公司"（Pay A Co. only）或"付 A 公司，不准流通"（Pay A Co. not Negotiable）。这种抬头的汇票不能流通转让，只限 A 收取货款。

（2）指示性抬头。例如，"付 A 公司或指定人"（Pay A Co. or Order 或 Pay to the Order of A Co.）。这种抬头的汇票，除 A 公司可以收取票款外，也可以经过背书转让给第三者。

（3）持票人或来人抬头。例如，"付给来人"（Pay Bearer）。这种抬头的汇票，无须由持票人背书，仅凭交付汇票即可转让。

2．提示

提示（Presentation）是指持票人将汇票提交付款人，要求承兑或付款的行为。提示包括付款提示和承兑提示两种。

（1）付款提示。付款提示是指持票人向付款人提交汇票、要求付款的行为。

（2）承兑提示。承兑提示是指持票人向付款人提交远期汇票，付款人见票后办理承兑手续，承诺到期时付款的行为。

3．承兑

承兑（Acceptance）是指付款人对远期汇票表示承担到期付款责任的行为。其手续是由付款人在汇票上写上"承兑"（Acceptance）字样，注明承兑的日期，并由付款人签名，然后交还持票人。付款人对汇票作出承兑，即成为承兑人（Acceptor）。承兑人有在远期汇票到期时承担付款的责任。

4．付款

对即期汇票，在持票人提示汇票时，付款人即应付款（Payment）；对远期汇票，付款人经过承兑后，在汇票到期日付款。付款后，汇票上的一切债务即告终止。

5．背书

在国际市场上，汇票又是一种流通工具（Negotiable Instrument），可以在票据市场上流通转让。背书（Endorsement）是转让汇票权利的一种法定手续，就是由汇票持有人在汇票背面签上自己的名字，或再加上受让人（被背书人，Endorsee）的名字，并把汇票交给受让人的行为。经背书后，汇票的收款权利便转移给受让人。汇票可以经过背书不断转让下去。对于受让人来说，所有在他以前的背书人（Endorser）以及原出票人都是他的“前手”；而对出让人来说，所有在他让与以后的受让人都是他的“后手”。前手对后手负有担保汇票必然会被承兑或付款的责任。

6. 贴现

一张远期汇票的持有人如想在付款人付款前取得票款，可以经过背书转让汇票，即将汇票进行贴现。贴现（Discount）是指远期汇票承兑后，尚未到期，由银行或贴现公司从票面金额中扣减按一定贴现率计算的贴现利息后，将余款付给持票人的行为。

7. 拒付

持票人提示汇票要求承兑时，遭到拒绝承兑（Dishonour by Non-acceptance），或持票人提示汇票要求付款时，遭到拒绝付款（Dishonour by Non-payment），均称拒付（Dishonour），也称退票。

除了拒绝承兑和拒绝付款外，付款人拒不见票、死亡或宣告破产，以致付款事实上已不可能时，也称拒付。

8. 追索

按照各国票据法的规定，票据的各债务人对持票人负连带责任。追索权（Right of Recourse）是指汇票遭到拒付，持票人对其前手（背书人、出票人）有请求其偿还汇票金额及费用的权利。按我国《票据法》规定，持票人行使追索权时，应当提供被拒绝承兑或者被拒绝付款的有关证明。此外还规定持票人提示承兑或提示付款被拒绝的，承兑人或付款人必须出具拒绝证明，或者出具退票理由书。否则，应当承担由此产生的民事责任，持票人可以依法取得其他有关证明。

此外，汇票的出票人或背书人为了避免承担被追索的责任，可在出票时或背书时加注“不受追索”（Without Recourse）字样。凡加注“不受追索”字样的汇票，在市场上难以流通。

五、汇票的填制

汇票属于资金单据，它可以代替货币进行转让或流通，见表 9-1。因此，汇票是一种很重要的有价证券。为了防止丢失，一般汇票都有两张正本，即“First Exchange”和“Second Exchange”。根据票据法的规定，两张正本汇票具有同等效力，但付款人付一不付二、付二不付一。

表 9-1 汇票

BILL OF EXCHANGE

Drawn under (1)
L/C No. (1)
Dated (1)
Payable with interest @ (2) % per annum
No. (3) Exchange for (4) (5)
At (6) sight of this FIRST of Exchange (Second of exchange being unpaid) pay to the order of
(7)
The sum of (8)
To: (9)

(10)
(Signature)

（1）出票依据

① 信用证项下，出票依据是说明开证行在一定的期限内对汇票的金额履行保证付款责任的法律依据，是信用证项下的汇票不可缺少的重要内容之一。一般内容要具备三项，即开证行名称、信用证号码和开证日期。

② 托收项下，一般应加发运货物的名称、数量，有的还加起运港和目的港以及合同号等。托收汇票应在出票条款栏内或其他位置加注“For Collection”。

（2）年息

这一栏由结汇银行填写，用以结算企业与银行之间的利息费用，如无相关约定，则可留空。

（3）汇票号码

本栏填写交易的发票号码或其他有利于识别的号码。

（4）小写金额

汇票上的小写金额根据信用证的规定填写。填写格式为货币代号和阿拉伯数字，保留两位小数，如 USD15,000.00。在通常情况下，汇票金额为发票金额的 100%，但不得超过信用证规定的最高金额。

（5）出票地点及出票日期

信用证项下汇票的出票地点通常填写议付所在地或出票人所在地，出票日期一般以议付日期为准，通常委托议付行在办理议付时代填日期。汇票的出票日期不得超过信用证的有效期和信用证的交单期。托收项下的出票地点通常填写托收行所在地或出票人所在地。

（6）付款期限

在各国票据中都认为付款期限（Tenor）是票据的重要项目。付款期限分为即期和远期，根据惯例，一张汇票若没有明示付款期限，则应视为即期付款。在缮制汇票付款期限时，应按照信用证的规定填写。即期的在付款期限的栏目打上“At Sight”或“×××”，如证内规定开具远期汇票，则应在付款期限的栏目打印上期限。

远期汇票的付款期限常见的有如下几种：

若信用证规定见票日后若干天付款，则本栏应填制为“At ×× days after sight”。

若信用证规定出票日后若干天付款，则本栏应填制为“At ×× days after date”。

若信用证规定提单日后若干天付款，则本栏应填制为“At ×× days after B/L date”。

（7）受款人

受款人又称收款人（Payee），是汇票的抬头人，是出票人所指定的接受票款的当事人。常见的汇票抬头人的写法有：

① 限制性抬头：表示为“Pay to ××× only”（仅付给某人）或“Pay to ××× only not transferable”）（限付给某人，不许转让）。这种抬头的汇票不可转让，只有指名的公司才有权收取票款。

② 持票人抬头：也称为来人抬头，指在受款人栏目中填写“Pay to bearer”（付给持票人）。制成这种抬头的汇票无须持票人背书即可转让，风险很大，极少使用。

③ 指示性抬头：表示为“Pay to the order of …”或“Pay to … or order”。这是最常使用的一种类型，这种汇票经过背书可以转让，在国际贸易中很受欢迎。

（8）大写金额

用文字表示并在文字金额后面加上“Only”（“整”），防止涂改。大写金额应与小写金额以及所使用的货币一致。如果大写与小写不符，则议付行不予接受。

（9）付款人

汇票的付款人（Payer）即汇票的受票人（Drawee），在汇票中表示为“to...”（致）。凡是要求开立汇票的信用证，证内一般都指定了付款人，若信用证没有指定付款人，依惯例，制票时以开证行为付款人。

① 信用证项下汇票的付款人应是信用证条款中“Drawee”后列明的银行。当信用证规定须开立汇票而又未明确规定有付款人时，应理解为开证行就是付款人，从而打印上开证行的名称。

② 当信用证要求“draft drawn on applicant”时，应填写开证人的名称。

《ISBP》规定，信用证不应要求提交以申请人为付款人的汇票。如果信用证要求以申请人为付款人的汇票，银行将视该汇票为附加单据。实务中，为了避免引起争议，受益人应要求开证人改证，以开证行或指定银行作为付款人方可接受。

③ 当信用证要求“drawn on us”时，应填写开证行的名称。

（10）出票人

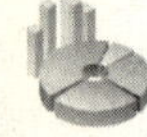

出票人（Drawer）即签发汇票的人，一般情况下出票人即信用证的受益人。出票人必须在汇票右下角签字盖章才生效，表示出票人对此票据承担责任。

根据英国兄弟公司开来的信用证和信用证修改书中的以下必要信息，赵悦填制了汇票，见表 9-2，该汇票一式两份，付一不付二，付二不付一。

DOC. CREDIT NUMBER	20: BOC1210006
DATE OF ISSUE	31C: 120820
APPLICABLE RULES	40E: UCP LATEST VERSION
EXPIRY	31D: DATE 121028 PLACE IN CHINA
APPLICANT	50: BROTHER TRADING CO., LTD. SHEEPCOTE ROAD, HARROW HA1 2JL, LONDON, ENGLAND, UK
BENEFICIARY	59: GUANGXI GUIXIN TRADING CO., LTD. 10 QIXING ROAD, NANNING CITY, GUANGXI, CHINA
AMOUNT	32B: CURRENCY USD AMOUNT 935000,00
AVAILABLE WITH/BY	41D: ANY BANK BY NEGOTIATION
DRAFTS AT ...	42C: 30 DAYS AFTER B/L DATE
DRAWEE	42A: THE ROYAL BANK OF SCOTLAND RBOSGB2L
……	
ADVISE THROUGH	57 D: BANK OF CHINA NANNING (GUANGXI BRANCH)

表 9-2 汇票

BILL OF EXCHANGE

Drawn under THE ROYAL BANK OF SCOTLAND

L/C No. BOC1210006

Dated Aug. 20, 2013

Payable with interest ___% per annum

No. 123 Exchange for USD935,000.00 Nanning, China××, 2013

At 30 DAYS AFTER B/L DATE of this FIRST of Exchange (Second of exchange being unpaid) pay to the order of BANK OF CHINA NANNING (GUANGXI BRANCH)

The sum of U.S. DOLLARS NINE HUNDRED THIRTY FIVE THOUSAND ONLY

To: THE ROYAL BANK OF SCOTLAND

GUANGXI GUIXIN TRADING CO., LTD.

(Signature)

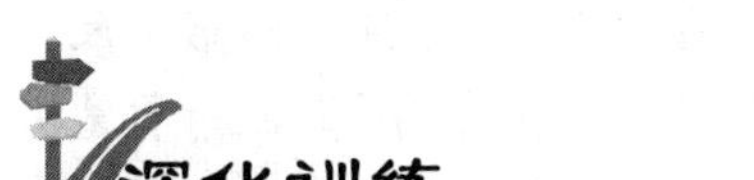

在广西诚鑫进出口有限公司向马来西亚出口 60 公吨八角的业务中（详见项目二、三深化训练），请根据中国银行马来西亚分行开来的修改后的信用证填制汇票（见表 9-3）：

表 9-3 汇票

BILL OF EXCHANGE

Drawn under______

L/C No.________

Dated: ___________

Payable with interest @___% per annum

No.__________Exchange for__________________ ____________________

At________sight of this FIRST of Exchange (Second of exchange being unpaid) pay to the order of______
____

The sum of ______________________________________

To: ___________________________

____

(Signature)

《ISBP》对汇票票期和到期日计算的若干规定

（1）《UCP600》在确定到期日时指出，“从……开始（‘from’）”及“在……之后（‘after’）”

等词用于确定到期日时不包含提及的日期。《ISBP》也指出使用“from”和“after”来确定汇票的到期日时，到期日的计算从单据日期、装运日期或其他事件的次日起算，如“10 days from June 1”则到期日为“6月11日”，又如“10 days after June 1”到期日也是“6月11日”。

（2）《ISBP》规定，如果信用证要求远期汇票，而提单上有多个装船批注且所有装船批注均显示货物是从一个信用证允许的地理区域或地区装运，则将使用最早的装船批注日期来计算汇票的到期日。如果信用证要求从欧洲港口装运，汇票规定提单日后60天付款，提单显示货物于8月16日在都柏林装上A船，于8月18日在鹿特丹装上B船，则汇票到期日应为在欧洲港口的最早装船日（也就是8月16日）起的60天。

（3）《ISBP》规定，如果信用证要求汇票做成如“提单日后60天或从提单日后60天付款”，而一套汇票项下提交了不止一套提单，则最晚的提单日将被用来计算汇票的到期日。

（4）《ISBP》指出，如果汇票是见票后若干天付款，则到期日应该按照如下方法确定：对于相符单据，或虽不符但付款行没有拒付的单据，到期日应为付款行收到单据后若干天。对于不相符且付款银行发送拒付通知，但随后又同意接受，汇票到期日最晚为付款行承兑汇票后的若干天。汇票承兑日不得晚于开证行同意接受申请人放弃不符点的日期。

技能强化

一、请根据信用证及有关资料，缮制汇票

ISSUING BANK: CITI BANK, OSAKA BRANCH

L/C NO.: 55897

DATE OF ISSUE: APRIL 25, 2013

AMOUNT: USD875560, 00

APPLICANT: FAST EAST TRADING CORP.

BENEFICIARY: BEIBU GULF IMP.& EXP. CO., LTD.

EXPIY DATE: SEP. 25, 2013

AVAILABLE WITH/BY: ANY BANK

BY NEGOTIATION

DRAFTS AT: 90 DAYS AFTER B/L DATE

DRAWEE: ISSUING BANK

…

ADVISE THROUGH: BANK OF CHINA NANNING (GUANGXI BRANCH)

B/L DATE: JULY 25, 2013

BILL OF EXCHANGE

Drawn under______

L/C No._________

Dated: ___________

Payable with interest @___% per annum

No.__________Exchange for___________________ ___________________

At________sight of this FIRST of Exchange (Second of exchange being unpaid) pay to the order of______

The sum of ____

To: ______________________________

____

(Signature)

二、请根据以下合同，制作汇票

SALES CONTRACT

The Buyer: PRINCE TRADING CO., LTD.　　No. HL2013-09

25/F FOREST BUILDING, TORONTO, CANADA　　Date: MAY. 12, 2013

The Seller: GUANGXI HUAHAI TRADING CO., LTD.

100 BEIJING ROAD, NANNIN G CITY, GUANGXI, CHINA

This contract is made by and between the Buyer and the Seller, whereby the Buyer agree to buy and the Seller agree to sell the under mentioned commodity according to the terms and conditions stipulated below:

Name Of Commodity & Specifications	Quantity	Unit Price USD/PC	Amount & Price Terms
MEN'S COTTON SHIRT	1,000PCS	USD10	CIF TORONTO USD10,000.00

Total Value: USD10,000.00 (SAY U.S. DOLLARS TEN THOUSAND ONLY)

Packing: In color box of one piece each, ten boxes in a carton

Time of Shipment: Before June.10, 2013

Port of Shipment: Fangcheng Port, China

Port of Destination: Toronto, Canada

Insurance: to be covered by the seller for 110% of invoice value against all risks as per PICC dated 1/1/1981

Payment: 30% T/T in deposit, 70% D/P at sight

Shipping Marks: at Seller's option

The signature of Buyers　　The signature of Sellers

PRINCE TRADING CO., LTD.　　GUANGXI HUAHAI TRADING CO., LTD.

BILL OF EXCHANGE

No._____ DATE________________

Exchange for _______________.

At _____ sight of this FIRST of Exchange (SECOND of exchange being unpaid), pay to the order of _______ the sum of____

Drawn under____________________

____

____

TO:

____

____

____

小　结

汇票（Bill of Exchange 或 Draft）是一个人（出票人）签发给另一个人（受票人）的，要求受票人见票时或在将来固定的时间或可以确定的时间，对某人或其指定人或持票人支付一定金额的无条件书面支付命令。

汇票的使用包括出票、提示、承兑、付款、背书、贴现、追索等。根据汇票抬头人的填法不同，汇票可以制成来人抬头、指示性抬头和限制性抬头的形式，在国际贸易中使用最广泛的是指示性抬头的汇票，这种汇票经过背书后可以转让。

汇票一般是同时出具两份的，“付一不付二、付二不付一”。

本项目还对汇票票面上要填制的内容进行了说明。

项目十

进口审单

掌握外贸单证的审核要点、方法和注意事项，并能根据合同和信用证的要求审核进口单据。

任务 审核信用证项下的全套单据

广西桂信贸易有限公司在出口瓷器餐具业务期间，与日本 TOKYO SEIDEN CO., LTD.商谈采购一批电力变压器。2012 年 9 月 10 日，双方签订合同，约定采用信用证支付方式，贸易术语为 FOB TOKYO。

2012 年 11 月 15 日，广西桂信贸易有限公司收到中国银行广西分行寄出的进口信用证项下到单通知书及出口商提供的全套议付单据。为了能尽快完成进口交易，顺利清关，经理要求必须根据信用证及贸易合同及时、准确地审核贸易单据。作为公司单证部外贸单证员，赵悦需要完成整套付汇单据的审核工作，并填写审单记录。通过审核全套付汇单据，赵悦将掌握审核单据和处理单据瑕疵技巧。

资料一：双方签订合同

广西桂信贸易有限公司

GUANGXI GUIXIN TRADING CO., LTD.

10 QIXING ROAD, NANNING CITY, GUANGXI, CHINA

TEL.: 086-0771-5662188　　FAX: 086-0771-5662189

CONTRACT

The Buyer: GUANGXI GUIXIN TRADING CO., LTD.　　No. G558-2012

10 QIXING ROAD, NANNING CITY, GUANGXI, CHINA　　Date: SEP. 10th, 2012

（续）

The Seller: TOKYO SEIDEN CO., LTD.

4-28-21, MIYAMAE, SUGINAMI-KU, TOKYO, JAPAN

This contract is made by and between the Buyer and the Seller, whereby the Buyer agree to buy and the Seller agree to sell the under-mentioned commodity according to the terms and conditions stipulated below:

Name Of Commodity & Specifications	Quantity (PCS)	Unit Price (USD/PC)	Amount (USD)
POWER TRANSFORMERS		FOB TOKYO	
SCB9-2000/10	12	14450.00	173400.00
SJL-1000/10	8	12400.00	99200.00
TOTAL:	20		272600.00

Total Value: USD272600.00 (SAY USD TWO HUNDRED AND SEVENTY-TWO THOUSAND AND SIX HUNDRED ONLY)

Packing: Export Standard Carton

Time of Shipment: Before NOV. 1st, 2012

Port of Loading: Tokyo, Japan

Port of Destination: Fangcheng Port, China

Shipping Marks: N/M

Terms of shipment: Partial shipment is not allowed, transshipment is not allowed.

Terms of Payment: The Buyers shall open through a bank acceptable to the sellers an irrevocable letter of credit to reach the Sellers on or before SEP. 20th, 2012, valid for negotiation in Japan until 15 days after the month of shipment.

The Signature of Buyers　　　　The Signature of Sellers

________________　　　　________________

资料二：信用证

SEQUENCE OF TOTAL	27: 1/1
FORM OF DOC. CREDIT	40A: IRREVOCABLE
DOC. CREDIT NUMBER	20: BOC12222061
DATE OF ISSUE	31C: 120916
APPLICABLE RULES	40E: UCP LATEST VERSION
EXPIRY	31D: DATE 121115 PLACE AT OUR COUNTER
APPLICANT	50: GUANGXI GUIXIN TRADING CO., LTD. 10 QIXING ROAD, NANNING CITY, GUANGXI, CHINA
BENEFICIARY	59: TOKYO SEIDEN CO., LTD. 4-28-21, MIYAMAE, SUGINAMI-KU, TOKYO, JAPAN
AMOUNT	32B: CURRENCY USD AMOUNT 272600,00
AVAILABLE WITH/BY	41A: ANY BANK BY NEGOTIATION
DRAFTS AT …	42C: 60 DAYS AFTER B/L DATE

DRAWEE 42D: THE BANK OF TOKYO-MITSUBISHI

PARTIAL SHIPMENTS 43P: NOT ALLOWED

TRANSSHIPMENT 43T: NOT ALLOWED

PORT OF LOADING/AIRPORT

OF DEPARTURE 44E: TOKYO, JAPAN

PORT OF DISCHARGE/AIRPORT

OF DESTINATION 44F: FANGCHENG PORT, CHINA

LATEST DATE OF SHIPMENT 44C: 121030

DESCRIPTION OF GOODS 45A:

POWER TRANSFORMERS

SCB9-2000/10

SJL-1000/10

DOCUMENTS REQUIRED 46A:

+COMMERCIAL INVOICES IN TRIPLICATE.

+FULL SET OF CLEAN ON BOARD OCEAN BILL OF LADING ISSUED TO ORDER AND BLANK ENDORSED MARKED FREIGHT TO COLLECT NOTIFYING APPLICANT.

+PACKING LISTS IN TRIPLICATE SHOWING NUMBER OF CARTONS, GROSS WEIGHT, NET WEIGHT AND MEASURMENT.

+SHIPMENT ADVICE SEND TO APPLICANT DIRECTLY WITHIN 48 HOURS AFTER SHIPMENT INDICATING CONTRACT NO., L/C NO., GOODS NAME, QUANTITY, INVOICE, VESSEL'S NAME, B/L NO., LOADING PORT, SHIPPING DATE AND ETA.

ADDITIONAL COND. 47A:

+ALL DOCEMENTS MUST BEAR L/C NO. BOC12222061.

+A HANDLING COMMISSION OF USD50.00 OR EQUIVALENT, PLUS TELEX CHARGES, IF ANY, WILL BE DEDUCTED FROM THE PROCEEDS FOR EACH SET OF DOCUMENTS WITH DISCREPANCIES PRESENTED UNDER THIS LETTER OF CREDIT.

DETAILS OF CHARGES 71B: ALL BANKING CHARGES OUTSIDE CHINA ARE FOR ACCOUNT OF BENEFICIARY

PRESENTATION PERIOD 48: ALL DOCUMENTS MUST BE PRESENTED TO AND REACH OUR COUNTER IN CHINA WITHIN 3 DAYS AFTER B/L DATE

CONFIRMATION 49: WITHOUT

INSTRUCTIONS 78:

+ALL DOCUMENTS MUST BE AIRMAIL TO US IN ONE LOT AT QIXING ROAD, NANNING CITY GUANGXI, CHINA.

+UPON RECEIPT OF DOCUMENTS DRAWN IN COMPLIANCE WITH THE TERMS AND CONDITIONS, WE WILL SHALL ADVISE YOU THE DUE DATE AND REMIT THE PROCEEDDS TO YOU IN ACORDANCE WITH YOUR INSTRUCTIONS AT MATURITY.

ADVISE THROUGH 57 D: BANK OF CHINA NANNING (GUANGXI BRANCH)

知识介绍

一、单据审核的基本要求

1．及时性

进出口企业应及时对有关单据进行审核，如果遇单据上出现差错，则可以及时发现并更正，以避免因单据审核不及时而导致各项工作陷入被动局面。《UCP600》、《ISBP》对单据时间有严格的要求，如《UCP600》规定："信用证必须定一个交单的截止日，受益人或者代表受益人的交单应在截止日当天或之前完成。"如不能在规定的时间内审核并提交相关的单据，则会影响合同的履约。

2．全面性

进出口企业应当从全面履行合同的高度来重视单据的审核工作。一方面，应对照信用证和合同认真审核每一份单证，不放过任何一个不符点；另一方面，要善于处理所发现的问题，加强与各有关部门的联系和衔接，使发现的问题得到及时、妥善的处理。

3．单证相符

进出口企业在审单过程中要与信用证条款、《UCP600》、《ISBP》一致。单证相符是买卖双方顺利履行合同的前提，所提交的单据中存在的任何不符，哪怕是细小的差错都会造成一些难以挽回的损失，如《UCP600》第十六款对不符单据的规定："当按照指定行事的指定银行、保兑行（如有的话）或者开证行确定交单不符时，可以拒绝承付或议付。"因此，在审单的过程中，一定要严格按照信用证、《UCP600》、《ISBP》等规定，做到单证相符。

二、单据审核的基本方法

单据审核的基本方法有纵向审核法和横向审核法，下面以信用证业务为例，介绍单据审核的方法。

1．纵向审核法

纵向审核法以信用证和《UCP600》为基础，对规定的各项单据进行审核，各单据的内容要符合信用证和《UCP600》的规定，做到"单证相符"。

2．横向审核法

横向审核法是以商业发票为中心审核其他规定的单据，使有关内容相互一致，做到"单单相符"。

三、主要单据审核要点

1．商业发票（Commercial Invoice）

（1）开立人。发票应由信用证受益人开立，即开立人应与受益人名称、地址一致。

（2）货物描述。商品的名称、数量、单价、包装、价格条件、合同号码等描述，必须与信用证严格一致。

（3）抬头人。发票抬头应为开证申请人，即抬头人应与信用证开证申请人名称、地址一致。

（4）发票日期。可以早于开证日期，但不得迟于最迟交单期和信用证到期日。

（5）发票金额。应与汇票金额相同，发票单价、贸易条件应与信用证相符，银行不负责核对详细核算过程或算术计算出的结果。

（6）发票的签字。商业发票一般不需要签字，除非信用证另有规定。

（7）发票上的装运港、卸货港、唛头、数量、重量、尺码应与其他单据所列内容一致。

2．提单（Bill of Lading）

（1）提单的份数。提单必须按信用证规定的份数全套提交。

（2）提单抬头。提单的抬头人应按信用证要求进行填写。

（3）提单被通知人。被通知人的名称、地址应与信用证规定相符。

（4）发货人。提单上的发货人应与信用证受益人一致。

（5）承运人。提单应注明承运人名称，并经承运人或其代理人签名，或船长或其代理人签名。

（6）提单上的批注。除非信用证特别规定，提单应为清洁已装船提单。

（7）运费。价格条件为“CFR”或“CIF”时，运费栏是否注明的是“Freight Prepaid”；如果价格条件为“FOB”，则运费栏应注明 “Freight to Collect”。

（8）提单的日期。不得迟于信用证所规定的最迟装运日期。

（9）提单的交单日期。不得迟于装船日期后21天（信用证有其他规定者按其规定）。

（10）提单上所载件数、唛头、数量、船名、航次等应和发票相一致，货物描述可用总称，但不得与发票货名相抵触。

3．装箱单（Packing List）

（1）名称。单据的名称和份数必须和信用证要求相符。

（2）号码、日期。号码、日期应与发票完全相同。

（3）装箱单/重量单一般不显示单价和总金额。

（4）货物包装大小/件数、包装材料、包装方式、包装尺寸、毛重/净重/皮重等应与发票一致。

4．保险单据（Insurance policy）

（1）保险人。必须是保险公司或保险商或其代理人方可有权签发保险单据。

（2）被保险人。在CIF、CIP贸易条件下，被保险人是卖方或受益人，应做成空白背书，使保险单据成为可流通形式。

（3）银行接受的保险单据是保险单、保险凭证、保险声明。保险单可以代替保险凭证，但保险凭证不能代替保险单。

（4）保险金额。保险单据必须使用与信用证相同的货币开立，最低保险金额应为CIF或CIP价格的金额加10%，或者信用证要求付款、承兑、议付金额的110%与发票金额的110%，两者中取金额较大者。

（5）保险单据份数。保险单正本份数应符合信用证要求。

（6）保险单的日期。不应晚于提单签发日。

（7）承保险别。承保险别应符合信用证规定。

（8）赔偿地点。应符合信用证规定，一般是在进口国家地点。

（9）运输条款。保险单上所列船名、航线、港口、起运日期应与提单一致。

（10）货物描述。应列明货物名称、数量、唛头等，并应与发票、提单及其他货运单据一致。

5．产地证（Certificate of Origin）

（1）签署机构。应由信用证指定机构签署，如果没有规定，则受益人出具的单据也可以接受。

（2）货物信息。货物名称、唛头、品质、数量及价格等有关商品的记载应与信用证、发票以及其他单据一致。

（3）产地国家。确保产地证记载的产地国家符合信用证要求。

（4）签发日期不迟于装船日期。

6．检验证书（Inspection Certificate）

（1）签发机构。应由信用证指定机构签发。

（2）检验内容。检验项目及内容应符合信用证的要求，检验结果如与信用证要求不符，可拒付。

（3）检验日期。不得迟于装运日期，但也不得距装运日期过早，否则会导致检验失效。

7．汇票（Bill of Exchange）

（1）出票条款。信用证名下汇票，应加列出票条款（Drawn Clause），其中开证行、信用证号码及开证日期应与信用证相符。

（2）汇票金额。货币名称符合信用证规定，金额应与信用证规定相符，且大小写一致。汇票金额一般应为100%的发票金额，且不超过信用证金额。

（3）付款人。汇票付款人应为开证行或指定的付款行。若信用证未规定，应为开证行，不应以申请人为付款人。

（4）出票人。汇票出票人应为信用证受益人，通常为出口商，且应与信用证受益人名称、地点相符合。

（5）付款期限。汇票付款期限应与信用证规定相符。

（6）出票日期。汇票出票日期必须在信用证有效期内，不应早于发票日期。

（7）收款人。汇票收款人通常为议付银行。

（8）汇票的签章。汇票的出票人必须签字盖章，无出票人签字盖章的汇票视为无效汇票。

8．单据的正副本的要求

根据《UCP600》及《ISBP》的规定：

（1）信用证规定的每一种单据必须至少提交一份正本。

（2）如果信用证要求提交单据的副本，则提交正本或副本均可。

（3）如果信用证表述为“invoice”“one invoice”或“invoice in one copy”之类的措辞，则理解为要求提交一份正本。而“invoice in 4 copies”则至少提交一份正本，其余可用副本。

（4）单据的多份正本可用“original”“duplicate”“triplicate”“first original”“second original”等标明。

四、主要单据常见不符点

1. 商业发票（Commercial Invoice）

（1）发票名称不符合信用证规定。
（2）发票的开立人不是信用证的受益人。
（3）发票的抬头人与信用证要求不符。
（4）进口商名称与信用证上的开证申请人不同。
（5）货物数量、发票金额及单价与信用证不一致或不在信用证允许的增减幅度之内。
（6）发票对货物的描述与信用证中的货物描述不相符。
（7）发票上的装运港或目的港与提单不一致。

2. 提单（Bill of Lading）

（1）提交的提单种类与信用证规定不符。
（2）未提交全套有效的提单。
（3）托运人的名称与信用证不一致。
（4）收货人的名称与信用证不一致。
（5）被通知人的名称与信用证规定不一致。
（6）未按信用证规定正确背书（如果需要的话）。
（7）提交了不清洁的单据。
（8）运输单据中所列货物的名称、包装、数量等信息与信用证的规定不符。
（9）未按信用证的规定证明运费已付或运费到付。
（10）未注明承运人的名称。

3. 装箱单（Packing List）

（1）装箱单不符合信用证规定。
（2）号码、日期与发票不一致。
（3）收货人（或申请人）、签发人不妥。
（4）合同号、目的地差异。
（5）规格、包装有误。
（6）货名、唛头、毛重等错漏。

4. 保险单据（Insurance Policy）

（1）保险单的种类不符合信用证规定。
（2）保险单不是由规定的保险公司或保险商出具。
（3）保险货币或金额与信用证规定不一致。
（4）保险单上对货物的描述与信用证不一致。
（5）保险金额大、小写不一致或大写金额不正确。
（6）起运港或卸货港与信用证规定不一致。
（7）保险单的投保险别与信用证规定不符，如误把交货不到险当成偷窃、提货不着险。
（8）未提供全套保险单据。
（9）保险单未经背书或背书不正确。

（10）保险日期迟于提单日期。

5. 产地证（Certificate of Origin）

（1）提交的产地证种类与信用证规定不一致。

（2）产地证的出证机构不符合信用证要求。

（3）产地证上记载的货物信息与信用证、发票以及其他单据不一致。

（4）产地证记载的产地国家与信用证要求不一致。

（5）产地证上的日期顺序不合理。

6. 检验证书（Inspection Certificate）

（1）提交的检验证书种类与信用证规定不一致。

（2）检验证书的出证机构不符合信用证要求。

（3）检验项目及内容应符合信用证的要求。

（4）检验日期晚于提单日期，或鲜活、易腐易烂商品检验过早。

7. 汇票（Bill of Exchange）

（1）汇票的出票日期迟于有效期。

（2）汇票的金额大于信用证金额。

（3）汇票上的金额大、小写不一致或汇票大写金额不准确，大写金额最后漏填“ONLY”一词。

（4）货币名称与发票或信用证不一致。

（5）汇票的付款期限与信用证规定不符，或未明确付款日期。

（6）汇票的内容被更改。

（7）汇票提交的份数不正确。

（8）未按规定列明“出票条款”。

（9）漏列或错列了信用证号码。

（10）出票人未签字盖章。

五、主要单据常见不符点的修改方法

（一）发票

（1）发票与信用证规定不符。例如，信用证规定为“Detailed Invoice”“Certified Invoice”等，而单据中只有“Invoice”一词，应在其前面加信用证规定的修饰词，并注意内容与名称的统一。

（2）发票抬头与信用证不符

1）转开信用证误将原开证行作为开证申请人而将实际开证申请人作为付款人，如“ABC Bank Ltd/XYZ Co., Ltd.”，发票应改成以“XYZ Co., Ltd.”为抬头。

2）发票抬头比信用证规定增加或减少了部分内容。这往往是由于制单人错误地参考了合同或其他资料而引起的结果。发票抬头必须严格按信用证规定缮制，多打或漏打的内容都应删除或增补。但如多打的内容确属实际情况，可用括号括起来，漏打的内容可用特殊标记引至空白处加注。

3）个别信用证将买方名称或地址打错，又未作必要修改，而发票抬头按正确内容缮制，这样做同样构成单证不符。比较妥当的做法是按信用证规定打出错误内容，然后加括号注明正确内容。

（3）有的来证既有总货名又有具体货名，有的发票只打具体货名而不打总货名，影响对方进口报关。例如，巴基斯坦来证购买瓷器（Porcelainware），但发票和其他单据都是饭碟（Rice Plate），致使对方拒付。所以，遇到这种情况，应补加总货名。

（4）货量问题

1）信用证规定不允许分批，而实际按分批装运。这种情况只好按单证不符处理。

2）货量超装或短装。

① 有的信用证在金额前规定有增减幅度，但在货量前没有，装运时误认为货量同金额一样增减，造成超装或短装。

② 对《UCP600》条款第三十条款理解有误。该条款规定：“在信用证未以包装单位件数或货物自身件数的方式规定货物数量时，货物数量允许有增减 5%的增减幅度，只要总支取金额不超过信用证金额。”一些人忽视了“包装单位件数或货物自身件数”，造成单证不符。

（5）起运港或目的港与提单不一致。起运港不一致可能是由于原计划港口无合适船只，后改为其他港口装运，发票未作相应更改。目的港不一致可能是由于客户选港有变或与其他发运批次相混淆等，造成单单不符。这种情况，发票应按提单修改。

（6）唛头存在的问题

1）唛头内部分内容打错或漏掉，或唛头结构及排列顺序与信用证不符。

2）机械地照抄信用证规定，如信用证规定唛头内编号为“C/NO. 1—UP”，发票一字不变地照抄。有的信用证规定的唛头内有“SIZE”或“QTY”等，发票唛头只是照抄单词和标点符号而无具体数字。出现这种情况，如货已装船而不好更改，可通融接受。但这容易造成不良影响，应填具体内容的而未填，实际已构成单证不符。

（7）金额超出信用证规定，除了由于疏忽致使发票金额大于信用证金额以外，主要是以下原因：

1）金额尾数超过规定，有些是计算方面的问题，如发票尾数进位超出信用证，也有的来证金额抹去了尾数，但发票仍然保留，造成超出信用证规定。如是这种原因，应将尾数去掉。

2）信用证金额有的加列“大约”字样，是指金额可增减 10%。有的仅在货量前加列“大约”字样，即指货量允许 10%增减，而金额则不能超出信用证规定。另外，《UCP600》条款规定货量允许 5%的变动，而金额仍不能超出信用证规定。如遇发票金额超出信用证规定，应将超过部分另作托收处理。

（二）提单

（1）提单抬头打错。例如，信用证规定为不记名抬头，而提单打成了记名抬头。

（2）信用证未规定提单通知方，而提单打成以收货人为通知方。此种情况可通融接受。

（3）转运问题：①信用证不允许转运，而提单显示转运。②提单漏注转运港，这种情况可通融接受。有时提单转运港口与信用证规定不一致，如果无法变更，可与船公司协商采取不注转运口岸的便通办法。

（4）唛头与发票不符，漏注、打错部分内容等，造成单单不一或单货不一。这往往给提货带来麻烦，所以唛头必须严格相符，不符者必须修改或重新填制。

（5）包装件数存在的问题：

1）包装数量与发票或包装单不符。这可能是装船时由于舱位等限制临时甩下一部分货物，出现这种情况应更改发票及其他单据。

2）提单填制实际货量而未填制包装件数，这往往会给提货造成困难。有些国家港口提货时须拆箱验货，应改变包装方法或另加包装件数。

3）不同包装的货量，提单应以小写注明每种包装的件数和各种包装的合计件数。但有的提单只注合计件数，不同种类的包装件数未注，应分别补注。

4）托盘装运应将包装件数和托盘数量全部注明，而有的提单只注托盘数量未注包装件数，或只注包装件数未注托盘数量，应补加。

5）包装件数大小写不一致，或大写不正确。

（6）运费支付批注填制不妥或漏注：

1）“Freight Prepaid”与“Freight Paid”，或“Freight Collect”与“Freight Payable at Destination”等提单批注与信用证规定互相替换。此种填制尽管不是严格相符，如考虑更改不便亦可通融接受。

2）信用证规定“Freight to be paid”，提单应打成“Freight Paid”或“Freight Prepaid”。有些提单原句照抄，容易让人误解为运费准备支付而尚未支付的意思，应该修改。

（7）漏注提单签发地点，这是提单的必要内容，必须补加。

（8）提单签发人与信用证不符：

1）信用证规定了承运人，提单签发人不是指定的承运人或船长，又不是他们的代理人，构成单证不符。

2）提单签字遗漏批注内容，如遗漏签字人身份、遗漏委托人名称或身份等，应根据《UCP600》规定如实加注。

3）承运人不是船公司（Shipping Co.）而是运输行（Forwarding Co.），除非信用证另有规定或运输行作为承运人、多式运输营运人或他们的代理人，运输行提单不能接受，应退回重换。

（三）保险单据

（1）保险单据的种类用错。例如，信用证规定为保险单（Insurance Policy），而保险公司出具的是保险证（Insurance Certificate），这种情况必须更换。但如信用证规定为保险证，出具保险单则可以接受。

（2）保单抬头打错。有时信用证规定以开证申请人为被保险人，或者规定空白抬头（To order），而制单时按习惯打成受益人抬头，这种情况应该修改或重新填制。

（3）保险金额不正确：

1）保险金额不符合信用证规定，如信用证规定按发票金额的100%投保，而保单通常按110%的比例保险。如保险金额比规定金额大，不改亦可，但受益人须多支付保险费。

2）在有佣金、折扣的情况下未按扣除前的毛值而按净值投保，使买方利益得不到完全的保障。这种计算上的错误应该更正，否则同样构成单证不符。

3）有时保险金额大小写不一致或大写金额不正确。

（4）投保险别有误。如保单内所列险别比信用证规定险别保险责任范围大，不改亦可，但受益人须多支付保险费，如保险责任范围小，则应该修改。

（5）漏注赔付地点或赔付货币。

（6）出单日晚于开航日，这一问题必须更正，否则银行不予接受。

（四）产地证

（1）产地证的出证人与信用证不符。例如，信用证要求商检局出具而实际由贸促会、厂家或受益人出具，这种情况必须更换由商检局出具的产地证。但如信用证要求受益人、厂家或贸促会出具，而实际由商检局出具则可以接受，因为商检局是最有权威的检验机构。

（2）有的信用证要求产地证由贸促会证明，而提供的产地证未盖贸促会证明章，应补盖。

（3）信用证要求产地证加注的内容如厂商名称、地址等漏注，应补注。

（4）原产地标准填错。完全由国产原料生产的货物出口须填字母“P”，但对来料加工及其他类型的业务也习惯性地填了此字母，这是一个关键性的错误，必须修改或重新填制。

（5）产地证内的发票日期、证明日期、出证日期先后顺序不合理。通常应为出证日期迟于或同于证明日期，证明日期又迟于或同于发票日期。如出证日期早于前两个日期则是明显的错误，必须修改。如出证日期晚于提单日，则应为“后发”产地证，必须在“供官方使用”（For office use）栏内作特殊说明。

（五）检验证书

（1）检验证名称与证不符。例如，信用证规定为“Inspection Certificate of Quality/Weight”，而单据内只打“Inspection Certificate”。有的将上述名称打成“Inspection Certificate of Analysis”。如是单纯的质量证而打成上述名称，则可不必修改而通融接受，但其他种类的检验证则不行，应严格符合信用证规定。

（2）出证日期晚于装船日。检验证日期通常作为检验日期，如货物装船后再进行检验则不能认为是合理的，所以应将检验日期改为装船前。

（3）货物名称与发票不符。例如，发票货物名称为“瓷器”（Porcelainware），而检验证为“陶瓷餐具”（Porcelain Dinner Set）。发票或信用证为“蚕豆”（Broad Beans），而检验证为“张家口蚕豆”（Zhangjiakou Broad Beans）等。因为“蚕豆”和“张家口蚕豆”可能是两个不同的品种，这样填制不妥，应改为与发票一致的货名。如发票内进一步说明的货名与检验证货名一致，则可接受。

（4）检验证的证明内容或检验结果与信用证或发票不符。例如，货物规格、品级、重量、尺码等内容不一致，或检验结果与规定的标准差距太大。有的是检验证内的包装条款不符合信用证或发票内容。例如，出口板栗，信用证规定每袋净重 25 公斤，而商检只能检出每袋净重大约 25 公斤。应与商检进行协商，或事前修改。

（5）漏注检验时间或检验地点，或者检验时间或地点不符合信用证规定。应退商检补注或修改。

（六）汇票

（1）漏注出票地址。这是一个重要问题，汇票不能无出票地址，这是通常采用的“出票地法”的重要因素，应补加。

（2）汇票币别、金额与发票不符。币别不符，可能是由于疏忽所致；金额不符，可能是由于发票金额更改以后，汇票未改，构成单证不符。有时是汇票金额与发票金额相符，但汇票未按规定扣除佣金或折扣，或者发票金额超证，汇票未扣超证部分，亦构成单证不符。出现这些情况，汇票均须重新填制。

（3）漏注汇票期限或期限与信用证不一致。后一种情况可能是对期限的错误理解。通常汇票期限是见票后多少天付款（At×××days after sight of draft），有的是出票后多少天付款（At×××days after date of draft）。但有的来证将期限写成“At 30 days date”，受益人将汇票填成“At 30 days sight”，这就损失了一个邮程的利息，所以必须进行修改或重新填制。

（4）漏注收款人。这是一个容易忽略的问题，应由受益人根据自己的愿望加注，通常填议付行，但应注意信用证是否指定了汇票收款人或有限制议付条款，如有，必须按信用证规定的收款人加注。如限制议付则须注议付行。

（5）金额大小写不一致或大写金额错。这主要是制单人员疏忽所致。凡汇票金额出现错误，不能在原票上修改，只能重新填制。

（6）出票条款内的开证行名称、信用证号或开证日期有误，托收汇票的托收号内容与合同不符，或漏注“For Collection”等。出现这些问题，应根据情况修改或重新填制。

六、有问题单据的处理方法

（一）进口商对有问题单据的处理

进口商（开证申请人）审单的重点主要是根据行业做法与商品特性审查单据的真实性，审查单证是否相符以及单、货是否相符。审查后如发现单据有问题，要记录在审单记录表，及时上报业务部门和财务部门。若进口商（开证申请人）审单后决定拒付时，应在进口信用证项下到单通知书上列明单据与信用证条款规定的不符点，并加盖财务专用章，在银行规定的时间内返还银行。

（二）银行对不符点单据的处理

1. 担保议付

对于非实质性不符点，可由出口公司向银行出具担保函，说明不符点内容，要求按正常单据议付，并保证由此引起的一切后果，均由公司自己负责或对银行的损失由公司负责赔偿。银行可以在保留追索权的情况下议付单据。

2. 电提

这是一种比较稳妥的办法，在出口公司向银行提出要求后，银行电告开证行不符点内容，征求对方意见，如能接受，复电后即可议付单据。如果不接受，由于尚未寄单，仍可控制单据，若另行处理则向开证行发电，应注明下列内容：“YOUR L/C NO. ××× DOCUMENTS PRESENTED TO DAY FOR USD××× COMPLYING TERMS EXCEPT（不符相关内容）PLS TLX US WHETHER ACCEPTABLE”。

3. 表提

表提是出口公司向银行提出单据中的不符点并要求按此寄单，同时申明由此引起的一切后果，均由公司自己负责，银行在寄往开证行的寄单面函中注明不符点内容并要求开证行征求开证申请人意见是否接受单据。如开证申请人同意接受单据，银行即可履行信用证规定的付款、承兑或迟期付款的义务。如开证申请人不接受，开证行应通知议讨行或受益人，并征询单据如何处理。这种处理实际已将银行信用改变为商业信用，或者说，已将信用证方式变成了托收方式，如开证申请人资信不佳或市场、汇率等对买方不利，收汇就会有风险，在这种情况下最好不用这种方式。

1．开证银行交来议付单据

（1）商业发票（表 10-1）

表 10-1 商业发票

TOKYO SEIDEN CO., LTD.

4-28-21, Miyamae, Suginami-ku, Tokyo, Japan

81-3-3332-6666

INVOICE

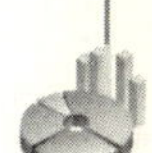

TO: GUANGXI GUIXIN TRADING CO., LTD.
10 QIXING ROAD, NANNING CITY, GUANGXI, CHINA

INVOICE NO.: GX121006
DATE: OCT. 21st, 2012
CONTRACT NO.: G558-2012

Transport Detail

FROM TOKYO, JAPAN **TO** GUANGZHOU, CHINA BY SEA

Marks and Numbers	Description of Goods	Quantity(PCS)	Unit Price(USD)	Amount(USD)
N/M			FOB TOKYO	
	POWER TRANSFORMERS SCB9-2000/10	12	14450.00	173400.00
	SJL-1000/10	8	12400.00	99200.00
	TOTAL:	20PCS		USD272600.00

TOTAL: SAY USD TWO HUNDRED AND SEVENTY-TWO THOUSAND AND SIX HUNDRED ONLY

TOKYO SEIDEN CO., LTD.

（2）装箱单（表 10-2）

表 10-2　装箱单

TOKYO SEIDEN CO., LTD.

4-28-21, Miyamae, Suginami-ku, Tokyo, Japan

81-3-3332-6666

PACKING LIST

TO: GUANGXI GUIXIN TRADING CO., LTD.
10 QIXING ROAD, NANNING CITY, GUANGXI, CHINA

INVOICE NO.: GX121006
DATE: OCT. 21st, 2012
CONTRACT NO.: G558-2012

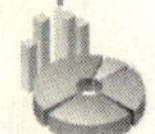

Transport Detail

FROM TOKYO, JAPAN **TO** GUANGZHOU, CHINA BY SEA

Marks and Numbers	Number and Kind of Package Description of Goods	Quantity	Package	G.W. (KGS)	N.W. (KGS)	Meas.
	POWER TRANSFORMERS					
N/M	SCB9-2000/10	12 PCS	12CTNS	460.00/CTN	455.00/CTN	0.55/CTN
	SJL-1000/10	8 PCS	8CTNS	390.00/CTN	385.00/CTN	0.50/CTN
	TOTAL:	20PCS	20CTNS	8460KGS	8540KGS	10.6M^3

TOTAL: SAY TWENTY CTNS ONLY.

TOKYO SEIDEN CO., LTD.

（3）海运提单（表 10-3）

表 10-3 海运提单

Shipper TOKYO SEIDEN CO., LTD. 4-28-21, Miyamae, Suginami-ku, Tokyo, Japan 81-3-3332-6666	B/L NO. PIL1266732 PIL **PACIFIC INTERNATION LINES (PTE) LTD.** (Incorporated in Singapore) **COMBINED TRANSPORT BILL OF LADING**
Consignee TO ORDER	Received in apparent good order and condition except as otherwise noted the total number of container or other packages or units enumerated below for transportation from the place of receipt to the place of delivery subject to the terms hereof. One of the signed Bills of Lading must be surrendered duly endorsed in exchange for the Goods or delivery order. On presentation of this document (duly) Endorsed to the Carrier by or on behalf of the Holder, the rights and liabilities arising in accordance with the terms hereof shall (without prejudice to any rule of common law or statute rendering them binding on the Merchant) become binding in all respects between the Carrier and the Holder as though the contract evidenced hereby had been made between them.
Notify Party GUANGXI GUIXIN TRADING CO., LTD. 10QIXING ROAD, NANNING CITY, GUANGXI, CHINA	**SEE TERMS ON ORIGINAL B/L**

Vessel and Voyage Number LENGLHE 220	Port of Loading TOKYO, JAPAN	Port of Discharge GUANGZHOU, CHINA
Place of Receipt	Place of Delivery	Number of Original Bs/L THREE (3)

PARTICULARS AS DECLARED BY SHIPPER – CARRIER NOT RESPONSIBLE

Container Nos/Seal Nos. Marks and/Numbers	No. of Container / Packages / Description of Goods	Gross Weight (Kilos)	Measurement (cu-metres)
N/M PILU3457764 1×20'FCL CY/CY	POWER TRANSFORMERS SCB9-2000/10 SJL-1000/10	8,640	10.6M^3

FREIGHT & CHARGES	Number of Containers/Packages (in words) 1 CONTAINER TOTAL: THREE (20') CONTAINERS ONLY
	Shipped on Board Date:
	Place and Date of Issue: TOKYO, JAPAN OCT. 28th, 2012
	In witness whereof this number of Original Bills of Lading stated above all of the tenor and date one of which being accomplished the others to stand void. for **PACIFIC INTERNATIONAL LINES (PTE) LTD.** as Carrier

（4）装船通知（表 10-4）

表 **10-4** 装船通知

TOKYO SEIDEN CO., LTD.

4-28-21, Miyamae, Suginami-ku, Tokyo, Japan

81-3-3332-6666

SHIPMNET ADVICE

TO: GUANGXI GUIXIN TRADING CO., LTD.

10 QIXING ROAD, NANNINGCITY, GUANGXI, CHINA

DATE: OCT. 28st, 2012

RE: CONTRACT No. G558-2012

L/C NO.: BOC12222061

INVOICE NUMBER: GX121006

WE HEREBY ADVICE YOU THAT THE FOLLOWING MENTIONED GOODS HAVE BEEN SHIPPED FROM TOKYO, JAPAN TO GUANGZHOU, CHINA.

1. **COMMODITY:** POWER TRANSFORMERS
2. **QUANTITY:** 20CARTONS
3. **INVOICE VALUE:** USD2,726,00.00
4. **VESSEL'S NAME:** LENGLHE 220
5. **Bill of Loading Number:** PIL1266732
6. **Port of Loading:** TOKYO, JAPAN
7. **Date of Shipment:** OCT. 26, 2012
8. **ETA:** NOV. 3, 2012

TOKYO SEIDEN CO., LTD.

2. 填制审单记录（表 10-5）

表 10-5 审单记录表

<table>
<tr><td colspan="5">发票号：GX141006</td><td colspan="5">船名：LENGLHE 220</td><td colspan="5">提单号：PIL1266732</td></tr>
<tr><td colspan="10" rowspan="2">开证行：
BANK OF CHINA, GUANGXI BRANCH</td><td colspan="5">装期：OCT. 26th, 2012</td></tr>
<tr><td colspan="5">有效期：DEC. 15th, 2012</td></tr>
<tr><td colspan="5">信用号：BOC12222061</td><td colspan="5">金额：USD272,600.00</td><td colspan="5">交单期：NOV. 15th, 2012</td></tr>
<tr><td>单据名称</td><td>汇票</td><td>发票</td><td>装箱单</td><td>保险单</td><td>产地证</td><td>检验证</td><td>GPS产地证</td><td>海关发票</td><td>装船通知</td><td>受益人证明</td><td>提单</td><td>提单副本</td><td>电抄</td><td>其他</td></tr>
<tr><td>应交份数</td><td></td><td>3</td><td>3</td><td></td><td></td><td></td><td></td><td></td><td>1</td><td></td><td>3</td><td></td><td></td><td></td></tr>
<tr><td>存在问题</td><td colspan="14">1. 发票、装箱单、提单以及装船通知所涉及的目的港均为广州港。
2. 海运提单没有注明运费支付情况。
3. 装船通知里的“Date of Shipment：OCT. 26, 2012”日期与信用证最迟装船日期不符。
4. 装箱单的毛重计算有误。</td></tr>
<tr><td colspan="15">其他应注意事项：</td></tr>
<tr><td colspan="15">审单员：张丽</td></tr>
</table>

深化训练

请根据以下销售合同和信用证，审核发票、装箱单、海运提单等单据，并将审核结果记录在审单记录表上（表 10-6）。

1. 销售合同

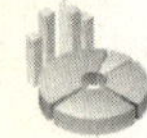

NANNING HUIXIN IMPORT & EXPORT CO., LTD.

JINHU ROAD 16#, NANNING P.R. CHINA

TEL: (86)0771-5688558 FAX: (86)0771-5688669

CONTRACT

The Buyer: NANNING HUIXIN IMPORT & EXPORT CO., LTD.
JINHU ROAD 16#, NANNING P.R. CHINA

CONTRACT No. HX11245

The Seller: INTERCOM IMPOTR & EXPORT CO., LTD
123 FRIEDRICH-EBERT STREET, HAMBURG

Date: JUL. 16th, 2012

This contract is made by and between the Buyer and the Seller, whereby the Buyer agree to buy and the Seller agree to sell the under-mentioned commodity according to the terms and conditions stipulated below:

Name Of Commodity & Specifications	Quantity (KGS)	Unit Price (USD/ KG)	Amount (USD)
FLORES LAVENDULAE TOT. BAT.	8000	CIF QINZHOU 40.05	320400.00
TOTAL:	8000		320400.00

Total Value: USD320400.00

(SAY USD THREE HUNDRED AND TWEETY THOUSAND AND FOUR HUNDRED ONLY)

Packing: Export Standard Carton

Time of Shipment: Before NOV. 1st, 2012

Port of Loading: HAMBURG

Port of Destination: QINZHOU, CHINA

Shipping Marks: N&D/NANNING/NO. 1-200

Terms of Shipment: Partial shipment is not allowed, transshipment is not allowed.

Terms of Payment: The Buyers shall open through a bank acceptable to the sellers an irrevocable letter of credit to reach the Sellers on or before AUG. 5th, 2012, valid for negotiation in Germany until 15 days after the month of shipment.

The Signature of Buyers ____________________

The Signature of Sellers ____________________

2．信用证

SEQUENCE OF TOTAL	27	1/1
FORM OF DOC. CREDIT	40 A	IRREVOCABLE
DOC. CREDIT NUMBER	20	4006LC119336
DATE OF ISSUE	31 C	120801
EXPIRY	31 D	DATE 121120 PLACE GERMANY
APPLICANT	50	NANNING HUIXIN IMPORT & EXPORT CO., LTD. JINHU ROAD 16#, NANNING P.R. CHINA
BENEFICIARY	59	INTERCOM IMPOTR & EXPORT CO., LTD. 123 FRIEDRICH EBERT STREET, HAMBURG
AMOUNT	32 B	CURRENCY AMOUNT USD 320400,00
POS./NEG.TOL. (%)	39 A	03/03
AVAILABLE WITH/BY	41 D	ANY BANK IN GERMANY, BY NEGOTIATION AGAINST THE DOCUMENTS DETAILED HEREIN AND BENEFICIARY'S DRAFT AT 30 DAYS SIGHT DRAWN ON US UNDER L/C NO. 4006LC129336 FOR 100P.C. OF THE INVOICE VALUE.
DRAWEE	42 A	BANK OF CHINA NANNING (GUANGXI BRANCH)
PARTIAL SHIPMTS	43 P	NOT ALLOWED
TRANSSHIPMENT	43 T	NOT ALLOWED
LOADING IN CHARGE	44 A	HAMBURG
FOR TRANSPIRT TO…	44 B	QINZHOU PORT
LATEST SHIPMENT	44 C	AT THE LATEST NOV. 1st, 2012
GOODS DESCRIPT.	45 A	FLORES LAVENDULAE TOT. BAT.8000KGS @ USD40.05/KG CIF QINZHOU (1x20'FCL/200 PACKAGES) PACKED IN PACKAGES
DOCS REQUIRED	46 A	+SIGNED COMMERCIAL INVOICE IN 4-FOLD. +PACKING LIST IN TRIPLICATE +FULL SET OF CLEAN ON BOARD MARINE BILL OF LADING MADE OUT TO THE ORDER, MARKED FREIGHT PREPAID AND NOTIFY APPLICANT.
ADDITIONAL CONDITION	47 A	IF BILL OF LADING ARE REQUIRED ABOVE, PLEASE FORWARD DOCUMENT IN TWO MAILS, ORIGINALS SEND BY COURIER AND DUPLICATES BY REGISTERED AIRMAIL
DETAILS OF CHARGES	71 B	BANK CHARGES EXCLUDING ISSUING BANKS ARE FOR ACCOUNT OF BENEFICIARY
PRESENTATION PERIOD	48	DOCUMENTS TO BE PRESENTED WITHIN 15 DAYS FROM SHIPMENT DATE
CONFIRMATION	49	WITHOUT
INSTRUCTIONS	78	DISCREPANT DOCUMENTS, IF ACCEPTABLE, WILL BE SUBJECT TO A DISCREPANCY HANDLING FEE OF USD 50.00 OR EQUIVALENT WHICH WILL BE FOR ACCOUNT OF BENEFICIARY SPECIAL NOTE: ISSUING BANK WILL DISCOUNT ACCEPTANCES ON REQUEST, FOR A/C FO BENEFICIARY (UNLESS OTHERWISE STATED)AT APPROPRIATE LIBOR RATE PLUS 1.00PER CENT MARGIN

3．补充资料

发票号码：WHC-11Y2988

发票日期：2012.08.15

船名：SUISU/SENTOR V.001

集装箱号码：INTU3889645/20'
装运港：HAMBURG
毛重：40.7KGS/PACKAGE
净重：40KGS/PACKAGE
总尺码：24CBM
提单号码：INTG723858
提单日期：2012.10.31
唛头：N&D/NANNING/NO.1-200
包装：200 PACKAGES

4. 需审核单据

（1）发票

Intercom Import & Export Co., Ltd.
123 FRIEDRICH-EBERT STREET, HAMBURG

COMMERCIAL INVOICE

Date **AUG.15 th , 2012**
Invoice No. **WHC-11Y2988**
S/C No.: **BT7095**

Messrs: **NANNING HUIXIN IMPORT & EXPORT CO., LTD.**
JINHU ROAD 16#, NANNING P.R. CHINA

Terms of Payment: L/C AT SIGHT

Marks and Numbers	Description & Quantity	Quantity	Unit Price	Amount
N&D NANJING NO. 1-200	FLORES LAVENDULAE TOT.	8000KGS	CIF HAMBURG USD 40.05	USD320400.00

TOTAL: USD320400.00

TOTAL QUANTITY: 8000 KGS PACKING: 200 PAPERSACKS
TOTAL WEIGHT: N.W.: 8000 KGS G.W.: 8140 KGS
TOTAL US DOLLARS THIRTY TWO THOUSAND FOUR HUNDRED ONLY.
PACKING: IN PAPERSACKS, PALLETIZED AND CUNTAINERIZED INTO 1x20' FCL.

×××
（SIGNATURE）

（2）装箱单

Intercom Import & Export Co., Ltd.
123 FRIEDRICH-EBERT STREET, HAMBURG

PACKING LIST

DATE: **AUG. 15 th , 2012**
INVOICE NO.: **WHC-11Y2988**

LOADING PORT:
S/C NO.: BT7095 **L/C NO.:** 4006LC119336

Shipping Marks	Descriptions of Goods	Quantity	G.W.	N.W.
N&D NANJING NO. 1-200	FLORES LAVENDULAE TOT. 200 PACKAGES	8000KGS	40.7KGS/ PACKAGES	40KGS/ PACKAGES
	TOTAL:	8000KGS	8140 KGS	8000 KGS

SAY TOTAL: EIGHT THOUSAND KGS ONLY

×××
（SIGNATURE）

（3）海运提单

<table>
<tr><td colspan="2">Shipper
INTERCOM IMPORT & EXPORT CO., LTD.
123 FRIEDRICH-EBERT STREET, HAMBURG</td><td colspan="3" rowspan="6">**B/L No. INTG**723858

**INTERGROUP
SHIPPING (ASIA) LTD.**

OCEAN BILL OF LADING

SHIPPED on board in apparent good order and condition (unless otherwise indicated) the goods or packages specified herein and to be discharged at the mentioned port of discharge or as near there to as the vessel may safely get and be always afloat.
The weight, measure, marks and numbers, quality, contents and value, being particulars furnished by the Shipper, are not checked by the Carrier on loading.
The Shipper. Consignee and the Holder of this Bill of Lading hereby expressly accept and agree to all printed, written or stamped provisions, exceptions and conditions of this Bill of Lading, including those on the back hereof.
IN WITNESS where of the number of original Bills of Lading stated below have been signed, one of which being accomplished, the other (s) to be void.</td></tr>
<tr><td colspan="2">Consignee
TO ORDER</td></tr>
<tr><td colspan="2">Notify Party
NANNING HUIXIN IMPORT & EXPORT CO., LTD.
JINHU ROAD 16#, NANNING P.R. CHINA</td></tr>
<tr><td>Pre-carriage by</td><td>Port of Loading
HAMBURG, GERMANY</td></tr>
<tr><td>Vessel
SUISU/SENTOR V.001</td><td>Port of Transshipment</td></tr>
<tr><td>Port of Discharge
QINZHOU PORT</td><td>Final Destination</td></tr>
<tr><td>Container Seal No. or Marks and Nos.</td><td colspan="2">Number and Kind of Packages
Description of Goods</td><td>Gross Weight
(KGS)</td><td>Measurement
(M^3)</td></tr>
<tr><td>N&D
NANNING
NO. 1-200

TEXU3730336</td><td colspan="2">LORES LAVENDULAE TOT.
TOAL TWO HUNDRED PAPERSACKS ONLY</td><td>8,140KGS</td><td>24CBM</td></tr>
<tr><td colspan="2">Freight and Charges

FRERIGHT COLLET</td><td colspan="3">REGARDING TRANSHIPMENT INFORMATION PLEASE CONTACT</td></tr>
<tr><td rowspan="2">Ex. Rate</td><td>Prepaid at</td><td>Freight Payable at</td><td colspan="2">Place and date of issue
HAMBURG, GERMANY
OCT. 31th, 2012</td></tr>
<tr><td>Total Prepaid</td><td>Number of Original Bs/L
THREE (3)</td><td colspan="2">Signed for or on behalf of the master</td></tr>
</table>

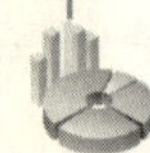

表 10-6　审单记录表

<table>
<tr><td colspan="5">发票号：</td><td colspan="5">船名：</td><td colspan="5">提单号：</td></tr>
<tr><td colspan="10" rowspan="2">开证行：</td><td colspan="5">装期：</td></tr>
<tr><td colspan="5">有效期：</td></tr>
<tr><td colspan="5">信用号：</td><td colspan="5">金额：</td><td colspan="5">交单期：</td></tr>
<tr><td>单据名称</td><td>汇票</td><td>发票</td><td>装箱单</td><td>保险单</td><td>产地证</td><td>检验证</td><td>GPS产地证</td><td>海关发票</td><td>装船通知</td><td>受益人证明</td><td>提单</td><td>提单副本</td><td>电抄</td><td>其他</td></tr>
<tr><td>应交份数</td><td></td><td></td><td></td><td></td><td></td><td></td><td></td><td></td><td></td><td></td><td></td><td></td><td></td><td></td></tr>
<tr><td>存在问题</td><td colspan="14"></td></tr>
<tr><td colspan="15">其他应注意事项：</td></tr>
<tr><td colspan="15">审单员：</td></tr>
</table>

《UCP600》第十四条款对单据审核的标准要求

a. 按指定行事的指定银行、保兑行（如果有的话）及开证行须审核交单，并仅基于单据本身确定其是否在表面上构成相符交单。

b. 按指定行事的指定银行、保兑行（如有的话）及开证行各有从交单次日起至多五个银行工作日用以确定交单是否相符。这一期限不因在交单日当天或之后信用证截止日或最迟交单日届至而受到缩减或影响。

c. 如果单据中包含一份或多份受第十九、二十、二十一、二十二、二十三、二十四或二十五条规制的正本运输单据，则须由受益人或其代表在不迟于本惯例所指的发运日之后的二十一个日历日内交单，但是在任何情况下都不得迟于信用证的截止日。

d. 单据中的数据，在与信用证、单据本身以及国际标准银行实务参照解读时，无须与该单据本身中的数据、其他要求的单据或信用证中的数据等同一致、但不得矛盾。

e. 除商业发票外，其他单据中的货物、服务或履约行为的描述，如果有的话，可使用与信用证中的描述不矛盾的概括性用语。

f. 如果信用证要求提交运输单据、保险单据或者商业发票之外的单据，却未规定出单人或其数据内容，则只要提交的单据内容看似满足所要求单据的功能，且其他方面符合第十四条 d 款，银行将接受该单据。

g. 提交的非信用证所要求的单据将被不予理会，并可被退还给交单人。

h. 如果信用证含有一项条件，但未规定用以表明该条件得到满足的单据，银行将视为未作规定并不予理会。

i. 单据日期可以早于信用证的开立日期，但不得晚于交单日期。

j. 当受益人和申请人的地址出现在任何规定的单据中时，无须与信用证或其他规定单据中所载相同，但必须与信用证中规定的相应地址同在一国。联络细节（传真、电话、电子邮件及类似细节）作为受益人和申请人地址的一部分时将被不予理会。然而，如果申请人的地址和联络细节为第十九、二十、二十一、二十二、二十三、二十四或二十五条规定的运输单据上的收货人或通知方细节的一部分时，应与信用证规定的相同。

k. 在任何单据中注明的托运人或发货人无须为信用证的受益人。

l. 运输单据可以由任何人出具，无须为承运人、船东、船长或租船人，只要其符合第十九、二十、二十一、二十二、二十三或二十四条的要求。

请根据合同和信用证，审核发票、装箱单、提单等单据

1. 合同

GUANGXI KAIMING TRADING CO., LTD.

Jinhu Road, Qingxiu District, Nanning City Guangxi, China

TEL.: 0086 0771 6431528　　FAX: 0086 0771 6493669

CONTRACT

The Buyer:

Guangxi Kaiming Trading CO., LTD.
Jinhu Road, Qingxiu District, Nanning City
Guangxi, China

No. KM2082
Date: Jun. 10th, 2014

The Seller:

Mitsubishi Electric Corporation
Tokyo Building 2-7-3, Marunouchi, Chiyoda-ku,
Tokyo 100-8310, Japan

This contract is made by and between the Buyer and the Seller, whereby the Buyer agree to buy and the Seller agree to sell the under-mentioned commodity according to the terms and conditions stipulated below:

Name Of Commodity & Specifications	Quantity (PCS)	Unit Price (JPY/PC)	Amount (JPY)
MITSUBISHI BAIYA PACKAGED AIR CONDITIONER (INDOOR UNIT) PATRS		CIF QINZHOU	
FDTJ56HKXE2	30	23460.00	703800.00
FUDMJ56HKXE2	42	24400.00	1024800.00

Total Value: JPY1,728,600.00(SAY JAPANESE YEN ONE MILLION SEVEN HUNDRED TWENTY- EIGHT THOUSAND SIX HUNDRED ONLY)

Packing: Export Standard Carton

Time of Shipment: Before Aug 1st, 2014

Port of Loading: Tokyo, Japan

Port of Destination: Qinzhou, China

Shipping Marks: N/M

Terms of Shipment: Partial shipment is not allowed, transshipment is not allowed.

Terms of Payment: The Buyers shall open through a bank acceptable to the sellers an irrevocable letter of credit to reach the Sellers on or before Jun 20th, 2014, valid for negotiation in Japan until 15 days after the month of shipment.

The Signature of Buyers　　　　The Signature of Sellers

________________　　　　________________

2. 信用证

Sequence of Total	27:	1/1
Form of Documentary Credit	40A:	IRREVOCABLE
Documentary Credit Number	20:	LC12009
Date of Issue	31C:	140618
Date and Place of Expiry	:31D:	140915 JAPAN
Applicant	50:	GUANGXI KAIMING TRADING CO., LTD. JINHU ROAD QINGXIU DISTRICT NANNING CITY GUANGXI CHINA
Beneficiary	59:	MITSUBISHI ELECTRIC CO., LTD. TOKYO BUILDING 2-7-3, MARUNOUCHI, CHIYODA-KU, TOKYO 100-8310, JAPAN
Currency Code, Amount	32B:	JPY1728600,00
Available With ... By ... (Full Name)	41D:	ANY BANK BY NEGOTIATION
Draft at ...	42C:	AT SIGHT 100 PCT OF INVOICE VALUE
Drawee	42D:	SUMITOMO MITSUI BANKING CORPORATION
Partial Shipment:	43P:	NOT ALLOWED
Transshipment	43T:	NOT ALLOWED
Loading on Board/Dispatch/Taking in Charge	44A:	TOKYO
For Transportation to...	44B:	QINZHOU
Latest Date of Shipment	44C:	140801
Description of Goods and/or Services	45A:	MITSUBISHI DAIYA PACKAGED AIR CONDITIONER (INDOOR UNIT) PARTS
Documents Required	46A:	1. SIGNED COMMERCIAL, INVOICE IN 6 FOLDS INDICATING LC NO. AND CONTRACT NO. KM2082 2. FULL SET (3/3) OF CLEAN ON BOARD OCEAN BILLS OF LADING PLUS 1 NON-NEGOTIABLE COPY MADE OUT TO ORDER AND BLANK ENDORSED, MARKED FREIGHT PREPAID, NOTIFYING THE APPLICANT 3.PACKING LIST/WEIGHT LIST IN 3 FOLDS INDICATING QUANTITY/GROSS AND NET WEIGHTS 4.BENEFICIARY'S CERTIFIED COPY OF TELEX/FAX DISPATCHED TO THE APPLICANT WITHIN 2 DAYS AFTER SHIPMENT ADVISING L/C NO.,GOODS NAME, NAME OF VESSEL, DATE OF SHIPMENT, QUANTITY, WEIGHT AND VALUE OF GOODS 5.BENEFICIARY'S DECLARATION OF NON-CONIFEROUS WOOD PACKING MATERIAL
Additional Condition:	47A:	+ALL DOCUMENTS ARE TO BE PRESENTED TO US IN ONE LOT BY COURIER/SPEED POST. OUR ADDRESS IS BANK OF CHINA, GUANGXI BRANCH GUCHENG ROAD NANNING 530000 GUANGXI P.R.CHINA
Charges	71B:	ALL BANKING CHARGES OUTSIDE OF OPENING BANK ARE FOR BENEFICIARY'S ACCOUNT
Period for Presentation	48:	DOCUMENTS TO BE PRESENT WITHIN 21DAYS AFTER THE DATE OF ISSUANCE OF THE TRANSPORT DOCUMENT(S) BUT WITHIN THE VALIDITY OF THE CREDIT
Confirmation Instructions	49:	WITHOUT
Instruction to the Paying / Accepting / Nego	78:	+WE HEREBY UNDERTAKE THAT ALL DRAFTS DRAWN UNDER AND IN COMPLIANCE WITH THE TERMS AND CONDITIONS OF CREDIT WILL BE DULY HONORED ON PRESENTATION AT THIS OFFICE

3. 补充资料

发票号码：KM12568

发票日期：2014.07.12

船名：DONGMING V.001

集装箱号码：PILU2027764/20'

装运港：TOKYO
总尺码：25.081CBM
提单号码：PIL1401032
提单日期：2014.07.28
……

4．需审核单据

（1）商业发票

Mitsubishi Electric Corporation

Tokyo Building 2-7-3, Marunouchi, Chiyoda-ku, Tokyo 100-8310, Japan
81 (3) 3218-2111

INVOICE

TO: GUANGXI KAIMING TRADING CO., LTD.
Jinhu Road, Qingxiu District, Nanning City,
Guangxi, China

INVOICE NO.: KM12568
DATE: JUL. 12 th, 2014
CONTRACT NO.: No. KM2082

Transport Detail

FROM TOKYO, JAPAN **TO** QINZHOU, CHINA BY SEA

Marks and Numbers	Description of Goods	Quantity(PCS)	Unit Price(JPY)	Amount(JPY)
N/M	MITSUBISHI BAIYA PACKAGED AIR CONDITIONER (INDOOR UNIT) PATRS		CIF QINZHOU	
	FDTJ56HKXE2	30	23460.00	703800.00
	FUDMJ56HKXE2	42	24400.00	1024800.00
	TOTAL:	72PCS		JPY1728600.00

TOTAL: SAY US DOLLARS ONE MILLION SEVEN HUNDRED TWENTY- EIGHT THOUSAND SIX HUNDRED ONLY

Mitsubishi Electric Corporation

（2）装箱单

Mitsubishi Electric Corporation

Tokyo Building 2-7-3, Marunouchi, Chiyoda-ku, Tokyo 100-8310, Japan

81 (3) 3218-2111

PACKING LIST

TO: GUANGXI KAIMING TRADING CO., LTD.
Jinhu Road, Qingxiu District, Nanning City,
Guangxi, China

INVOICE NO.: KM12568
DATE: JUL.12 th, 2014
CONTRACT NO.: No. KM2082

Transport Detail

FROM TOKYO, JAPAN **TO** QINZHOU, CHINA BY SEA

Marks and Numbers	Number and Kind of Package Description of Goods	Quantity	Package	G.W.	N.W.	Meas.
N/M	MITSUBISHI BAIYA PACKAGED AIR CONDITIONER (INDOOR UNIT) PATRS					
	FDTJ56HKXE2	30PCS	30CTNS	40.00/CTN	29.80/CTN	0.35/CTN0.35/CTN
	FUDMJ56HKXE2	42PCS	42CTNS	41.71/CTN	31.57/CTN	
	TOTAL:	72	72CTNS	2994KGS	2262KGS	25.081M³

TOTAL: SAY SEVENTY TWO PCS ONLY

Mitsubishi Electric Corporation

（3）海运提单

Shipper

MITSUBISHI ELECTRIC CO., LTD.

TOKYO BUILDING 2-7-3, MARUNOUCHI, CHIYODA-KU, TOKYO 100-8310, JAPAN

81 (3) 3218-2111

B/L NO. PIL1201032

PACIFIC INTERNATION LINES (PTE) LTD.

(Incorporated in Singapore)

COMBINED TRANSPORT BILL OF LADING

Consignee

TO ORDER

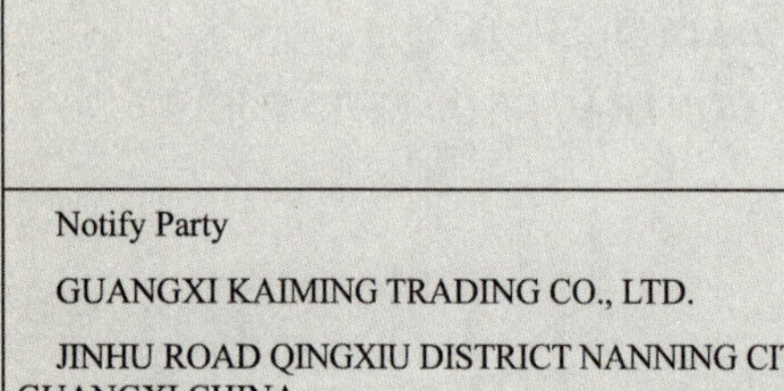

Received in apparent good order and condition except as otherwise noted the total number of container or other packages or units enumerated below for transportation from the place of receipt to the place of delivery subject to the terms hereof. One of the signed Bills of Lading must be surrendered duly endorsed in exchange for the Goods or delivery order. On presentation of this document (duly) Endorsed to the Carrier by or on behalf of the Holder, the rights and liabilities arising in accordance with the terms hereof shall (without prejudice to any rule of common law or statute rendering them binding on the Merchant) become binding in all respects between the Carrier and the Holder as though the contract evidenced hereby had been made between them.

SEE TERMS ON ORIGINAL B/L

Notify Party

GUANGXI KAIMING TRADING CO., LTD.

JINHU ROAD QINGXIU DISTRICT NANNING CITY GUANGXI CHINA

TEL.: 0086 0771 6431528 FAX: 0086 0771 6493669

Vessel and Voyage Number	Port of Loading	Port of Discharge
DONGMING V.001	TOKYO, JAPAN	QINZHOU, CHINA
Place of Receipt	Place of Delivery	Number of Original Bs/L THREE(3)

PARTICULARS AS DECLARED BY SHIPPER – CARRIER NOT RESPONSIBLE

Container Nos/Seal Nos. Marks and/Numbers	No. of Container / Packages / Description of Goods	Gross Weight (Kilos)	Measurement (cu-metres)
N/M PILU2027764 1×20'FCL CY/CY	MITSUBISHI BAIYA PACKAGED AIR CONDITIONER (INDOOR UNIT) PATRS FDTJ56HKXE2 FUDMJ56HKXE2	2994	25.081

FREIGHT & CHARGES

FREIGHT TO COLLECT

Number of Containers/Packages (in words)

1 CONTAINER

TOTAL: ONE (20') CONTAINER ONLY

Shipped on Board Date:

Place and Date of Issue:

TOKYO, JAPAN JUL. 28th, 2014

In witness whereof this number of Original Bills of Lading stated above all of the tenor and date one of which being accomplished the others to stand void.

for **PACIFIC INTERNATIONAL LINES (PTE) LTD.** as Carrier

（4）受益人证明

Mitsubishi Electric CO., LTD.

Tokyo Building 2-7-3, Marunouchi, Chiyoda-ku, Tokyo 100-8310, Japan

81 (3) 3218-2111

TO: WHOM IT MAY CONCERN

RE: L/C NO.: LC12009

INV.NO: KM12568

B/L NO.: PIL1201032

CERTIFICATE

WE HEREBY CERTIFY THAT WE HAVE ADVISED THE APPLICANT BY FAX THE LOLLWING INFORMATION ON JUL. 28 th, 2014.

L/C NO.: LC12009

Ocean Vessel: DONGMING V. 001

Port of Loading: TOKYO, JAPAN

Date of Shipment: JUL. 28 th, 2014

Port of Destination: QINZHOU, CHINA

Description of Goods:

MITSUBISHI BAIYA PACKAGED AIR CONDITIONER (INDOOR UNIT) PATRS

FDTJ56HKXE2

FUDMJ56HKXE2

Shipping Marks: N/M

Quantity: 72PCS

Gross Weight: 2262KGS

Mitsubishi Electric CO., LTD.

（5）无木质包装申明

Mitsubishi Electric CO., LTD.

Tokyo Building 2-7-3, Marunouchi, Chiyoda-ku, Tokyo 100-8310, Japan

81 (3) 3218-2111

Declaration of No-wood Packing Material

To the service of China Entry and Exit Inspection and Quarantine:

It is declared that this shipment container NO. PILU2027764 does not contain wood packing materials.

Mitsubishi Electric CO., LTD.

5. 审单记录表（表 10-7）

表 10-7　审单记录表

<table>
<tr><td colspan="7">发票号：</td><td colspan="4">船名：</td><td colspan="4">提单号：</td></tr>
<tr><td colspan="11" rowspan="2">开证行：</td><td colspan="4">装期：</td></tr>
<tr><td colspan="4">有效期：</td></tr>
<tr><td colspan="7">信用号：</td><td colspan="4">金额：</td><td colspan="4">交单期：</td></tr>
<tr><td>单据名称</td><td>汇票</td><td>发票</td><td>装箱单</td><td>保险单</td><td>产地证</td><td>检验证</td><td>GPS产地证</td><td>海关发票</td><td>装船通知</td><td>受益人证明</td><td>提单</td><td>提单副本</td><td>电抄</td><td>其他</td></tr>
<tr><td>应交份数</td><td></td><td></td><td></td><td></td><td></td><td></td><td></td><td></td><td></td><td></td><td></td><td></td><td></td><td></td></tr>
<tr><td>存在问题</td><td colspan="14"></td></tr>
<tr><td colspan="15">其他应注意事项：</td></tr>
<tr><td colspan="15">审单员：</td></tr>
</table>

小　　结

单据审核的基本要求：及时性、全面性、单证相符。

单据审核的基本方法：纵向审核法和横向审核法。

审核的主要单据包括有发票、装箱单、提单、保险单、原产地证书、受益人证明、检验证书和汇票等。

有问题单据的处理方法主要是根据行业做法与商品特性审查单据的真实性，审查单证是否相符以及单货是否相符。

项目十一

制单综合训练

制单综合训练一

广州格雷斯贸易公司于 2014 年 3 月 5 日与香港光明洋行签订出口男士全棉衬衣的合同（合同号：GA03001），以下是由香港恒生银行开给广州格雷斯贸易公司的信用证，本批货物用纸箱装，无唛头，20 件装于一个纸箱，每箱毛重 16KGS，净重 15KGS，每箱尺码 0.25 立方米。发票号码 GA0401，发票日期 Apr. 13, 2012，货物装于一个 20'集装箱，并于 2014 年 4 月 20 日由广州装船出运，船名 YUGANG，航次 058，集装箱号 GESU2822140，铅封号 219715，提单号 PIL587-982，船公司于 4 月 22 日签发了提单，请根据背景材料，制作信用证项下的全套单据。

一、信用证

SEQUENCE OF TOTAL	27: 1/1
FORM OF DOC. CREDIT	40A: IRREVOCABLE
DOC. CREDIT NUMBER	20: LC1211
DATE OF ISSUE	31C: 140320
APPLICABLE RULES	40E: UCP LATEST VERSION
EXPIRY	31D: DATE 140618 PLACE CHINA
APPLICANT	50: BRIGHT EXOPRT CO., LTD. 6/F, DRAGON BUILDING 555 NATHAN ROAD, KOWLOON, HONG KONG TEL: 00852-7778-0098
BENEFICIARY	59: GUANGZHOU GRACE TRADING CO., LTD. 774 DONG FENG EAST ROAD, GUANGZHOU, CHINA
AMOUNT	32B: CURRENCY USD AMOUNT 40000,00
AVAILABLE WITH/BY	41D: ANY BANK BY NEGOTIATION
DRAFTS AT ...	42C: 90 DAYS AFTER SIGHT

DRAWEE 42A: HASEHKHH

HANG SENG BANK LIMITED

PARTIAL SHIPMENTS 43P: NOT ALLOWED

TRANSSHIPMENT 43T: NOT ALLOWED

PORT OF LOADING/AIRPORT

OF DEPARTURE 44E: GUAHGZHOU,CHINA

PORT OF DISCHARGE/AIRPORT

OF DESTINATION 44F: HONGKONG

LATEST DATE OF SHIPMENT 44C: 140425

DESCRIPTION OF GOODS 45A:

2000PCS OF MEN'S COTTON SHIRT（ART NO.C2001）

AT USD 20/PC FOB GUANGZHOU

DOCUMENTS REQUIRED 46 A:

+ COMMERCIAL INVOICES IN TRIPLICATE.

+FULL SET OF CLEAN ON BOARD OCEAN BILL OF LADING ISSUED TO ORDER AND BLANK ENDORSED MARKED "FREIGHT TO COLLECT" NOTIFYING APPLICANT.

+PACKING LISTS IN TRIPLICATE SHOWING NUMBER OF CARTONS, GROSS WEIGHT, NET WEIGHT AND MEASURMENT.

+BENEFICIARY'S CERTIFICATE CERTIFYING THAT ONE FULL SET OF NON-NEGOTIABLE. DOCUMENTS HAVE BEEN SENT TO APPLICANT DIRECTLY WITHIN 48 HOURS AFTER SHIPMENT.

ADDITIONAL COND. 47 A:

+ALL DOCEMENTS MUST BEAR L/C NO. LC1211.

+A HANDLING COMMISSION OF USD50.00 OR EQUIVALENT, PLUS TELEX CHARGES, IF ANY, WILL BE DEDUCTED FROM THE PROCEEDS FOR EACH SET OF DOCUMENTS WITH DISCREPANCIES PRESENTED UNDER THIS LETTER OF CREDIT.

DETAILS OF CHARGES 71 B: ALL BANKING CHARGES OUTSIDE HK

ARE FOR ACCOUNT OF BENEFICIARY

PRESENTATION PERIOD 48: ALL DOCUMENTS MUST BE PRESENTED

TO AND REACH OUR COUNTER IN HK WITHIN 15 DAYS AFTER B/L DATE

CONFIRMATION 49: WITHOUT

INSTRUCTIONS 78:

+ALL DOCUMENTS MUST BE AIRMAIL TO US IN ONE LOT.

+UPON RECEIPT OF DOCUMENTS DRAWN IN COMPLIANCE WITH THE TERMS AND CONDITIONS, WE WILL SHALL ADVISE YOU THE DUE DATE AND REMIT THE PROCEEDDS TO YOU IN ACORDANCE WITH YOUR INSTRUCTIONS AT MATURITY.

ADVISE THROUGH 57 D: BANK OF CHINA GUANGDONG BRANCH

二、发票

GUANGZHOU GRACE TRADING CO., LTD.
774 DONG FENG EAST ROAD, GUANGZHOU, CHINA

INVOICE

TO:

INVOICE NO.:
DATE:
CONTRACT NO.:
L/C NO. :

Transport Detail

FROM _______ TO _______ BY _______

Marks and Numbers	Description of Goods	Quantity (PCS)	Unit Price (USD)	Amount (USD)

TOTAL:

GUANGZHOU GRACE TRADING CO.,LTD.

×××

(Signature)

三、装箱单

GUANGZHOU GRACE TRADING CO., LTD.
774 DONG FENG EAST ROAD, GUANGZHOU, CHINA

PACKING LIST

TO:

INVOICE NO.:
DATE:
CONTRACT NO.:
L/C NO. :

Transport Detail

FROM _______ TO ________ BY _______

Marks and Numbers	Number and Kind of Package Description of Goods	Quantity	Package	G.W. (KGS)	N.W. (KGS)	Meas.

TOTAL:

GUANGZHOU GRACE TRADING CO., LTD.

× × ×

(Signature)

四、提单

<table>
<tr><td colspan="2">Shipper</td><td colspan="3" rowspan="3">B/L NO.
PIL
PACIFIC INTERNATION LINES
(PTE) LTD.
(Incorporated in Singapore)
COMBINED TRANSPORT BILL OF LADING
Received in apparent good order and condition except as otherwise noted the total number of container or other packages or units enumerated below for transportation from the place of receipt to the place of delivery, subject to all the terms hereof. One of the signed Bills of Lading must be surrendered duly endorsed in exchange for the Goods or delivery order. On presentation of this document (duly) Endorsed to the Carrier by or on behalf of the Holder, the rights and liabilities arising in accordance with the terms hereof shall (without prejudice to any rule of common law or statute rendering them binding on the Merchant) become binding in all respects between the Carrier and the Holder as though the contract evidenced hereby had been made between them.
SEE TERMS ON ORIGINAL B/L</td></tr>
<tr><td colspan="2">Consignee</td></tr>
<tr><td colspan="2">Notify Party</td></tr>
<tr><td>Vessel and Voyage Number</td><td colspan="2">Port of Loading</td><td colspan="2">Port of Discharge</td></tr>
<tr><td>Place of Receipt</td><td colspan="2">Place of Delivery</td><td colspan="2">Number of Original Bs/L
THREE(3)</td></tr>
<tr><td colspan="5">PARTICULARS AS DECLARED BY SHIPPER – CARRIER NOT RESPONSIBLE</td></tr>
<tr><td>Container Nos. /Seal Nos.
Marks /Numbers</td><td colspan="2">No. of Container / Packages / Description of Goods</td><td>Gross Weight
(Kilos)</td><td>Measurements
(cu-metres)</td></tr>
<tr><td></td><td colspan="2"></td><td></td><td></td></tr>
<tr><td colspan="2" rowspan="4">FREIGHT & CHARGES</td><td colspan="3">Number of Containers/Packages (in words)</td></tr>
<tr><td colspan="3">Shipped on Board Date:</td></tr>
<tr><td colspan="3">Place and Date of Issue:</td></tr>
<tr><td colspan="3">In Witness Whereof this number of Original Bills of Lading stated above have been issued ,all of the tenor and date, one of which being accomplished, the others to stand void.

for PACIFIC INTERNATIONAL LINES (PTE) LTD. as Carrier</td></tr>
</table>

五、汇票

BILL OF EXCHANGE

Drawn under__________

L/C No.____________

Dated_______________

Payable with interest @___% per annum

No.____________________ Exchange for______________________ Guangzhou, China____________

At__________sight of this FIRST of Exchange (Second of exchange being unpaid) pay to the order of________

The sum of ____

To: ____

GUANGZHOU GRACE TRADING CO., LTD.

____

六、受益人证明

BENEFICIARY CERTIFICATE

TO: WHOM IT MAY CONCERN DATE:

GUANGZHOU GRACE TRADING CO., LTD.

____

(Signature)

制单综合训练二

广西胜利贸易公司与加拿大大湖公司签订了一份出口女士皮包的合同，有关背景如下：

一、合同

GUANGXI VICTORY TRADING CO., LTD.

#18, XINGHU ROAD, NANNING, GUANGXI, CHINA

TEL.: (86)0771-5543528　　FAX: (86)0771-5543669

SALES CONTRACT

The Buyer: GREAT LAKE CO., LTD.　　CONTRACT No. VC12081

#112, PRINCE ROAD, VANCOUVER CANADA

The Seller: GUANGXI VICTORY TRADING CO., LTD.　　Date: AUG. 8th, 2012

#18, XINGHU ROAD, NANNING, GUANGXI, CHINA

This contract is made by and between the Buyer and the Seller, whereby the Buyer agree to buy and the Seller agree to sell the under mentioned commodity according to the terms and conditions stipulated below:

Name Of Commodity & Specifications	Quantity (PCS)	Unit Price (USD/PC)	Amount
LADY'S LEATHER BAG		CIF TORONTO	
ART NO. B005	200	USD 100/PC	USD2,000.00
ART NO. R042	500	USD 80/PC	USD4,000.00
ART NO. Y115	500	USD 160/PC	USD8,000.00
TOTAL:	1200		USD14,000.00

Total Value: USD14, 000.00 (SAY USD FOURTEEN THOUSAND ONLY)

Packing: In polybag of one piece each, then in a gift box, 10 boxes to a carton

Time of Shipment: Before OCT 1st, 2012

Port of Loading: Guangzhou, China

Port of Destination: Toronto, Canada

Shipping Marks: GL

LEATHER BAG

1-120

Terms of shipment: Partial shipment is not allowed, transshipment is not allowed.

Terms of Payment: The Buyers shall open through a bank acceptable to the sellers an irrevocable letter of credit to reach the Sellers on or before SEP. 5th, 2014, valid for negotiation in China until 15 days after the month of shipment.

Insurance: To be effected by the sellers for 110% of invoice value covering all risks and war risk as per ocean marine cargo clauses of PICC dated Jan 01, 1981.

The Signature of Buyers　　　　　　　　　　The Signature of Sellers

×××　　　　　　　　　　×××

二、信用证

以下是加拿大银行开来的信用证：

SEQUENCE OF TOTAL 27: 1/1
FORM OF DOC. CREDIT 40A: IRREVOCABLE
DOC. CREDIT NUMBER 20: 12115
DATE OF ISSUE 31C: 120825
APPLICABLE RULES 40E: UCP LATEST VERSION
EXPIRY 31D: DATE 121028
PLACE CHINA
APPLICANT 50: GREAT LAKE CO., LTD.
#112, PRINCE ROAD, TORONTO, CANADA
BENEFICIARY 59: GUANGXI VICTORY TRADING CO., LTD.
#18, XINGHU ROAD, NANNING, GUANGXI, CHINA
AMOUNT 32B: CURRENCY USD AMOUNT 14 000,00
AVAILABLE WITH/BY 41D: ANY BANK
BY NEGOTIATION
DRAFTS AT … 42C: AT SIGHT
DRAWEE 42A: BOFMCAM2
BANK OF MONTREAL, THE TORNOTO
PARTIAL SHIPMENTS 43P: NOT ALLOWED
TRANSSHIPMENT 43T: NOT ALLOWED
PORT OF LOADING/AIRPORT
OF DEPARTURE 44E: GUANGZHOU, CHINA
PORT OF DISCHARGE/AIRPORT
OF DESTINATION 44F: TORONTO, CANADA
LATEST DATE OF SHIPMENT 44C: 120925
DESCRIPTION OF GOODS 45A: LADY'S LEATHER BAG
ART NO. B005 200PCS USD100/PC

（续）

ART NO. R042 500PCS USD80/PC

ART NO. Y115 500PCS USD60/PC

CIF TORONTO

DOCUMENTS REQUIRED 46 A:

+ COMMERCIAL INVOICES IN TRIPLICATE.

+PACKING LISTS IN TRIPLICATE SHOWING NUMBER OF CARTONS, GROSS WEIGHT, NET WEIGHT AND MEASURMENT.

+FULL SET OF CLEAN ON BOARD OCEAN BILL OF LADING ISSUED TO ORDER AND BLANK ENDORSED MARKED 'FREIGHT PREPAID' NOTIFYING APPLICANT.

+ INSURANCE POLICY OR CERTIFICATE IN TWO ORIGINALS. ENDORSED IN BLANK FOR 110 PCT OF INVOICE VALUE WITH CLAIMS PAYABLE AT DESTINATION IN CURRENCY OF DRAFT COVERING ALL RISKS AND WAR RISK AS PER OCEAN MARINE CARGO CLAUSES OF PICC DATED 1981/01/01.

+ GSP FORM A IN 2 COPIES.

ADDITIONAL COND. 47 A:

+ALL DOCEMENTS MUST BEAR L/C NO. 12115.

+A HANDLING COMMISSION OF USD50.00 OR EQUIVALENT, PLUS TELEX CHARGES, IF ANY, WILL BE DEDUCTED FROM THE PROCEEDS FOR EACH SET OF DOCUMENTS WITH DISCREPANCIES PRESENTED UNDER THIS LETTER OF CREDIT.

DETAILS OF CHARGES 71 B: ALL BANKING CHARGES OUTSIDE CANADA ARE FOR ACCOUNT OF BENEFICIARY.

PRESENTATION PERIOD 48: ALL DOCUMENTS MUST BE PRESENTED TO AND REACH OUR COUNTER IN CANADA WITHIN 21 DAYS AFTER B/L DATE

CONFIRMATION 49: WITHOUT

INSTRUCTIONS 78:

+ALL DOCUMENTS MUST BE AIRMAIL TO US IN ONE LOT.

+UPON RECEIPT OF DOCUMENTS DRAWN IN COMPLIANCE WITH THE TERMS AND CONDITIONS, WE WILL SHALL ADVISE YOU THE DUE DATE AND REMIT THE PROCEEDDS TO YOU IN ACORDANCE WITH YOUR INSTRUCTIONS AT MATURITY.

ADVISE THROUGH 57 D: BANK OF CHINA NANNING (GUANGXI BRANCH)

三、其他信息

发票号码 VC0901，发票日期 Sep.15, 2012，该批每箱毛重 15KGS，净重 14KGS，每箱尺码 0.22 立方米，该批货物于 2012 年 9 月 19 日由广州装船出运，船公司同日签发提单，船名 EVER STAR，航次 018，集装箱号 TEXU2822140（20GP），铅封号 5819715，提单号 CCB587-982，请根据背景材料，制作信用证项下的全套单据。

1．合同

GUANGXI VICTORY TRADING CO., LTD.

#18, XINGHU ROAD, NANNING, GUANGXI, CHINA

TEL.: (86)0771-5543528 FAX: (86) 0771-5543669

INVOICE

TO:

INVOICE NO.:

DATE:

CONTRACT NO.:

L/C NO. :

Transport Detail

FROM ________ **TO** ________ **BY** ________

Marks and Numbers	Description of Goods	Quantity (PCS)	Unit Price (USD)	Amount (USD)

TOTAL:

GUANGXI VICTORY TRADING CO., LTD.

____

(Signature)

2. 装箱单

GUANGXI VICTORY TRADING CO., LTD

#18, XINGHU ROAD, NANNING, GUANGXI, CHINA

TEL.: (86) 0771-5543528　　FAX: (86) 0771-5543669

PACKING LIST

TO:

INVOICE NO.:

DATE:

CONTRACT NO.:

L/C NO. :

Transport Detail

FROM ________________ **TO** ________________ **BY** ______________

Marks and Numbers	Number and Kind of Package Description of Goods	Quantity	Package	G.W.(KGS)	N.W.(KGS)	Meas.

TOTAL:

GUANGXI VICTORY TRADING CO., LTD.

____

(Signature)

3．提单

Shipper	B/L NO.
Consignee	***FAR EAST SHIPPING CO.LTD.*** **BILL OF LADING** Received in apparent good order and condition except as otherwise noted the total number of container or other packages or units enumerated below for transportation from the place of receipt to the place of delivery subject to all the terms hereof. One of the signed Bills of Lading must be surrendered duly endorsed in exchange for the Goods or delivery order. On presentation of this document (duly) Endorsed to the Carrier by or on behalf of the Holder, the rights and liabilities arising in accordance with the terms hereof shall (without prejudice to any rule of common law or statute rendering them binding on the Merchant) become binding in all respects between the Carrier and the Holder as though the contract evidenced hereby had been made between them.
Notify Party	**ORIGINAL**

Vessel and Voyage Number	Port of Loading	Port of Discharge
Place of Receipt	Place of Delivery	Number of Original Bs/L

PARTICULARS AS DECLARED BY SHIPPER – CARRIER NOT RESPONSIBLE			
Container Nos. /Seal Nos. Marks and/Numbers	No. of Container / Packages / Description of Goods	Gross Weight (Kilos)	Measurement (cu-metres)

FREIGHT & CHARGES	Number of Containers/Packages (in words)
	Shipped on Board Date:
	Place and Date of Issue:
	In witness whereof this number of Original Bills of Lading stated above have been issued, all of the tenor and date, one of which being accomplished, the others to stand void. for **FAR EAST SHIPPING CO., LTD.** as Carrier

4．汇票

BILL OF EXCHANGE

Drawn under____________________

L/C No.____________________

Dated____________________

Payable with interest @___% per annum

No______________Exchange for____________________ Guangzhou, China__________

At_________sight of this FIRST of Exchange (Second of exchange being unpaid) pay to the order of_______

The sum of____

To: ____

GUANGXI VICTORY TRADING CO., LTD.

____

（Signature）

5．保险单

PICC 中国人民财产保险股份有限公司
PICC PROPERTY AND CASUALTY COMPANY LIMITED

货物运输保险单

CARGO TRANSPORTATION INSURANCE POLICY

提单号（B/L No.） 保险单号（Policy No.）

合同号（Contract No.）

发票号（Invoice No. ）

信用证号（L/C No. ）

被保险人（Insured）:

中国人民财产保险股份有限公司（以下简称本公司）根据被保险人要求，以被保险人向本公司缴付约定的保险费为对价，按照本保险单列明条款承保下述货物运输保险，特订立本保险单。

（续）

THIS POLICY OF INSURANCE WITNESSES THAT PICC PROPERTY AND CASUALTY COMPANY LIMITED （HEREINAFTER CALLED "THE COMPANY"）AT THE REQUEST OF THE INSURED AND IN CONSIDERATION OF THE AGREED PREMIUM PAID TO THE COMPANY BY THE INSURED, UNDERTAKES TO INSURE THE UNDERMENTIONED GOODS IN TRANSPORTATION SUBJECT TO THE CONDITIONS OF THIS POLICY AS PER THE CLAUSES PRINTED BELOW.

标记（MARKS & NOS.）	包装及数量（QTY.）	保险货物项目（INSURED GOODS）	保险金额（AMOUNT INSURED）

总保险金额：

Total Amount Insured:____.

保费（Premium）：__________ **起运日期（Date of Commencement）：**__________

装载运输工具（Per Conveyance）:__________

自（From）：__________**经（Via）：**__________**至（To）：**__________

承保险别（Conditions）：

所保货物如发生保险单项下可能引起索赔的损失或损坏，应立即通知本公司下述代理人查勘。如有索赔，应向本公司提交保单正本（本保险单共有 ____份正本）及有关文件。如一份正本已用于索赔，其余正本自动失效。

IN THE EVENT OF LOSS OR DAMAGE WHICH MAY RESULT IN A CLAIM UNDER THIS POLICY, IMMEDIATE NOTICE MUST BE GIVEN TO THE COMPANY'S AGENT AS MENTIONED HEREUNDER. CLAIMS, IF ANY, ONE OF THE ORIGINAL POLICY WHICH HAS BEEN ISSUED IN ____ORIGINAL(S) TOGETHER WITH THE RELEVANT DOCUMENTS SHALL BE SURRENDERED TO THE COMPANY. IF ONE OF THE ORIGINAL POLICY HAS BEEN ACCOMPLISHED. THE OTHERS TO BE VOID.

赔款偿付地点

Claim Payable at________________ **授权人签字：**

签单日期（Issuing Date）__________ **Authorized Signature:**

核保人：××× **制单人：×××** **经办人：×××**

6. 原产地证明

ORIGINAL

<table>
<tr><td colspan="3">1. Goods consigned from(Exporter's business name, address, country)</td><td colspan="4" rowspan="2">Reference No.

GENERALIZED SYSTEM OF PREFERENCE
CERTIFICATE OF ORIGIN
(Combined declaration and certificate)
FORM A
Issued in <u>THE PEOPOE'S REPUBLIC OF CHINA</u>
(country)
See Notes Overleaf</td></tr>
<tr><td colspan="3">2. Goods consigned to (Consignee's name, address,country)</td></tr>
<tr><td colspan="3">3. Means of transport and route(as far as known)</td><td colspan="4">4. For official use</td></tr>
<tr><td>5. Item number</td><td>6. Marks and number of packages</td><td>7. Number and kind of packages; description of goods</td><td>8. Origin criterion (See Notes Overleaf)</td><td>9. Gross weight or other quantity</td><td>10. Number and date of invoices</td></tr>
<tr><td colspan="3">11. Certification
It is hereby certified, on the basis of control carried out, the declaration by the exporter is correct.

Place and date. signature and stamp of certifying authority</td><td colspan="3">12. Declaration by the exporter
The undersigned hereby declares that the above detail and statements are correct that the goods were produce in
China
(country)
and that they comply with the original requirements specified for those goods in the Generalized System of Preferences for goods exported to ------------------ (importing country)

Place and date, signature of authorized signatory</td></tr>
</table>

制单综合训练三

广西南华进出口有限公司出口一批白砂糖到日本，有关信息如下：

一、合同

GUANGXI NANHUA IMP&. EXP CO., LTD.

#102, XINMING ROAD, NANNING, GUANGXI, CHINA

TEL: (86) 0771-5222148 FAX: (86) 0771-5222149

SALES CONTRACT

The Buyer: AG CORPORATION
AG SQUARE 5F 2-14-5, NISHI-SHIMBASHI,
MINATO-KU, TOKYO 103-8848

CONTRACT No. NN2012-8
Date: MAY. 18th, 2012

The Seller: GUANGXI NANHUA IMP.& EXP. CO., LTD.
#102, XINMING ROAD, NANNING, GUANGXI, CHINA

This contract is made by and between the Buyer and the Seller, whereby the Buyer agree to buy and the Seller agree to sell the under-mentioned commodity according to the terms and conditions stipulated below:

Name Of Commodity & Specifications	Quantity (MTS)	Unit Price (USD/MT)	Amount
REFINED WHITE SUGAR (POLARIZATION: 99.8 DEGREES UP)	18MTS	CIF TOKYO USD900/MT	USD16,200.00
TOTAL:	18 MTS		USD16,200.00

Total Value: SAY USD SIXTEEN THOUSAND TWO HUNDRED ONLY

Packing: Packed in 2-ply kraft paper bag with one inner polythene liner of 30 kilos net bag

Time of Shipment: Before July 25, 2012

Port of Loading: Fangcheng port, China

Port of Destination: Tokyo, JAPAN

Shipping Marks: N/M

Terms of Shipment: Partial shipment is not allowed, transshipment is allowed.

Terms of Payment: By Deferred L/C at 90 days after B/L date. The L/C should reach the seller before June 18, 2012.

Insurance:To be effected by the sellers for 110% of invoice value covering all risks and war risk as per ocean marine cargo clauses of PICC dated Jan 01, 1981.

The Signature of Buyers

____

The Signature of Sellers

____

二、通过东京三菱银行开来的信用证

SEQUENCE OF TOTAL 27: 1/1

FORM OF DOC. CREDIT 40A: IRREVOCABLE

DOC. CREDIT NUMBER 20: B35058

DATE OF ISSUE 31C: 120605

APPLICABLE RULES 40E: UCP LATEST VERSION

EXPIRY 31D: DATE 120925

PLACE CHINA

APPLICANT 50: GUANGXI NANHUA IMP.& EXP. CO., LTD.

#102, XINMING ROAD, NANNING GUANGXI, CHINA

BENEFICIARY 59: AG CORPORATION

AG SQUARE 5F 2-14-5, NISHI-SHIMBASHI, MINATO-KU, TOKYO 103-8848

AMOUNT 32B: CURRENCY USD AMOUNT 16200,00

AVAILABLE WITH/BY 41D: ISSUING BANK BY DEFERRED PAYMENT AT 90 DAYS AFTER B/L DATE

PARTIAL SHIPMENTS 43P: NOT ALLOWED

TRANSSHIPMENT 43T: NALLOWED

PORT OF LOADING/AIRPORT

OF DEPARTURE 44E: FANGCHENG PORT, CHINA

PORT OF DISCHARGE/AIRPORT

OF DESTINATION 44F: TOKYO, JAPAN

LATEST DATE OF SHIPMENT 44C: 120720

DESCRIPTION OF GOODS 45A:

REFINED WHITE SUGAR

POLARIZATION: 99.8 DEGREES UP

QUANTITY : 18MT

UNIT PRICE : USD900/MT

PRICE TERM: CIF TOKYO

DETAIL AS PER S/C NO. NN2012-8

DOCUMENTS REQUIRED 46 A:

+ COMMERCIAL INVOICES IN TRIPLICATE.

+PACKING LISTS IN TRIPLICATE SHOWING NUMBER OF CARTONS, GROSS WEIGHT, NET WEIGHT AND MEASURMENT.

+FULL SET OF CLEAN ON BOARD OCEAN BILL OF LADING ISSUED TO ORDER AND BLANK ENDORSED MARKED “FREIGHT PREPAID” NOTIFYING APPLICANT.

+ INSURANCE POLICY OR CERTIFICATE IN TWO ORIGINALS. ENDORSED IN BLANK FOR 110 PCT OF INVOICE VALUE WITH CLAIMS PAYABLE AT DESTINATION IN CURRENCY OF DRAFT COVERING ALL RISKS AND WAR RISK AS PER OCEAN MARINE CARGO CLAUSES OF PICC DATED 1981/01/01.

+CERTIFICATE OF ORIGIN IN TWO COPIES.

+DECLARATION OF NO-WOOD PACKING MATERIAL ISSUED BY BENEFICIARY.

ADDITIONAL COND. 47 A:

+ALL DOCEMENTS MUST BEAR L/C NO. B35058.

+A HANDLING COMMISSION OF USD50.00 OR EQUIVALENT, PLUS TELEX CHARGES, IF ANY, WILL BE DEDUCTED FROM THE PROCEEDS FOR EACH SET OF DOCUMENTS WITH DISCREPANCIES PRESENTED UNDER THIS LETTER OF CREDIT.

DETAILS OF CHARGES 71 B: ALL BANKING CHARGES OUTSIDE JAPAN ARE FOR ACCOUNT OF BENEFICIARY.

PRESENTATION PERIOD 48: ALL DOCUMENTS MUST BE PRESENTED TO AND REACH OUR COUNTER IN JAPAN WITHIN 21 DAYS AFTER B/L DATE

CONFIRMATION 49: WITHOUT

INSTRUCTIONS 78:

+ALL DOCUMENTS MUST BE AIRMAIL TO US IN ONE LOT

+UPON RECEIPT OF DOCUMENTS DRAWN IN COMPLIANCE WITH THE TERMS AND CONDITIONS, WE SHALL REMIT THE PROCEEDDS TO YOU IN ACORDANCE WITH YOUR INSTRUCTIONS AT MATURITY

ADVISE THROUGH 57 D: BANK OF CHINA NANNING (GUANGXI BRANCH)

三、其他信息

该批货物的毛重 18.18MT，净重 18MT，用 30 千克的袋装，每袋体积 0.03 立方米，该批货物用集装箱于 2012 年 7 月 15 日由广西防城港装船经香港运往日本东京，发票号码 NH0713，发票日期 JULY 13, 2012，船名 TOWER ，航次 156W，集装箱号 GESU38072140（20GP），铅封号 284225，提单号 CCB587-952，请根据背景材料，制作信用证项下的全套单据。

1. 发票

GUANGXI NANHUA IMP.& EXP. CO., LTD.
#102, XINMING ROAD, NANNING, GUANGXI, CHINA
TEL.: (86)0771-5222148 FAX: (86)0771-5222149

INVOICE

TO:

INVOICE NO.:
DATE:
CONTRACT NO.:
L/C NO. :

TRANSPORT DETAILS
FROM ____________ TO ______________ VIA ____________ BY ______________

Marks and Numbers	Description of Goods	Quantity(MT)	Unit Price(USD)	Amount(USD)

TOTAL:

GUANGXI NANHUA IMP.& EXP. CO., LTD.

(Signature)

2. 装箱单

GUANGXI NANHUA IMP.& EXP. CO., LTD.

#102, XINMING ROAD, NANNING, GUANGXI, CHINA

TEL.:(86)0771-5222148 FAX: (86)0771-5222149

PACKING LIST

TO:

INVOICE NO.:

DATE:

CONTRACT NO.:

L/C NO. :

TRANSPORT DETAILS

FROM ________________ **TO** ______________ **VIA** _______________ **BY** ____________

Marks and Numbers	Number and Kind of Package Description of Goods	Quantity	Package	G.W.(KGS)	N.W.(KGS)	Meas.

TOTAL:

GUANGXI NANHUA IMP.& EXP. CO., LTD.

____

(Signature)

3．提单

<table>
<tr><td colspan="2">Shipper</td><td rowspan="6">B/L No.

INTERGROUP
SHIPPING (ASIA) LTD.

OCEAN BILL OF LADING

SHIPPED on board in apparent good order and condition (unless otherwise indicated) the goods or packages specified herein and to be discharged at the mentioned port of discharge or as near there to as the vessel may safely get and be always afloat.
The weight, measure, marks and numbers, quality, contents and value, being particulars furnished by the Shipper, are not checked by the Carrier on loading.
The Shipper. Consignee and the Holder of this Bill of Lading hereby expressly accept and agree to all printed, written or stamped provisions, exceptions and conditions of this Bill of Lading, including those on the back hereof.
IN WITNESS whereof the number of original Bills of Lading stated below have been signed, one of which being accomplished, the other (s) to be void.</td></tr>
<tr><td colspan="2">Consignee</td></tr>
<tr><td colspan="2">Notify Party</td></tr>
<tr><td>Pre-carriage by</td><td>Port of Loading</td></tr>
<tr><td>Vessel</td><td>Port of Transshipment</td></tr>
<tr><td>Port of Discharge</td><td>Final Destination</td></tr>
</table>

Container Seal No. or Marks and Nos.	Number and Kind of Packages Description of Goods	Gross Weight (KGS)	Measurement (M^3)

<table>
<tr><td colspan="2">Freight and Charges</td><td colspan="2">REGARDING TRANSHIPMENT INFORMATION PLEASE CONTACT</td></tr>
<tr><td rowspan="2">Ex. Rate</td><td>Prepaid at</td><td>Freight Payable at</td><td>Place and Date of Issue</td></tr>
<tr><td>Total Prepaid</td><td>Number of Original Bs/l
THREE(3)</td><td>Signed for or on Behalf of the Master</td></tr>
</table>

4. 保险单

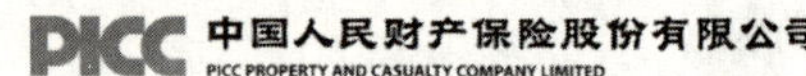

货物运输保险单

CARGO TRANSPORTATION INSURANCE POLICY

提单号（B/L No.） 保险单号（Policy No.）

合同号（Contract No.）

发票号(（Invoice No.）

信用证号（L/C No.）

被保险人（Insured）：

中国人民财产保险股份有限公司（以下简称本公司）根据被保险人要求,以被保险人向本公司缴付约定的保险费为对价，按照本保险单列明条款承保下述货物运输保险，特订立本保险单。

THIS POLICY OF INSURANCE WITNESSES THAT PICC PROPERTY AND CASUALTY COMPANY LIMITED （HEREINAFTER CALLED "THE COMPANY"）AT THE REQUEST OF THE INSURED AND IN CONSIDERATION OF THE AGREED PREMIUM PAID TO THE COMPANY BY THE INSURED, UNDERTAKES TO INSURE THE UNDERMENTIONED GOODS IN TRANSPORTATION SUBJECT TO THE CONDITIONS OF THIS POLICY AS PER THE CLAUSES PRINTED BELOW.

标记（MARKS & NOS.）	包装及数量（QTY.）	保险货物项目 (INSURED GOODS）	保险金额 （AMOUNT INSURED）

总保险金额：

Total Amount Insured:____.

保费（Premium）:____________________ **起运日期（Date of Commencement）:**________________

装载运输工具（Per Conveyance）:____________________

自（From）:____________________**经（Via）:**__________________**至（To）:**________________

承保险别（Conditions）:

所保货物，如发生保险单项下可能引起索赔的损失或损坏，应立即通知本公司下述代理人查勘。如有索赔，应向本公司提交保单正本（本保险单共有____份正本）及有关文件。如一份正本已用于索赔，其余正本自动失效。

IN THE EVENT OF LOSS OR DAMAGE WHICH MAY RESULT IN A CLAIM UNDER THIS POLICY, IMMEDIATE NOTICE MUST BE GIVEN TO THE COMPANY'S AGENT AS MENTIONED HEREUNDER. CLAIMS, IF ANY, ONE OF THE ORIGINAL POLICY WHICH HAS BEEN ISSUED IN ____ORIGINAL(S) TOGETHER WITH THE RELEVANT DOCUMENTS SHALL BE SURRENDERED TO THE COMPANY. IF ONE OF THE ORIGINAL POLICY HAS BEEN ACCOMPLISHED. THE OTHERS TO BE VOID.

赔款偿付地点

Claim Payable at__________________ **授权人签字：**

签单日期（Issuing Date）__________________ **Authorized Signature:**

核保人：××× 制单人：××× 经办人：×××

5. 原产地证明

ORIGINAL

<table>
<tr><td colspan="2">1.Exporter（full name and address）</td><td colspan="3" rowspan="2">CERTIFICATE No.

CERTIFICATE OF ORIGIN
OF
THE PEOPLE'S REPUBLIC OF CHINA</td></tr>
<tr><td colspan="2">2.Consignee （full name and address）</td></tr>
<tr><td colspan="2">3.Means of transport and route</td><td colspan="3" rowspan="2">5. For certifying authority use only</td></tr>
<tr><td colspan="2">4.Country/region of destination</td></tr>
<tr><td>6.Marks and numbers</td><td>7. Number and kind of packages; description of goods</td><td>8.H.S. CODE</td><td>9.Quantity</td><td>10.Number and date of invoices</td></tr>
<tr><td colspan="2">11. Declaration by the exporter
The undersigned hereby declares that the above details and statements are correct; that all the goods were produced in China and that they comply with the Rules of Origin of the People's Republic of China.</td><td colspan="3">12. Certification
It is hereby certified that the declaration by the exporter is correct.</td></tr>
<tr><td colspan="2">Place and date, signature and stamp of authorized signatory</td><td colspan="3">Place and date, signature and stamp of certifying authority</td></tr>
</table>

参考文献

[1] 陈广，符兴新．国际贸易制单实务[M]．2版．北京：中国经济出版社，2012．

[2] 杨金玲．进出口单证实训教程[M]．2版．天津：天津大学出版社，2009．

[3] 余世明．国际商务单证实务[M]．6版．广州：暨南大学出版社，2010．

[4] 苏定东，王群飞．国际贸易单证实务[M]．北京：北京大学出版社，2006．

[5] 余心之，徐美荣．新编外贸单证实务[M]．北京：对外经济贸易大学出版社，2005．

[6] 李一平，梁柏谦，张然翔．跟单信用证项下出口审单实务[M]．北京：中国商务出版社，2005．

[7] 广银芳．外贸单证制作实务[M]．北京：北京大学出版社，2007．

[8] 陈岩，刘玲．UCP600与信用证精要[M]．北京：对外经济贸易大学出版社，2007．

[9] 陈岩，刘玲．跟单信用证实务[M]．北京：对外经济贸易大学出版社，2005．

[10] 刘长声．全国外贸技能竞赛实践演练——单证缮制[M]．北京：中国商务出版社，2011．